U0628476

公路桥梁工程与项目建设管理

王　涛　张汉中　涂文才　著

吉林科学技术出版社

图书在版编目（CIP）数据

公路桥梁工程与项目建设管理 / 王涛，张汉中，
涂文才著 . -- 长春：吉林科学技术出版社，2019.10
ISBN 978-7-5578-6165-0

Ⅰ．①公… Ⅱ．①王… ②张… ③涂… Ⅲ．①公路桥—桥
梁施—项目管理 Ⅳ．① U448.14

中国版本图书馆 CIP 数据核字（2019）第 225434 号

公路桥梁工程与项目建设管理

著　　者	王　涛　　张汉中　　涂文才
出 版 人	李　梁
责任编辑	端金香
封面设计	刘　华
制　　版	王　朋
开　　本	185mm×260mm
字　　数	410 千字
印　　张	18.5
版　　次	2019 年 10 月第 1 版
印　　次	2019 年 10 月第 1 次印刷
出　　版	吉林科学技术出版社
发　　行	吉林科学技术出版社
地　　址	长春市福祉大路 5788 号出版集团 A 座
邮　　编	130118

发行部电话 / 传真　0431—81629529　　81629530　　81629531
　　　　　　　　　　81629532　　81629533　　81629534

储运部电话　0431—86059116

编辑部电话　0431—81629517

网　　址	www.jlstp.net
印　　刷	北京宝莲鸿图科技有限公司
书　　号	ISBN 978-7-5578-6165-0
定　　价	75.00 元

版权所有　翻印必究

前　言

公路工程项目管理是以公路工程项目为对象，在既定的约束条件下，根据公路工程项目的内在规律，对从公路项目构思到公路项目完成（是指公路工程项目竣工并交付使用）的全过程进行的计划、组织、协调、控制等一系列活动以确保公路工程项目按照规定的费用目标、时间目标和质量目标完成。公路工程项目管理是一种具有特定目标、资源及时间限制和复杂的专业工程技术背景的一次性管理事业，是对工程项目全过程进行的高水平的、科学的、系统的管理活动。

公路桥梁工程项目作为我国交通网络的重要组成部分，是促进社会发展，改善居民出行环境的基石。加强对于项目建设管理工作的研究，对于推动公路桥梁工程整体质量的进步有着一定的现实意义。

本书首先简要分析了公路桥梁工程基本内容，包括公路桥梁的检查、检测、评定、评估以及维修与养护等，然后讲述了公路工程项目实验管理以及重点试验项目试验方法、沥青混合料试验等，最后对公路桥梁施工总平面布置进行梳理和说明，并提出了主要养护作业方法，希望能为相关企业带来一定的参考价值。

本书在撰写过程中，参考了很多专家、学者的著作和研究成果，同时得到了广大业内人士的热情帮助，提出许多宝贵意见，在此表示深深的感谢。由于时间仓促，加之作者水平有限，书中内容难免存在不足之处，敬请各位读者批评指正。

目　录

第一章 桥梁的维修与养护

第一节 国内外公路桥梁养护

一、国外公路桥梁养护现状

公路桥梁承载能力降低、通行能力不足，不能满足迅速发展的交通事业的需求，是世界各国普遍面临的问题。公路桥梁原设计标准低、结构构件老化，各种材料强度降低也早已引起了世界各国的普遍关注。美国、日本、丹麦等发达国家在公路桥梁的检测、评定、技术改造及管理系统等方面作了大量的研究工作。

1981 年 4 月联合国经济合作与发展组织（OCED）主持召开了关于"道路桥梁维修与管理"的会议，会议提出了桥梁养护方面有待研究的六个问题：①如何正确评价现有桥梁的实际承载能力与安全度；②如何及早检查发现桥梁产生的损坏及异常现象，正确地检定结构物的损坏程度，从而采用合理的维修加固方法；③桥梁损坏与维修加固的实际应用；④桥梁维修加固新技术；⑤桥梁设计与维修管理的关系（如何把维修加固中发现的问题，放到今后桥梁设计中进行考虑）；⑥桥梁维修加固的展望。

1991 年第二届混凝土耐久性国际学术会议上，METHA 教授在其报告中指出："当今世界，混凝土破坏的原因，按重要性递降顺序排列是：钢筋腐蚀、寒冷气候下的冻害、侵蚀环境下的物理化学作用"，"40 年代以来，混凝土建筑工业的迅猛发展，通过硅酸盐水泥组成变化，导致坍落度大的混凝土拌合物易发生中和作用。用这种混凝土制作的构件强度能满足要求，但从钢筋保护和混凝土耐冻、耐腐蚀的角度看，则不满意，即当今更多的混凝土结构，比 50 年前更不耐久。"

在桥梁检测方面，美国是目前世界上最发达的国家，其发展基本上代表了目前世界上的最新水平：①无损检测（NDE-NONDESTRUCTIVE EVALATION）是诸多检测方法中使用最普遍的，历史上的 NDE 技术主要有涡流仪，磁试验透入试验，X 射线试验和超声试验五种，目前这些技术又有了新的发展：如声发射、磁分子和磁漏。BARKHAUSEN 噪声、涡流、电、γ 或 X 射线照相和层析摄影仪、全息摄影、冲击反射和回弹锤、远红外热像仪、微波吸收、中子射线照相和散射、核磁共振、光干涉、流体渗透、脉冲雷达、超声波、X

射线衍射、共振超声光谱仪和振动模态分析等；②对混凝土进行探伤或半探伤检测的技术也已比较成熟：如拨拉（间接抗剪、抗拉强度）、拉伸（抗拉强度）、折断（抗折模量）、WINDSON 试验（抗贯入）、TESCON 试验（应力—应变关系）、CORES 试验（强度）、成熟度法（温度与时间关系）和渗透性试验（氯离子、电和气体渗透）等；③目前正致力于研究用超导材料技术进行混凝土结构钢筋锈蚀度的检测方法。

在桥梁评定方面，各国都根据具体情况制定了分级排序的国家标准，基本方法大同小异，都是采用模糊分级的方法。美国主要采用桥梁缺陷分级标准—美国联邦公路管理局（FHWA）对每座桥梁收集 90 个项目的数据，将桥梁缺陷分为 10 级（0 ~ 9）。英国主要采用桥梁检测优先级标准—依据桥龄分级 Ra、桥型分级 Rf、薄弱部位分级 Rd、交通量分级 Rv，Ru，路线重要性分级 Ri 等进行整体评分分级 TA（TA=4Ra+2Rf+Rd+Rv+Ru+Ri），并依据 TA 将检测优先级分为 5 级（1 ~ 5），等级数越小的桥梁越应予以优先检测。日本、加拿大主要采用了荷载效应的修正法进行承载能力评定法（目前正向专家系统评估方向发展）。苏联在桥梁评价和寿命评估方面也作了不少研究工作，并提出了相应的评定标准。

在桥梁技术改造方面，发达国家发展已趋成熟：美国及西欧的一些国家先后编制了桥梁加固与维修指南，成立了专业施工队伍，使桥梁技术改造向专业化、标准化方向发展。最常见的加固技术主有：增大截面和配筋加固②粘贴钢板（筋）加固；改变结构受力体系加固；桥面补强层加固；增加辅助构件加固；体外预应力加固；粘贴复合材料（如碳纤维）加固等。

在桥梁养护管理系统方面，美国、日本、丹麦等发达国家先后建立了完善的桥梁养护管理计算机系统，并通过系统研究形成了一套完整的桥梁检测、评定与技术改造体系。

二、我国公路及桥梁现状

50 年来，特别是改革开放以来，我国公路建设已取得巨大成就。但是，由于基础十分薄弱，我国公路建设总体上还不能适应国民经济和社会发展的需要，与发达国家的先进水平相比还有较大差距。从公路技术等级看（见表 1-1），在全国公路总里程中还有近 20 万公里等外公路，等外公路仍占到公路总里程的 14% 以上；从行政区划分布看，由于经济发展和人口分布的不平衡，公路发展在东、西部地区之间存在着较大差距。

表 1-1　上世纪末我国各地区公路里程、公路密度及公路技术等级构成

区域	公路里程（公里）	公路密度（公里/百平方公里）	公路技术等级构成（%）						
			合计	高速	一级	二级	三级	四级	五级
全国总计	1351691	12.1	100	0.9	1.3	10.4	19.9	53.1	12.4
东部地区	479158	37.2	100	1.4	1	13.9	21.1	52.4	8.3
中部地区	454981	16.7	100	0.6	0.5	10.5	21.5	52.7	12.1
西部地区	417448	7.9	100	0.5	0.3	6.1	16.8	52.5	21.8

50 年来，我国桥梁建设也取得了飞速发展，现有桥梁已超过了 24 万座。但据 1999 年全国桥梁普查资料，94% 以上桥梁为中、小跨径桥梁，且大部分分布在技术标准低、通行能力差的县乡公路上，约有 1/3 处于 3、4 类的状况。除此而外，属荷载标准低、桥面宽度窄、不能满足通行要求的约占桥梁总长的 15%。我国公路桥梁的主要技术缺陷有七个方面（见表 1-2）

可喜的是：多年以来特别是改革开放以来，我国的桥梁工作者对公路桥梁的检测、评定、技术改造进行了大量的研究工作，并取得了一定的成绩。

在桥梁检测方面：我国在大量引进并相继开发了混凝土强度和缺陷超声波检测设备、智能化红外成像测试设备，智能钢筋及保护层测量仪和钢筋锈蚀电位测量设备等等先进设备。这些先进检测仪器的引进、研制与开发为我国公路桥梁检测，特别是钢筋混凝土桥梁材质状况的检测提供了更加先进、更加科学的保障。

在桥梁评定方面：交通部于 1988 年颁布了《公路桥梁承载能力评定方法（试行）》，该方法主要是基于荷载试验评定方法，其对桥梁承载能力的检算基本上是按现行的有关公路桥梁设计规范进行，并根据桥梁的调查、检算及荷载试验情况，采用桥梁检算系数 Z1 和 Z2 对检算结果进行适当的修正。近年来，国内外一些学者在桥梁承载能力评定方法方面曾做过大量的潜心研究，先后提出了"以计算为主的评定方法""基于桥梁质量检查的评定方法""动态法测定桥梁承载能力"及"荷载试验与计算分析相结合的方法"等多种方法。我国学者还通过努力，使我国所特有的双曲拱桥、组合梁桥等有了专门的完整评定方法。目前交通部公路科学研究所已着手修订《公路桥梁承载能力鉴定方法（试行）》，并将在此基础之上制定《公路桥梁承载能力检测评定规程》。

表 1-2　我国桥梁七大技术缺陷

缺陷一	设计荷载标准偏低，承载能力不足：早期建造的桥梁，特别是 60 年代、70 年代建造的桥梁，设计荷载大多为汽 -13、拖 -60 或汽 -15、拖 -80，还有相当一部分桥梁的荷载标准仅为汽 -10、履带 -50，甚至低于汽车 -10 级。随着交通量的增加和荷载等级的提高，原有桥梁已经无法满足现今交通的需要，有的桥梁已出现严重病害，有的桥梁有出现病害的可能。
缺陷二	通行能力不足：桥面宽度不足；桥梁平面线形、纵断面线形标准太低。桥上通车净空或桥下通车净空不足。
缺陷三	人为及自然因素引起结构的损坏：超出设计的洪水、泥石流、浮冰、冰冻、地震、强风、船舶撞击，河道不恰当开挖，桥梁基础下的岩溶、矿山坑道等，引起桥梁结构的局部损害。
缺陷四	超期服役：这一部分桥梁并不是太多，主要是建造时期较早，如 50、60 年代建造的桥梁，设计使用寿命一般只有 30 ~ 50 年，这些桥梁目前仍在使用中。
缺陷五	超负荷使用：这一部分桥梁按路线等级或者预期设计荷载等级来说，设计荷载等级并不低，但由于一些特殊原因，桥梁使用荷载大大超出设计荷载，致使桥梁长期在超重荷载作用下运营。（在我省尤应引起重视）

缺陷六	设计、施工的先天不足：有些桥梁设计上不是很合理，结构构造处理不合理，桥梁在早期运营时其缺陷并不明显，运营一定时间后，病害逐渐显现出来。有些桥梁由于受施工质量、施工技术、施工手段等影响，存在一定的技术缺陷，随着运营时间的增加，其病害也逐渐在发展。
缺陷七	养护维修或加固措施不当：有些桥梁的技术缺陷则是由于养护维修不恰当引起的。如桥面维修增加过大的恒载，致使桥梁负担加重；桥面排水处理不当，桥面渗水；如支座维修不当，约束了承重结构的变形等。有些桥梁则是加固不当引起的。如加固施加的预应力大小或者位置不恰当，引起结构的二次病害；如结构体系改变不合理，致使结构的关键部位应力超限等。

在桥梁加固方面，产、学、研密切合作，结合工程实践展开了大量研究工作，并取得了丰硕的理论成果：1991年中国工程建设标准协会制订颁布了《混凝土结构加固技术规范》。2004年交通部颁布了《公路桥涵养护规范》（JTG H11-2004）。交通部已着手编制《公路桥梁检算办法》《公路混凝土桥梁加固技术规程》，该规程在规范指导公路混凝土桥梁加固方面意义重大。近年来，新材料、新工艺的大量出现也为我国桥梁技术改造提供了更加广阔的研究空间。

我国在桥梁的检测、评定与加固方面取得了飞速的进步。但同西方发达国家相比在以下五个方面仍存在着较大差距。

（1）桥梁检测手段和仪器设备的开发研制。

（2）桥梁检测、评定、加固的系统化及标准化。

（3）加固维修材料和工艺设备。

（4）相关技术标准、应用规程及施工指南的制定。

综上，我们桥梁养护工作者仍需加倍努力，缩短差距，使我国桥梁养护早日走上可持续发展之路。

第二节　桥梁养护维修与加固改造的基本概念

为保证桥梁的正常运营，尽量保持和延长桥梁的使用年限，对桥梁结构进行日常养护维修是非常必要的。当桥梁结构物无法满足承载能力、通行能力（如荷载标准提高、原结构严重损伤从而使承载能力降低、桥面过窄妨碍车辆畅通）、防洪等要求时，则需对桥梁结构进行必要的加固、拓宽等技术改造。因此桥梁竣工验收并交付使用后将进行两方面的工作，其一是日常的养护维修，其二是针对桥梁在运营过程中实际存在的问题与新的使用要求，进行必要加固改造。具体来说，桥梁养护的工作内容主要有以下几方面。

（1）技术状况检查。

（2）建立和健全完善的桥梁技术档案。

（3）桥梁构造物的安全防范。

（4）桥梁构造物的经常保养、维修和加固。

一、桥梁的养护维修

桥梁的养护维修（maintenance），是指为保持桥涵及其附属物的正常使用而进行的经常性保养及维修作业，预防和修复桥涵灾害性损坏与提高桥涵质量、服务水平而进行的改造。桥涵的养护按其工程性质、规模大小、技术难易程度应划分为小修保养、中修、大修、抢修工程四类，各类养护工程分别包括下列内容。

1. 小修保养（routine maintenance）工程

对公路桥涵及其工程设施进行预防性保养和修补轻微损坏部分使其经常保持完好状态的工程项目。由基层管理机构在年度小修保养定额经费内，按月（旬）排计划，经常进行。

2. 中修（intermediate maintenance）工程

对公路桥涵及其工程设施的一般性磨损和局部损坏进行定期的维修与加固，使其恢复原状的小型工程项目。由基层管理机构按年（季）安排计划并组织实施。

3. 大修（heavy maintenance）工程

对桥涵及其工程设施的较大损坏进行周期性综合修理，以全面恢复到原设计标准，或在原技术等级范围内进行局部改善和个别增建，以逐步提高通行能力的工程项目。

4. 抢修（emergency repair）工程

当桥涵因水毁等自然灾害及超载、意外事故造成交通中断或者严重影响通行的破坏而采取迅速恢复交通的工程措施。

小修保养、中修工程，主要是对危害桥梁正常运营的部分进行修缮。例如桥面照明系统、桥面铺装层、桥面伸缩缝装置、桥面防水设施、桥梁主体结构（如钢筋混凝土桥梁等的裂缝等）、桥梁支座、桥梁墩台身及基础、桥梁防护构造等的缺陷，都会影响桥梁的正常运营及使用年限，严重的甚至会导致桥梁承载能力的降低。因此，在桥梁使用过程中对其进行日常的维修养护是一项非常重要的工作，而这项工作具有普遍性，涵盖了一～五类所有的桥梁，不仅是针对技术状况较好的一～二类桥梁，也针对技术状况较差的三～五类桥梁。大修工程主要针对病害严重、技术状况较差的桥梁，比如三、四类桥梁，所以部分大修工程可归类为加固改造工程。桥梁的加固改造工作重点，往往是针对桥梁的承重结构，但同时也必须对上述影响桥梁正常使用的部分进行维修整治。桥梁涵洞养护工程分类范围见表1-3。

表 1-3 桥梁涵洞养护工程分类范围表

工程项目	小修保养	中修工程	大修工程	改建工程
桥梁 涵洞 隧道	保养： 1. 清除污泥、积雪、积冰、杂物，保持桥面的清洁 2. 疏通涵管，疏导桥下河槽 3. 伸缩缝养护，泄水孔疏通钢支座加润滑油，栏杆油漆 4. 桥涵的日常养护 5. 保持隧道内及洞口清洁 小修： 1. 局部修理、更换桥栏杆和修理泄水孔、伸缩缝、支座和桥面的局部轻微损坏 2. 修补墩、台及河床铺底和防护圬工的微小损坏 3. 涵洞进出口的铺砌加固 4. 通道的局部维修和疏通修理排水沟 5. 清除隧道洞口碎落岩石和修理圬工接缝，处理渗漏水	1. 修理、更换木桥的较大损坏构件及防腐 2. 修理更换中小桥支座、伸缩缝及个别构件 3. 大中型钢桥的全面油漆除锈和各部件的检修 4. 永久性桥墩、台侧墙及桥面的修理和小型桥面的加宽 5. 重建、增建、接长涵洞 6. 桥梁河床铺底或调治构造物的修复和加固 7. 隧道工程局部防护加固 8. 通道的修理与加固 9. 排水设施的更新 10. 各类排水泵站的修理	1. 在原技术等级内加宽、加高大中型桥梁 2. 改建、增建小型桥梁和技术性简单的中桥 3. 增改建较大的河床铺底和永久性调治构造物 4. 吊桥。斜拉桥的修理与个别索的调整更换 5. 大桥桥面铺装的更换 6. 大桥支座、伸缩缝的修理更换 7. 通道改建 8. 隧道的通风和照明排水设施的大修或更新 9. 隧道的较大防护、加固工程	1. 提高公路技术等级，加宽、加高大中型桥梁 2. 改建，增建小型立交桥 3. 增建公路通道 4. 新建渡口的公路接线、码头引线 5. 新建短隧道工程

二、桥梁的加固

桥梁加固（strengthening）的含义为对有缺陷的桥梁主要承重构件进行补强，改善结构性能，恢复和提高桥梁结构的安全度，提高其承载能力通过能力，以延长桥梁的使用寿命，使整个桥梁结构可满足规定的承载力要求，并满足规定的使用功能需求。桥梁加固一般是针对三～五类桥梁，个别的是针对荷载等级的桥梁或者是临时需要通过超重车的桥梁。有些时候，加固补强和桥梁拓宽、桥梁抬高等技术改造工程同时进行的，满足并适应发展了的交通运输的要求。

桥梁结构的安全性包括结构的强度、刚度、稳定性及耐久性等指标，即桥梁结构必须满足承载能力要求及正常使用功能要求：桥梁结构应具有足够的强度，以承受作用于其上的荷载，使桥梁结构的构件或其连接不致破坏；结构各部分应具有足够的刚度，以使其在荷载作用下不产生影响正常使用的变形；构件的截面必须有适当大小的尺寸，以使其在受压时不发生屈曲而丧失稳定性。对桥梁结构不仅要保证结构具有整体强度、刚度及稳定性，而且必须保证结构各组成部分具有足够的强度、刚度及稳定性，同时结构物必须具备良好的使用性能与耐久性。但是，桥梁结构由于所受荷载的随机性、材料强度的离散性、制造与安装质量的不确定性以及理论计算的近似性等原因，其实际安全度往往是一个不确定值。有的桥梁由于设计与建造年代久远，设计荷载标准偏低，而重车增多后而不适应；有的桥梁由于采用了不恰当的结构形式或采用了不合理的设计计算方法，导致桥梁结构实际受力状态与力学图式不尽相符；有的桥梁在施工时由于质量控制不严、管理不当造成不应有的缺陷；有的则因不注意日常养护维修整而导致结构产生缺陷；有的是使用不当而不能维持正常的工作条件等。

三、桥梁的技术改造

桥梁的技术改造(improvement)是一个综合性的概念，包括桥梁的加固补强、桥梁拓宽、桥梁抬高、桥梁平面线形改善等多项工作，凡是利用原有桥梁结构，通过特定的技术措施，使原桥梁结构荷载等级提高、通行能力增强、使用性能得到改善的，统称为桥梁技术改造。不过，桥梁技术改造的重点是指除加固补强以外的技术改善工作，本书中的含义即为此，并简称"改造"。桥梁技术改造基本上与公路养护中的桥梁"新改建工程"中的改建工程含义基本一致。

第三节　桥梁加固改造特点

桥梁加固改造是一项十分重要而又极具将专业知识灵活运用的工作，即将专业基础理论与实际已有病害的桥梁结构结合在一起，需要考虑的因素及涉及方方面面的问题，从某种意义上讲，无论是加固改造方案的拟定与设计计算，还是加固改造的具体实施，其难度往往比新建桥梁还大。

一、桥梁加固改造中的技术分类

桥梁主要承重结构的加固补强的根本目的是为了恢复和提高其承载能力，改善其使用性能，防止桥梁结构的安全隐患，提高其通行能力。加固与技术改造的方法大致分以下几种类型。

（一）加固补强薄弱构件

对于有严重缺陷或因通行重型车辆而不能满足承载力要求的薄弱构件，可以采用以新的材料（钢筋、钢板、混凝土、复合材料等），增大构件的截面尺寸、增设外部预应力钢筋或用化学粘贴剂粘贴补强材料等补强措施进行加固补强，这种方法实际上是通过增加的刚度或增加受力材料数量来提高原构件的承载能力。

（二）增设辅助构件

在原结构基础上增加新的受力构件，如在多梁式梁桥中为增强横行联系而增设的端横梁、中横梁；又如桩基承载力不足时增设扁担桩、增设扩大承台等。

（三）改变结构体系

不同的结构体系其受力性能不同，通过结构体系的转换来改变原有结构的受力状况，人为地改善原结构受力整体性能，以达到改善和提高桥梁承受荷载的能力目的。例如将有推力体系的拱桥改变成无推力体系的拱桥以改善拱圈、拱脚及拱顶截面的受力状态；又如将原有的多孔简支梁桥通过一定的构造措施改变为连续梁桥，利用连续体系来改善原有简支梁跨中部分的受弯等。结构体系的转变一般都能起到较好的加固补强效果，但随着体系的改变所形成的新体系中某些构件或截面的受力需按新体系进行认真的检算，并采取相应的措施。

（四）更换构件

桥梁局部构件有严重缺陷而不易修复时，也可采用新的构件替换原有结构。如斜拉桥的拉索锈蚀损坏时，可用新的拉索来替换；当桥梁支座失去功效而不能满足主梁变形受力要求时，可将主梁顶起更换支座；又如少筋微弯板梁桥的微弯板，破损后不易修复，也可考虑更换；再如双曲拱桥的拱波、刚架拱桥的桥面板等。

（五）桥梁拓宽

当桥梁宽度不足影响到桥梁通行能力时，桥梁就需要加宽。加宽一般和提高荷载等级改善桥面线形等可能同时进行。

（六）其他上部结构的特殊改造方法

有些加固改造方法在实际工程中应用不多，如桥梁平面线形的改善，桥梁的升高降低等。

（七）墩台基础处治

在桥梁上部结构进行补强加固提高其承载能力的同时，对桥梁下部结构及基础是否需采取补强措施也应认真研究。如果原桥下部结构及基础具有足够的潜力，足以满足上部结构补加加固所增加的桥梁自重以及活荷载对它的要求时，则可不再采取补强措施。

如果墩台基础的承载能力不足，或者上部结构缺陷、承载能力的降低等是由于墩台与基础的位移或缺陷等年引起的，则应对原桥墩台基础进行必要的补强加固。常用的方法较多，如基础灌浆，加钢筋混凝土桩，扩大承台，基础及台后打粉喷桩，基础周围抛置片石、块石（常置于钢筋笼内，主要用于防冲刷）等。

（八）桥台加固处治

当桥台本身因其强度刚度不足时，可能发生较大的位移，可采用的方法很多，如对桥台进行顶推，改变桥台结构形式，对桥台身进行局部补强等。

（九）桥墩加固处治

桥墩的加固补强技术，一般通过对桥墩结构的补强、限制或减小墩顶的位移、增加墩身承载能力（如改变墩身结构形式、增加墩身截面面积）等途径进行。

二、加固改造的一般特点

桥梁加固改造方案的拟定，首行必须根据桥梁现有的技术状况和使用荷载的要求，对加固改造的必要性和可行性做出判断，然后对各种可能的加固改造方案的技术经济效果进行分析比较，从中选择合理的改造方案，大体上应注意以下问题。

（1）一般来说，加固改造的桥梁结构均有一定的病害，结构已处于相对危险的状态，故加固改造方案必须考虑尽可能少地扰动原结构，特别是主要承重结构，以策安全。

（2）桥梁的加固改造工程通常要求在不中断交通、尽量少中断交通或者有交通干扰的条件进行施工，故要求施工工艺简单且容易操作便、施工速度快、工期短。

（3）加固改造的施工面狭窄、拥挤，常受原有结构物的制约。

（4）补强加固施工往往相邻结构构件也产生影响。

（5）加固改造施工中对原结构的拆除、清理工作量大，工程较烦琐零碎，并常常隐含许多不安全因素，要求施工人员更加注意操作安全与施工质量，严格进行施工管理。

（6）加固改造的方案拟定与设计计算要充分考虑新、旧结构的强度、刚度与使用寿命的均衡，以及新、旧结构共同工作，特别应注意新增混凝土部分在达到一定的龄期前仅仅只能作为恒载来考虑。

（7）加固改造方案应尽可能周密考虑增加和减少对原结构的影响，旧结构的拆除与新结构的补加在有些桥梁结构形式中应考虑减载加载程序；对大多数桥梁结构，以增加最少的荷载为宜。

三、加固改造的技术要求

（1）技术改造方案及实施应尽量减少对原有结构的损伤，并充分利用原有的结构构件的承载能力，且应保证原有结构保留部分的安全性与耐久性。对于确无利用价值的构件则予以报废、拆除，但其材料应尽可能考虑量回收。

（2）加固改造应做到可靠、安全、耐久，满足使用要求，这实际上是对桥梁进行技术改造的基本要求与目的。

（3）加固改造工程在施工过程中应尽量中断或少中断交通，改造工程的技术经济指标应包括由于交通受阻等所带来的经济损失。

（4）加固改造工程的施工应是技术上简易可行，施工上方便，所要求的机具设备尽量简单易操作，且应重量轻，体积小。

（5）加固改造应尽可能地采用轻质材料，也应尽可能地探索使用新材料。

（6）对于某些由于因下部结构或基础的不均匀沉降等原因而导致的上部结构的损伤，或由于其他偶然因素（如地震、强风、船舶碰撞等）所引起的结构损伤，在进行补强加固时应同时考虑采取消除、减小或抵御为这些不利因素的措施，以免在加固后结构物继续受此因素的影响。

四、加固改造工程必须满足的基本条件

加固改造应满足以下基本条件如下。

1. 结构性能、承载能力与耐久性等　桥梁经技术改造后，其结构性能、承载能力与耐久性等都能满足使用上的要求。

2. 具有较明显的经济效益和社会效益　对于桥梁结构物的改造可以采用两种不同的方式，一种是废弃原有结构物进行重建，这就相当建造一座符合新的使用要求的新桥，但还要包括拆除原桥的工程；另一种是充分利用原桥，进行加固补强，若需加宽则再行拓宽。桥梁加固改造的经济效益就应反映在它的耗资明显地低于新建，否则就无法体现其优越性与基本出发点，研究表明，加固改造旧桥的投资一般应低于新建桥梁投资的40%～50%，当然，还应考虑相关社会效益及其影响。

为了更好地对各种技术改造方案进行技术经济比较，对各种改造方案进行评价，从中选择合理的技术改造方案，可以用以下两个指标进行分析比较。

为了更好地对各种技术改造方案进行技术经济比较，对各种改造方案进行评价，从中选择经济合理的技术改造方案，可以用以下两个指标进行分析比较。

（1）结构改善系数 k：桥梁加固改造的主要目的之一就是提高桥梁的承载能力，结构改善系数就是表示经加固改造后桥梁承载能力提高的百分率，即

$$k = \frac{Q_2 - Q_1}{Q_1} \times 100\% \tag{1-1}$$

式中：Q_1——桥梁加固改造前通过活荷载的能力；

　　　Q_2——桥梁加固改造后通过活荷载的能力。

目前对桥梁的承载能力尚缺乏准确的、可以完全量化的评定方法，即式（1-1）中的 Q_1、Q_2 尚难量化。一般而言，桥梁加固改造往往是通过增强原结构的抗弯刚度来提高其承载能力的，故上述结构改善系数 k 可以转换为加固改造前后设计荷载作用下所产生的最大挠度值的变化来表达，即

$$k = \frac{f_1 - f_2}{f_1} \times 100\% \qquad\qquad (1\text{-}2)$$

式中：f_1——加固改造前原结构在设计荷载作用下的最大挠度；

f_2——加固改造后同一荷载作用下的最大挠度与由加固改造所增加的恒载产生的挠度之和。

式中 f_1、f_2 的取值，当有试验资料时，可用实测挠度值；无试验资料时可采用理论计算值。

成本效益系数 F

成本效益系数是指加固改造工程单位成本所得的"结构改善系数"，成本效益系数愈大，说明该桥技术改造的经济效益愈好。成本效益系数 F 为

$$F = k / S \qquad\qquad (1\text{-}3)$$

式中：S——每平方米桥面所需的技术改造费用；

k——结构改善系数。

不同的加固改造方案其技术经济效益往往会因桥而异，因为影响经济效益的因素很多，例如桥梁结构形式差异，桥梁跨径的大小，损伤程度，加固补强设施的养护费用，中断、阻塞交通的损，加固技术的耐久性，安全和环境干扰程度等。故只有对加固改造工程的技术经济效果进行全面的综合评价，方能对方案的选择做出合理的判断。

五、技术改造的设计计算原则

桥梁加固改造工程必须进行详细的设计计算，对关键的技术措施应尽量在事先进必要的试验，以掌握其技术要求及检验方法。一般进行加固改造设计计算应遵循以下基本原则。

（1）应按现行《公路桥涵设计规范》进行设计，改造后的桥梁的使用荷载作用下，原有结构及新增加结构各部分的强度、刚度及裂缝限值等均应符合规范要求。

（2）应明确加固改造的具体目标，以确定加固改造设计计算方法。一般的桥梁加固改造是永久性的，有一些时临时性的，如超重车过桥。不同的目标有不同的计算方法。

（3）当仅要求提高原桥的承载能力时，改造工程可在原有结构保持恒载应力状态下进行。此时，原有结构的全部恒载及补强加固所增加的恒载，可以考虑由原构件（截面）承受，活载则由原结构和新增构件（截面）共同承担。

（4）若原有结构构件的应力已接近或超过容许限值，需要减少桥梁的恒载应力时，则应采取卸载措施，使桥梁在卸载部分恒载的状态下进行加固改造工作。此时，新增构件（截面）除与原有构件共同承受活荷载外，还承受原有结构的一部分恒载，因此，新旧结构按整体受力计算。

（5）设计时应周密考虑并采取必要措施保证新旧结构、新旧混凝土的整体性并能共同工作。新旧结构的混凝土往往会由于收缩不同而导致结构内力重分布，从而引起新旧混

凝土结合面因较大的拉应力而开裂，这会影响结构的整体性。因此，在设计时应注意尽量减小混凝土收缩的不利影响而采取相应的措施，如可采用微膨胀混凝土。

（6）设计计算的力学图式应充分考虑已损坏结构的实际受力状态，这种力学图式不能使设计结果偏不安全。

（7）设计计算时应恰当考虑利用原有结构的承载能力，不易过分对其进行挖潜。

六、技术改造工程设计的工作程序

（1）根据桥梁管理系统的资料，初步确定需要进行加固改造的桥梁（主要是三、四类桥梁）。

（2）实地初步调查（一般检查）上述桥梁的病害，并分析病害发生的原因；查找原桥技术资料。

（3）调查并确定加固改造的目的、要求及技术标准。

（4）原桥承载能力及技术状况的评定与理论分析，确定是否进行特殊检查，如动静载测试。

（5）确定测试方案，并进行特殊测试，进一步确定是进行加固改造还是将桥梁废弃。

（6）技术改造方案的拟定与设计计算。

（7）施工图绘制及工程数量与预算编制。

（8）加固完成后的验收和测试。

第二章　公路桥梁的检查

桥梁检查是桥梁养护的基础工作。公路桥涵的检查可分为以下三个层次。

（1）经常检查。

（2）定期检查。

（3）特殊检查。

桥梁的特殊检查即桥梁的检测与前两类检查有很大的不同，本章只介绍概念，详细地将在下一章专门论述。本章只介绍经常检查和定期检查。这里所指的检查主要是指以目测观察为主的外观检查。

桥梁检查是保证桥梁正常工作的基本环节，是防止垮桥事故的第一道防线，检查不及时或不充分就有可能使桥梁病害得不到发现而潜藏着隐患；病害发现得越早，维修工作量就越小，发现得越晚，维修工作就会越大。

以我国目前的人力、财力，对每座桥梁都进行详细的材料检测、荷载试验是不现实也是没有必要的，所以，桥梁检查仍是我国当前桥梁养护工作的重中之重。各级桥梁管养部门应切实贯彻桥梁检查制度，尽快建立市级桥梁巡查队伍，充分重视桥梁检查，使之向着科学化、规范化的方向不断发展。

第一节　公路桥梁的检查

桥梁的经常检查，也称为日常检查，主要指对桥面设施、上部结构、下部结构和附属构造物的技术状况进行日常巡视检查，及时发现缺损并进行小修保养工作。

桥梁的定期检查是指为评定桥梁的使用功能，制定管理养护计划提供基础数据，按规定周期，对桥梁主体结构及其附属构造物的技术状况进行定期跟踪的全面检查。主要检查各部件的功能是否完善有效，构造是否合理耐用，发现需要大、中修、改善或限制交通的桥梁缺损状况；同时检查小修保养状况。定期检查还为桥梁养护管理系统提供动态数据。

桥梁的特殊检查是指查清桥梁结构的病害原因、构件破损程度、承载能力、抗灾能力，确定桥梁技术状况的工作。特殊检查分为应急检查和专门检验。

应急检查是指当桥梁遭受洪水、流冰、漂流物、船舶撞击、滑坡、地震、风灾和超重车辆自行通过等自然灾害或事故后，应立即对结构作详细检查。查明破损状况，采取应急措施，尽快恢复交通。

专门检查是指对需要进一步判明损坏原因、缺损程度或使用能力的桥梁，要求针对病害进行专门的现场试验检测、检算与分析等鉴定工作，以便进行有效的养护。

一、经常检查

经常性检查又叫日常检查或例行检查，以直接目测为主，配合简单工具量测。由县级公路管理机构专职桥梁养护工程师（或技术员）负责，旨在确保结构功能正常，使结构能得到及时的养护和保养或紧急处理，对需要检修和一些重大问题做出报告。

经常检查每月至少进行一次（在诸如大风雨、暴雨和洪水等特殊自然现象发生之后，对暴露性建筑物还应进行更大规模的经常检查）。

表 2-1　桥梁经常检查记录表

（县级公路管理机构名称）					
路线编码		路线名称		桥位桩号	
桥梁编码		桥梁名称		养护单位	
部件名称	缺损类型	缺损范围		养护意见	
桥面铺装					
桥头跳车					
伸缩缝					
泄水孔					
桥面清洁					
人行道、缘石					
栏杆、护栏					
照明、灯柱					
翼　墙					
锥　坡					
桥头排水沟					
桥头人行台阶					
其　它					
负责人		记录人		检查日期	

检查时，路段检查人员或桥工班或护桥人员进行扫视性检查，需当场填写桥梁经常检查记录表（表 2-1）。

经常检查中应特别注意的以下问题。

（1）桥面铺装是否平整，有无裂缝，局部坑槽、积水、沉陷、波浪、碎边，混凝土桥是否有剥离、渗漏，钢筋是否锈蚀，桥头有无跳车。

（2）排水设施是否良好，桥面泄水管是否堵塞和破损。

（3）桥面是否清洁，有无杂物堆积，杂草蔓生。

（4）伸缩缝是否堵塞卡死，联接部件有无松动、脱落、局部破损，支座是否完好。

（5）人行道、缘石、栏杆、扶手和引道护栏（柱）有无撞坏、断裂、松动。错位、缺件、剥落、锈蚀等。

（6）河床是否受到冲刷而下切以至低于设计标高。

（7）墩台的基础是否受到冲刷变形、下沉。

（8）墩台是否受到船只或漂浮物撞击而受损。

（9）翼墙（侧墙、耳墙）有无开裂、风化剥落和异常变形。

（10）锥坡、护坡有无局部塌陷，铺砌面是否塌陷、缺损，有无垃圾成堆。灌木杂草丛生。桥头排水沟和行人台阶是否完好。

（11）交通信号、标志、标线、照明设施是否完好。

（12）当在定期检查中发现桥梁重要（部）构件存在明显缺陷，达到三～五类技术状况（详见第三章）的病害时，应向地（市）级公路管理机构专职桥梁养护工程师及时汇报。

二、定期检查

（一）定期检查的目的

通过对结构物进行彻底的、视觉的和系统的检查，建立结构管理和养护档案，是桥梁养护管理系统中，采集结构技术状况动态数据的工作。通过定期检查可以对结构的损坏做出评估，评定结构构件和整体结构的技术状况，从而可以确定特别检查的需求与结构维修、加固或更换的优先排序。

（二）定期检查由地（市）级公路管理机构的专职桥梁养护工程师负责

制定桥梁年度定期检查计划，组织实施辖区内桥梁定期检查工作。县级公路管理机构的桥梁养护技术人员协同实施。负责的检查工程师应根据管辖区内登记的桥梁基本数据表（桥梁卡片），制订出年度桥梁检查实施计划。

（三）定期检查人员必须事先准备和携带下列文件

桥梁检查清单（表2-2）。桥梁基本数据表（附表1桥梁健康卡片）。新建桥梁应根据技术档案事前登记好基本数据表，最近经过专门检验或维修（大、中修）、加固改善的桥梁，其内容必须事先登记在基本数据表内。桥梁定期检查记录表包括本次用的和上次（最近的）记录的检查数据表。本次用的表应事先将表头的基本数据填好。

（四）定期检查以目视观察为主

必要辅以测量仪器（表2-3）。市级检查组应配备专用小型检查车（车顶装载伸缩人梯）。

表2-2　桥梁检查清单

桥梁名称	路线编号	桥梁编号	桥梁里程	下穿通道名称	养护单位编号	上次　□　　本次　□			
						定期检查日期	状况评定	补充检验日期	维修日期

表2-3　桥梁定期检查用设备和器材

安全、保护用品	检测仪具	工具、器材	附加设备
警告标志 警告信号灯 反光背心	照相机 长焦镜头 广角镜头	电筒（强光） 扁刮刀 地质锤	软梯 伸缩梯 充气皮艇
安全帽 安全带 工作服 防滑鞋 雨靴 水裤 救生衣 救生索 防护眼镜 其他劳保用品	闪光灯 望远镜 刻度放大镜 地质罗盘 100m钢卷尺 2～3m钢卷尺 1～2m木折尺 30～50m水尺 垂球测绳 测量花杆 水准仪及塔尺 不平尺 量角器（大号） 测量记录本 记录文件夹	地铲 铁锹 钢丝刷 油漆刷 特种铅笔 喷雾筒漆 彩色粉笔 器具箱 工具袋 文件包 其他文具	工作船 拼装式悬挂作业架 桥梁专用检查作业架 专用检查作业车

（五）定期检查必须接近或进入各部件仔细检查其功能及材料的缺损状况

并在现场完成下列工作。

（1）现场校核桥梁基本数据（参考附表1桥梁健康卡片）。

（2）当场填写"桥梁定期检查数据表"，记录各部件缺损状况。

（3）根据调查做出技术状况评分（具体评定方法详见第三章）

（4）实地判断缺损原因，估定维修范围及方式。

（5）对难以判断损坏原因和程度的部件，提出特殊检查（专门检验）的要求。

（6）对损坏严重、危及安全运行的危险桥梁，提出暂时限制交通的建议。

（7）根据桥梁的技术状况，确定下次检查时间。

（六）定期检查的时间

按桥梁的不同情况规定如下。

（1）新建桥梁竣工接养一年后必须进行定期检查。

（2）一般桥梁检查周期不得超过三年。

（3）非永久性桥梁每年检查一次。

（4）桥梁技术状况在三类以上的，必须安排定期检查。

（5）定期检查一般安排在有利于检查的气候条件下进行。

（七）定期检查工作流程

桥梁定期检查一般工作流程如图 2-1 所示。

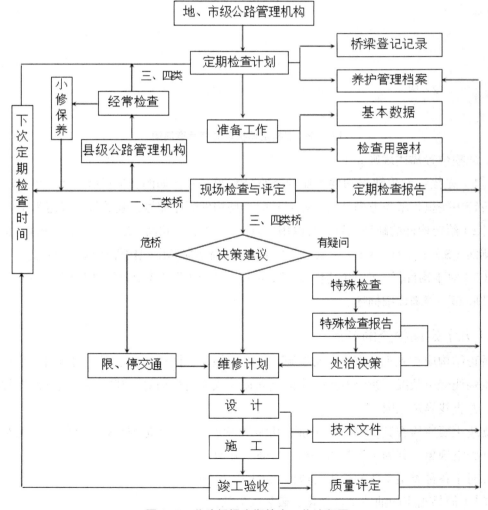

图 2-1 公路桥梁定期检查工作流程图

（八）定期检查的顺序与缺损位置描述规则

1. 定期检查顺序规定如下

（1）按路线里程增长方向和从右至左的顺序检查（注意防止漏检）见图 2-2。

（2）从下往上顺序检查：首先检查下部结构和基础冲刷，同时检查上部结构的底面和侧面，然后顺序检查支座、箱梁内部，最后检查桥面系统。

（3）桥梁主体结构检查完成后，检查调治构造物的状况。

（4）在检查结构缺损状过程中，同时校对桥梁结构的基本数据是与实际相符。

检查路线方向

（里程增加方向）

右侧

| 2号墩 | 左侧 | 1号墩 | 0号台 |

图 2-2　旧桥定期检查顺序示意简图

2. 缺损位置描述规则如下

（1）先描述发生缺损构件所在的桥跨号和墩台号，如图 2-3 所示。然后再在同一墩台或桥跨中按里程增长方向从右至左对相同类型构件顺序编号，起始号一般定为 1。

（2）给定构件的缺损位置，可以用右侧面（R）、左侧面（L）、高桩号侧面（HX）、低桩侧面（S）、上面（UP）、底面（UD）等来描述损坏出现构件在哪一个面上。

（3）对于构件任一面上的损坏位置，可以用"跨中""支点处""中部""端部""顶部""底部"等来详细描述。

（九）定期检查的要点

桥跨结构应首先观察有否异常变形、声音、振动、摆动。如上部结构竖向曲线是否平顺，拱轴线变位状况，桥跨有无异常的竖向振动或横向摆动等；其次再检查各部件的技术状况，并查找异常原因。

支座主要应检查其位移是否正常、功能是否完好，组件是否完好、清洁，有无断裂、错位和脱空现象；其固定端是否松动、剪断、开裂。

1. 对于各种类型支座的检查，应注意的问题分别如下：

（1）简易支座的油毡是否老化、破裂或失效。

（2）钢板滑动支座和弧形支座是否干涩、锈蚀。

（3）摆柱支座各组件相对位置是否准确，受力是否均匀。

（4）四氟板支座是否脏污、老化。

（5）橡胶支座是否老化、变形。

（6）盆式橡胶支座的固定螺栓有否剪断，螺母是否松动。

（7）辊轴支座的辊轴是否出现不允许的爬动、歪斜。

（8）摇轴支座的辊轴是否倾斜。

（9）活动座是否灵活，实际位移量是否正常。

（10）支座垫石是否破碎。

里程增加方向

桩编号	梁编号	支座编号	支座编号	梁编号	支座编号
	2-1	2-1-1	1-1-1	1-1	1-0-1
2-1	2-2	2-1-2	1-1-2	1-2	1-0-2
	2-3	2-1-3	1-1-3	1-3	1-0-3
2-2	2-4	2-1-4	1-1-4	1-4	1-0-4
	2-5	2-1-5	1-1-5	1-5	1-0-5
3号孔	2号墩	2号孔	1号墩	1号孔	0号台

图 2-3　旧桥定期检查构件编号示意简图

2.墩台与基础的检查应包括下列内容：

（1）桥墩、台及与基础有否滑动、倾斜、下沉、冻拔或冲撞损坏。

（2）混凝土墩台及台帽有无冻胀、风化、腐蚀、开裂、剥落、空洞、露筋、变形等。

（3）台背填土有无沉降、裂缝、挤压、受冲刷等情况。

（4）空心墩的水下通水洞是否堵塞。

（5）石砌墩台有无砌块断裂、通缝脱开、变形、砌体泄水孔是否堵塞，防水层是否损坏。

（6）墩台顶面是否清洁，有无泥土杂物堆积、滋生草木，伸缩缝处是否漏水。

（7）基础下是否发生不许可的冲刷或淘空现象。

（8）扩大基础的地基有无侵蚀；

（9）桩基顶段在水位涨落、干湿交替变化处有无冲刷磨损、颈缩、露筋，有无环状冻裂，有无受到污水、咸水或生物的腐蚀。

3.筋混凝土和预应力混凝土桥跨结构的检查，包括下列内容：

（1）混凝土有无裂缝、渗水、表面风化、剥落、露筋和钢筋锈蚀，有无活性骨料硅碱反应引起的整体龟裂现象。

（2）预应力钢束锚固区段混凝土有无开裂，沿预应力筋的混凝土表面有无纵向裂缝。

（3）梁（板）式结构主要检查梁（板）跨中、支点、变截面处、悬臂端牛腿或中间铰部位；刚构和桁架结构主要检查刚构固结处和桁架节点部位的混凝土开裂和钢筋锈蚀等缺损状况。

（4）装配式梁桥应注意联结部位的缺损状况。如：组合梁的桥面板与梁的结合部位，及桥面板之间的接头处混凝土有无开裂、渗水；梁（板）接缝混凝土有无开裂和钢筋；横向联结构件是否开裂，连接钢板的焊缝有无锈蚀。断裂，边梁有否横移或向外倾斜。

拱桥应主要检查主拱圈的拱脚、L/4、3/4 L、拱顶处和横向联系、拱上结构的变形，及混凝土开裂与钢筋锈蚀等缺损状况。拱上立柱（或立墙）上下端、盖梁和横系梁的混凝土有无开裂、剥落、露筋和锈蚀。中下承式拱桥的吊杆上下锚固区的混凝土有无开裂、渗水，吊杆锚头附近是否有锈蚀现象。劲性骨架拱桥还要检查是否沿骨架出现纵向或横向裂缝。

4. 双曲拱桥的定期检查应特别注意：

（1）拱脚有无压裂；拱肋 L/4、3/4 L 处、顶部是否开裂、破损、露筋锈蚀。

（2）拱肋间横向联结拉杆是否松动、开裂、破损。

（1）拱波与拱肋结合处是否开裂、脱裂。

（2）拱波之间砂浆有否松散脱落，拱波顶是否开裂、渗水等。

5. 圬工拱桥的定期检查应特别注意：

（1）主拱圈有否开裂、渗水、砂浆松动、脱落变形；砌块有无断裂、脱落；拱脚是否开裂；腹拱是否变形；拱铰功能是否正常。

（2）实腹拱的侧墙与主拱圈间有无脱落，侧墙有无变形，拱上填土有无沉陷或开裂。

（3）空腹拱的小拱有否变形、错位，立墙或立柱有无倾斜、开裂。

（4）砌体表面有无苔藓，砌缝有否滋生草木。

6. 钢桥的检查，应包括下列内容：

（1）构件（特别是受压构件）是否扭曲变形、局部损伤。

（2）铆钉和螺栓有无松动、脱落或断裂，节点是否滑动错裂。

（3）焊缝及其边缘（热影响区）有无裂纹或脱开。

（4）油漆层有否裂纹、起皮、脱落，构件是否腐蚀生锈。

（5）悬索桥和斜拉桥的检查，应包括下列内容。

（6）主梁按相应的预应力混凝土或钢结构的要求进行检查。

（7）索塔有无异常的沉降、倾斜，柱身、横系梁和锚固区有否开裂、渗水和锈蚀。

（8）吊桥锚锭及锚杆有否异常的拨动滑移，锚锭混凝土有无开裂、渗水，锚（洞）室内的锚杆、主索锚固段和散索鞍等部件是否锈蚀、断裂。

（9）吊杆、拉索的两端锚固部位，包括索端及锚头、主梁锚固构造有否浸水、锈蚀和开裂，吊杆上端与主缆联结的索夹（箍）紧固螺栓有否松弛和锈死。

（10）主缆、吊杆束和拉索的防护层是否破损、老化和漏水。

（11）斜拉桥索颤震是否明显，减震措施是否失效。

（12）吊桥的索鞍是否工作正常，有无锈蚀、辊轴歪斜、卡死等现象。主缆索有无明显挤偏现象。

7. 钢管混凝土拱桥的定期检查应特别注意：

（1）检查混凝土是否填充密实（通常可用敲击法检查）。

（2）钢管部分的检查参见(6)检查相关内容。翼墙、侧墙、耳墙应检查其是否有开裂、倾斜、滑移、沉陷等降低或丧失挡土能力的状况。锥坡、护坡应检查其是否有冲刷、滑坍、沉陷等现象，造成坡顶高度显著下降。土质锥形护坡表面覆盖草皮是否损坏，有无沟槽和坍塌现象。铺砌面是否开裂，有无勾缝砂浆脱落、隆起或下陷、灌木杂草丛生和下滑，坡脚是否损坏。埋置式桥台台前溜坡基础埋置深度是否足够，有无冲刷损坏。

8. 桥面系构造的检查，应包括下列内容：

（1）桥面铺装层：是否有坑槽、开裂、车辙、松散、不平、桥头跳车等现象；有无严重的裂缝（龟裂、纵横裂缝）；纵横坡是否顺适；防水层是否漏水。

（2）伸缩缝：是否破损、结构脱落、淤塞、填料凹凸。跳车、漏水等。

（3）人行道、栏杆：人行道有无开裂、断裂、缺损；栏杆是否松动。撞坏、锈蚀、变形。

（4）排水设施（防水层）：桥面横坡、纵坡是否顺适，有无积水；泄水管有无损坏、堵塞。泄水能力情况；防水层是否工作正常，有无渗水现象等。

（5）桥上交通信号、标志、标线、照明设施是否腐蚀、老化需要更换，是否适用。

河床及调治构造物：河床是否变迁，有无漂浮物堵塞河道，调治构造物是否发挥正常作用，有无损坏、水毁等。

（十）定期检查的记录

表 2-4 桥梁定期检查记录总表

路线编码		路线名称		桥位桩号	
桥梁编码		桥梁名称		下穿通道名	
桥长（m）		主跨结构		最大跨径（m）	
管养单位		建成年月		上次大中修日期	
上次检查日期		本次检查日期		气候状况	

部件号	部件名称	评分（0~5）	特别检查	维修范围	维修方式	维修时间	费用（元）
1	翼墙						
2	锥坡						
3	桥台及基础						
4	桥墩及基础						
5	地基冲刷						
6	支座						

续 表

部件号	部件名称	评分（0~5）	特别检查	维修范围	维修方式	维修时间	费用（元）
7	上部承重构件						
8	桥面铺装						
9	伸缩缝						
10	人行道						
11	栏杆、护栏						
12	照明、标志						
13	排水设施						
14	调治构造物						
15	其 他						
22.总体状况评定等级			25.全桥清洁状况评分			26.保养、小修状况评分	
27.经常性养护建议							
28.记录人			29.负责人			30.下次检查时间	
31.缺损说明							

表 2-5　桥梁定期检查记录分表

部件号	部件名称	缺损位置	缺损状况				照片或简图（编号/年）
			类 型	性 质	范 围	程 度	
1	翼墙、耳墙						
2	锥坡、护坡						
3	桥台及基础						
4	桥墩及基础						
5	地基冲刷						
6	支 座						
7	上部承重构件						
8	桥面铺装						
9	伸缩缝						
10	人行道						
11	栏杆、护栏						

续 表

部件号	部件名称	缺损位置	缺损状况				照片或简图（编号/年）
			类 型	性 质	范 围	程 度	
12	照明、标志						
13	排水设施						
14	调治构造物						
15	其 他						

注：

（1）定期检查中发现的各种缺损均应用油漆将其范围及日期标记清楚。

（2）发现属于三、四类桥的严重缺损和难以判明缺损原因及程度的病害，应照相记录，并附病害状态说明。

（3）缺损状态的描述，应采用专业标准术语（详见第四章）。

（4）应附以简图和照片来阐明结构或构件典型的缺损状态。

（九）定期检查提交内容

桥梁定期检查后应提出下列文件。

（1）桥梁定期检查数据表。每天检查的桥梁现场记录，应在次日内整理成每座桥梁定期检查数据表。

（2）典型缺损和病害的照片及说明。说明应对缺损的部位、类型、性质、范围、数量和程度等加以阐述。

（3）两张总体照片。一张桥面正面照片，在低桩号侧引道中心拍摄。另一张为桥梁立面照片，在桥梁右侧拍摄。

（4）桥梁清单。

（5）桥梁基本数据表。定期检查完成后，应将本次检查的桥梁各部件技术状况评定结果登记在桥梁基本数据表内。

（十）定期检查报告

桥梁定期检查后应提交报告，定期检查报告通常包括以下内容。

（1）本次定期检查涉及的所有桥梁的小修保养情况。

（2）需要大中修或改善的桥梁计划（说明大中修或改善的项目，拟用修建或改善方案、估计费用和实施时间等）。

（3）要求特殊检查的桥梁报告，说明需要检验的项目及理由。

（4）需限制交通或中断交通的桥梁建议报告。

桥梁定期检查报告，由地（市）级公路管理机构主管领导审定后，报省级公路管理机构；同时通知有关县级公路管理机构，对一、二类的桥梁进行针对性、预防性的小修保养工作。

（十一）定期检查结果的评定

对桥梁定期检查结果，一般从缺损状态、结构与构件的技术状况和改进工作这三个方面，由有经验的桥梁检查工程师，依据桥梁定期检查资料，凭借自己丰富的知识经验，通过对桥梁各部件技术状况的综合评定，确定桥梁的技术等级，提出各类桥梁的改进工作措施。其为一种数量级评价，属于桥梁一般评价的范畴。在结构各部件技术状况的评定中，主要考虑缺损状况的评定结果，同时也兼顾结构各部件的功能、价值及美观要求。改进工作的评定主要决定改进时间和改进方法，一般是通过对改进工作的技术和经济分析来实现这一评定。全桥总体技术状况等级评定，主要采用考虑桥梁各部件权重的综合评定方法。

第二节　公路桥梁的细部检查

为了周密检定桥路结构的变形、位移、偏差及其存在的缺陷，细部检查是不可忽视的环节。只有经过细部检查，才能更全面地发现桥梁（现有桥梁）各部位出现的病害。所以，除了掌握全桥历史发展、概况以及相关技术资料外，尤其应对各部结构的重点部位进行检定。从而更加有针对性地确定维修、加固计划。

一、细部检查的前期工作

前期工作主要是收集桥梁主要技术资料和相关检测仪器的准备，桥梁技术资料搜集项目内容见表2-6。

表2-6　桥梁技术资料搜集项目内容简表

类别	搜集资料的主要内容
桥梁概况及历史资料	（1）桥梁所在公路路线名称，跨越河流名称；桥梁全长、孔数、跨径组合、桥面净宽、横坡及纵坡等
	（2）桥梁净空与通航河流等级及其最高洪水位等
	（3）桥梁各部分结构型式及建桥材料种类
	（4）桥梁建造年代
	（5）桥梁发生损伤、破坏、事故、水害等的程度及抢修、修复情况。
	（6）建造及修复（包括加固）时所依据的设计标准（包括载重、洪水频率、地震烈度等）
	（7）桥梁营运使用、交通量变化情况
	（8）历年经常维修养护的一般情况，包括经常养护工作中所频繁出现的主要问题和缺陷。
技术资料	（1）建造及加固（包括大修）时的设计资料、竣工图纸，预制梁出厂合格证明书。
	（2）材料试验、施工记录、设计变更及隐蔽工程检验、竣工验收、总结等资料。
	（3）桥梁定期检查的有关记录资料。
	（4）建桥前后的水文、地质及航道交通变化等资料。

二、桥梁现状的细部检查

（一）桥头引道、河床及桥址的检查

检查桥梁的引桥、河床和导波物时，须先根据设计资料，了解设计时的要求，然后再通过测量检查弄清：桥头引道的构造、河道变迁及河床有无冲刷淤积等情况。

检查引桥时，应查明引桥路面结构、坡度及引桥路堤挡土墙的情况；记录路堤边坡和锥形护坡的状况。尤应在每端引桥上打开 2 ~ 3 处路面查看正桥与引桥的衔接处是否正常。

检查河床时应查明两岸的斜坡有无冲刷成淤积，以及护岸建筑的状况。察看河床时应记录河流航道的改变，以及船只或木筏通过桥下时的特征。

检查导流物时应查明它们在平面和横断面的形状是否正确，它的高度是否足够，坝的表面和它们的护坡的状况如何以及有无冲刷或淤积。

检查时应进行必要的测量。测量项目有；引桥上应确定行车道及人行道宽度，路堤高度，边坡的坡度，挡土墙的尺寸，路面面层及基层的厚度，桥的全长，桥面车行道及人行道的宽度等。

在桥下，应测定桥孔中河床的位置以及通航桥孔中的桥下净空。检查桥位时，应进行河流宣泄断面的主要水位的各种测量。此外，还要测量连同引桥在内的桥址总平面团，并绘制桥址的纵断面图，其中也包括两头的引桥。在必要的情况下，还应做流速的测定，并确定河流水势。

（二）上部结构检查重点（表2-7）

（1）检查圬工有无风化、剥落、破损及裂缝，注意变截面处、加固修复处及防水层的情况。对圬工剥落、裂缝处，应注意钢筋锈蚀的状况。

（2）钢筋混凝土梁应重点检查宽度越过 0.3mm 竖向裂缝，并注意检查有无斜向裂缝及顺主筋方向的纵向裂缝。

（3）预应力钢筋混凝土梁要观测梁的上拱度变化，并注意检查有无不容许出现的垂直于主筋的竖向裂缝。

（4）拱桥应测量实际拱轴线和拱圈（或拱肋）尺寸.并检查拱圈（或拱助）有无横向（垂直路线方向）的裂缝发生。

（5）测量上部结构严重裂缝的具体位置及尺寸，并绘制裂缝图（详见第四节），桥梁上部结构检查的重点部位见表2-7。

（三）下部结构检查重点（表2-8）

（1）检查墩台结构有无风化剥落、破损及裂缝。对严重的裂缝 .应测量其具体位置及尺寸，并绘制裂缝图（详见第四节）。

（2）对有下沉、位移、倾侧变位等情况的墩台，应查清地基情况，并检查梁端部、支座及墩台的相对位置关系。

（3）桥梁下部结构检查的重点部位见表2-7。

（四）材质及地基的检验

（1）钢材应切取标准试件进行强度试验，决定其极限强度、屈服点、延伸率、冲击韧性等。

（2）混凝土的实际强度宜采用非破损检验法测定，在必要时，亦可从构件上挖取试样，然后在实验室内测定出混凝土相关力学性能（详见第五、六节）

（3）基底地质情况根据工程复杂程度和实际要求，可查考原设计时的工程地质资料或采用钻孔取原状土样检验、钻探或触探等方法确定。

表2-7 桥梁结构检查的重点部位（一）

	构造形式	示 意 简 图	重点检查部位
上部结构	简支梁	③ ② ① ② ③	① 跨中处 ② 1/4 跨径处 ③ 支座处
上部结构	连续梁	④　① ②　③　② ①　④	① 跨中处 ② 反弯点处 ③ 桥墩处梁顶 ④ 支座处
上部结构	悬臂梁	③④ ② ① ② ④	① 跨中处 ② 牛腿处 ③ 桥墩处梁顶 ④ 支座处
上部结构	连续刚构	② ① ② ① ② ③ ③ ③	① 跨中处 ② 角隅处 ③ 立柱处

续 表

	构造形式	示 意 简 图	重点检查部位
上 部 结 构	斜腿刚构	③ ② ① ② ③	① 跨中处 ② 角隅处 ③ 斜腿处
	拱式	③ ② ① ② ③	① 跨中处 ② 拱肋连接处 ③ 拱脚处

表 2-8 桥梁结构检查的重点部位（二）

	构造形式	示 意 简 图	重点检查部位
下 部 结 构	重力式桥墩	① ② ③	① 支座底板 ② 墩身 ③ 水面处
	单柱式桥墩	① ②	① 支座底板 ② 盖梁
	钻孔桩桩式桥墩	① ② ④ ③ ④ ③ ④	① 支座底板 ② 盖梁 ③ 横系梁 ④ 横系梁与桩连接处

	构造形式	示 意 简 图	重点检查部位
	T 形桥墩 ∏ 形桥墩		① 支座底板 ② 悬臂根部
	Y 形桥墩		① 支座底板 ② Y 形交接处 ③ 混凝土接缝处

表 2-9　桥梁结构检查的重点部位（三）

	构造形式	示 意 简 图	重点检查部位
下部结构	轻型桥台		① 支座底板 ② 支撑梁 ③ 耳墙
	扶壁式桥台		① 支座底板 ② 台身 ③ 底板

	构造形式	示　意　简　图	重点检查部位
下部结构	重力式桥台	① ②	① 支座底板 ② 台身
	框架式桥台	① ②　　② ③　　③	① 支座底板 ② 混凝土浇筑处 ③ 角隅处

第三节　公路桥梁常见裂缝检查

桥梁结构在施工和营运使用过程中，常会出现各种不同形式的裂缝。对于砖、石、混凝土结构物来说，产生裂缝几乎是不可避免的；在钢筋混凝土部分预应力桥梁中允许出现裂缝；在全预应力桥梁中也有出现裂缝的可能。裂缝检查首先应判断裂缝的类型，其次在判断其是否在允许范围内，是否需要维修或加固。

一、桥梁裂缝分类

（一）从安全性分类

1. 正常的工作裂缝　在设计控制范围内的裂缝
2. 非正常裂缝　超出规定范围的裂缝（公路桥梁裂缝限值见表 2-10）

表 2-10　各类公路桥梁裂缝限值表

结构类别	裂缝部位		允许最大缝宽（mm）	其它要求
钢筋混凝土梁	主筋附近竖向裂缝		0.25	
	腹板斜向裂缝		0.30	
	组合梁结合面		0.50	不允许贯通结合面
	横隔板与梁体端部		0.30	
	支座垫石		0.50	
预应力混凝土梁	梁体竖向裂缝		不允许	
	梁体纵向裂缝		0.20	
砖、石、混凝土拱	拱圈横向裂缝		0.30	裂缝高小于截面高一半
	拱圈纵向裂缝		0.50	裂缝长小于跨径 1/8 半裂缝长小于跨径"8
	拱波与拱肋结合处		0.20	
墩台	墩台帽		0.30	不允许贯通墩台身截面的一半。
	墩台身	经常受浸蚀性环境水影响 有筋	0.20	
		经常受浸蚀性环境水影响 无筋	0.30	
		常年有水但无侵蚀性影响 有筋	0.25	
		常年有水但无侵蚀性影响 无筋	0.35	
	干沟或季节性有水河流		0.40	
	有冻结作用部分		0.20	

注：对于潮湿地区或空气中含较多腐蚀性气体的环境，缝宽限值应更加严格

（二）从客观成因分类

1. 先天裂缝　由于设计不当，不可避免地在结构中产生的裂缝。

2. 原生裂缝　由于施工工艺不当，造成的结构中原本可以避免的裂缝。

3. 后天裂缝　正常使用荷载造成的累积损伤裂缝，及非正常荷载造成的突损伤裂缝。

（三）从力学机理来分类

从受力来看，裂缝可有弯曲裂缝，剪切裂缝，局部承压及伴随的劈裂和崩裂，拼接缝

的分离和扩展，差动裂缝（由于外部约束或内部变形反应滞后而造成的一种混凝土裂缝）。差动是一种常见而又常常被忽略的裂缝成因，常见几种成因总结如下。

（1）老基础（或承台）上浇筑长条混凝土时，由于老基础的约束作用使新浇筑混凝土产生降温和收缩的裂缝；有时分层浇筑的混凝土构件也会发现这种裂缝。

（2）连续台座上长期存梁或长期不拆模，由于台座或模板约束了混凝土的收缩和温差变化，会导致普通钢筋混凝土梁和未及时张拉的预应力梁开裂。

（3）先张预应力混凝土梁放张次序或速度不当，先放松短束，或过快地放松全部预应力钢束，由于台座的约束和梁体混凝土变形反应滞后都可能造成梁体混凝土开裂。

（4）悬臂浇筑时，挂篮合拢段的浇筑，随着混凝土浇筑过程，悬臂挠度不断变化，下部先浇的混凝土产生裂缝；如果没有充分考虑挂篮拆除的反作用力，会使正弯矩预应力过大，导致上部混凝土裂缝。

（5）连续浇筑节段之间温差也可能导致裂缝。

（四）从产生因素上来分类

从外因来看，裂缝产生的外界因素包括：荷载和变位；成桥内力；温度变化；材料时效（如收缩、徐变）；先天和后天的截面削弱；化学、物理作用（钢筋锈蚀；预应力筋锚头锈蚀；混凝土老化；酸碱腐蚀等）。

（五）从产生的时序来分类

从时间来看，裂缝有早期裂缝、强度成长期裂缝和使用期裂缝。早期裂缝（在终凝之前产生的裂缝）一般在浇筑后第二天才能发现，主要有沉降缝（塑性混凝土沉降引起），早期收缩缝，模壳变形缝，振动和荷载缝等。

二、公路桥梁常见裂缝及成因总结

混凝土与钢筋混凝土简支梁桥常见裂缝及产生原因见表2-11。

预应力混凝土梁桥、悬臂梁桥及连续梁桥常见裂缝及产生原因见2-12。

拱桥、桁架拱桥及刚架桥常见裂缝及产生原因见2-13。

桥梁墩台结构的常见裂缝及产生原因见2-14。

表 2-11　混凝土与钢筋混凝土简支梁桥常见裂缝及成因

序号	裂缝种类发生部位	示　意　简　图	主要特征及成因分析
1	网状裂缝		①发生在各种跨度的梁上 ②裂缝宽度约为 0.03 ~ 0.05mm（细小），用手触及有凸起感 ③没有固定规律 ④多为混凝土收缩引起的表面龟裂
2	下缘受拉区的裂缝		①多发生于梁跨中部 ②梁的跨度越大，裂缝越多 ③自下翼缘向上发展，至翼缘与梁肋相接处停止 ④裂缝间距约为 0.1 ~ 0.2m ⑤裂缝宽度约为 0.03 ~ 0.1mm ⑥对跨度小于 10m 的梁，其裂缝少而细（宽度在 0.03mm 以下） ⑦多因混凝土收缩和梁挠曲产生
3	腹板上的竖向裂缝		①是最常见，也较严重的一种裂缝 ②当跨径大于 12m 时，其裂缝多处于薄腹板部分，在梁的半高线附近裂缝宽度较大（0.15 ~ 0.3mm） ③当跨度小于 10m 时，其裂缝细小，且多数裂缝系由梁肋向上延伸，越向上裂缝越细，上端未到腹板顶部 ④多因设计不当，施工质量不良，养护不及时，或温度及周围环境条件不良影响所致
4	腹板上的斜向裂缝		①在钢筋混凝土梁中出现最多 ②多在跨中两侧出现 ③离跨中越远，倾角越大 ④倾角大多在 15° ~ 45° 之间 ⑤第一道裂缝多出现在距支座 0.5 ~ 1.0m 处 ⑥裂缝宽度一般均小于 0.3mm ⑦多系设计上的缺陷所致，主拉应力较计算大，混凝土不能负担而导致产生裂缝，施工质量不良又会加速裂缝的产生和发展

序号	裂缝种类发生部位	示　意　简　图	主要特征及成因分析
5	运梁不当引起的上部裂缝		①随支撑点不同，裂缝位置不同 ②裂缝严重时应及时维修 ③运梁时支承点没有放在梁的两端吊点上，而是偏向跨中，使支承点处上部出现负弯距，引起开裂
6	梁端上部裂缝		①裂缝由下往上开裂 ②裂缝宽度严重时达 0.3mm 以上 ③墩台不均匀沉降，使梁端局部承压应力增大，产生局部应力而开裂
7	梁侧水平裂缝		①是近似水平方向的层裂缝 ②多因施工不当所致：分层浇筑，间隔时间太长导致开裂
8	梁底纵向裂缝		①是沿下翼缘主筋方向的裂缝 ②裂缝严重时应及时维修 ③混凝土保护层过薄造成 ④有时是因为渗入氯盐所致
9	梁与梁间横隔板上的裂缝		①裂缝由下向上，不规则 ②支座设置时与桥轴垂直向有偏斜或通行重车时梁受力不均所致

表 2-12　预应力混凝土梁桥、悬臂梁桥及连续梁桥常见裂缝及成因

序号	裂缝种类发生部位	示　意　简　图	主要特征及成因分析
1	先张法梁梁端锚固处的裂缝	预应力钢丝束　　裂缝	①裂缝均起始于张拉端面，宽度约为 0.1mm 左右，长度一般只延伸至扩大部分的变截面处 ②由于在两组张拉钢筋之间梁端混凝土处于受力区使梁端易发生水平裂缝，或因锚头处应力集中和锚头产生的楔形作用而使锚头附近产生细小的水平裂缝

序号	裂缝种类发生部位	示 意 简 图	主要特征及成因分析
2	后张法梁梁端锚固处的裂缝	节段接缝 腹板 锚固齿板 裂缝 力筋	①通常发生在梁端或预应力筋锚固处，裂缝比较短小，发生在梁端时多与钢丝束方向一致，在锚固处时与梁纵轴多呈30º~45º ②营运初期有所发展但并不严重，以后会趋于稳定 ③主要由于端部应力集中，混凝土质量不良所致
3	腹板收缩裂缝	第三步浇筑的顶板 腹板中的裂缝 第二步浇筑的腹板模板仍保留 第一步浇筑的底板 截面图 正面图	①大多在脱模后2~3天内发生，裂缝通常从上梁肋到下梁肋，整个腹板裂通，宽度一般为0.2~0.4mm，施加预应力后大多会闭合②多为混凝土收缩和温差所致，如极低的外界温度，混凝土混合料进行预热，使应力分布不均
4	悬臂梁的剪切裂缝	裂缝 反弯点	①剪切裂缝多出现在腹板上，看起来近似按45º角倾斜，一般出现在支点与反弯点之间的区域 ②裂缝的产生主要是由于：A预应力不足 B超载的永久荷载 C二次应力 D温度作用 E设计中缺乏对多室箱梁腹板内剪力分布的认识 F横截面设计未考虑横截面的实际变形 G没有重复检算力筋截断处的左右截面受力情况
5	悬臂箱梁锚固后接缝中裂缝	节段接缝 腹板 裂缝 锚固齿板 力筋	①悬臂箱梁在连续力筋锚固齿板后面的底板内会产生裂缝，并有可能向着腹板扩展，裂缝与梁纵轴呈30º~45º角 ②产生这种裂缝的原因是：预应力筋作用面很小，产生局部应力，或者由于顶底板中力筋锚具之间水平方向错开的距离太小

序号	裂缝种类发生部位	示 意 简 图	主要特征及成因分析
6	箱梁的底板裂缝	 箱梁底板	①箱梁底板上可产生不规则裂缝 ②开裂原因：梁横向受力性能与横向不变形截面显得有很大的不同，即由于腹部与底板受力不均所致
7	箱梁的弯曲裂缝		①在分段式箱梁中，一般出现在接缝内或接缝附近梁底 ②裂缝宽度可达 0.1 ～ 0.2mm ③弯曲裂缝一般很小，结构不会受到损伤，但在外荷载反复作用下（如汽车动力荷载及温度梯度）裂缝有可能会扩大 ④产生原因：混凝土抗拉能力不足
8	连续梁的弯曲裂缝	 接缝 微裂缝 附加裂缝 主裂缝	①这种裂缝一般出现在连续梁正弯矩区的梁底与负弯矩区的梁顶 ②产生弯曲裂缝的主要原因：混凝土的抗拉能力不足所致
9	合拢浇筑段的裂缝	 下翼缘的纵向裂缝	①一般出现在平衡悬臂施工的跨中合拢浇筑段处，或在相邻箱梁翼极端部之间纵向合拢浇筑段处 ②产生合拢段裂缝的主要原因：混凝土收缩和较大的温差所致
10	预应力梁下翼缘的纵向裂缝	 平面图 裂缝 劈力缝 合拢段 断面图 翼板运动 合拢段 立面图 各种运动	①预应力梁中最严重的一种裂缝②多发生在梁端第一、二节间的下缘侧面及梁底，或腹板与下翼缘交界处，也有少数发生在腹板上 ③产生这类裂缝的主要原因：A 下翼缘受到过高的纵向压力；B 保护层太薄；C 混凝土质量不好

35

表 2-13　拱桥、桁架拱桥及刚架桥常见裂缝及成因

型　式		示 意 简 图	主要特征及成因分析
拱 桥	石 砌 拱 桥	拱圈 裂缝	①石砌拱桥在拱顶附近的下部最易出现裂缝，有时可一直延伸到拱上结构 ②拱圈表面有时会出现与其平行的裂缝 ③若拱圈和边墙用不同材料砌筑，在接头处有时也会出现裂缝 ④裂缝最初可能很小，但会逐渐扩大
	空腹 式钢 筋混 凝土 拱桥	立柱裂缝 拱肋跨中径向裂缝 拱脚部分径向裂缝	空腹式钢筋混凝土拱桥裂缝多发生在其： ①拱脚 ②立柱 ③立柱与拱圈相接处
	钢筋 混凝 土 双曲 拱桥	腹拱顶横向裂缝 主拱圈肋波间环向裂缝 拱波顶纵向裂缝	双曲拱桥常见裂缝有： ①主拱圈拱脚处上缘的横向贯穿裂缝 ②主拱圈跨中截面肋波结合面环向裂缝 ③腹拱拱板沿桥宽方向的横向裂缝 ④拱波的沿桥纵向裂缝 ⑤立柱与盖梁混凝土剥落露筋，并可能伴随有压裂现象
桁 架 拱 桥		横向裂缝 竖弦杆与上下弦 杆接合处的裂缝	桁架拱桥常见裂缝有： ①靠近桥头的桥面由于受到负弯距作用，出现沿桥宽方向的横向裂缝 ②立杆与上下弦杆结合处出现的裂缝 ③当跨径较大，架片分段预制并采用现浇混凝土接头或钢板接头时，受荷载反复作用而出现施工接头的拉裂缝
刚 架 桥		裂缝 不均匀沉降	如左图所示刚架桥的两个立柱分别支承于不同的地层，且下部没有联结，由于支点的不均匀沉降，刚架各点产生附加弯距，横梁左节点处为负弯距，梁顶为受拉区，因此： ①横梁左端产生从上向下展开的裂缝 ②横梁右端产生由下向上展开的裂缝 ③左支柱上侧产生由外向内水平裂缝

表 2-14　桥梁墩台结构的常见裂缝及成因

序号	裂缝种类发生部位	示意简图	主要特征及成因分析
1	网状裂缝	网状裂缝　　　　网状裂缝	①多发生在常水位以下墩身的向阳部位，裂缝宽度约为 0.1 ~ 1mm，深 1 ~ 1.5cm，长度不等 ②产生这种裂缝的主要原因： A 混凝土内部水化热和外部气温的温差，或日气温变化影响和日照影响而产生的温度拉应力 B 混凝土干燥收缩也会引起
2	从基础向上发展至墩、台上部的裂缝		①裂缝下宽上窄，且往往会发展 ②产生这种裂缝的主要原因：基础松软产生的不均匀沉降所致
3	墩、台身水平裂缝		①裂缝呈水平层状 ②产生这种裂缝的主要原因：多为混凝土灌筑不良所致
4	翼、前墙断裂裂缝		①在翼、前墙出现（如左图） ②产生这种裂缝的主要原因： A 墙间填土不良、冻胀 B 基地承载力不足 A,B 会引起墙体下沉或外倾而开裂
5	由支承垫石从上向下发展的裂缝	裂缝	①由支承垫石从上向下发展 ②产生这种裂缝的主要原因： A 墩、台帽在支承垫石下未布钢筋 B 也可能因为受到了较大的冲击力

三、裂缝的检查及观测

（一）裂缝检查与观测的内容包括

（1）裂缝发生的部位、走向、宽度、分布状况以及大小和长度等。

（2）裂缝的变化发展情况。

（二）裂缝检查与观测的方法

裂缝观测时一般采用的仪器有塞尺，手持式读数显微镜（刻度放大镜），长标距裂缝应变片，千分表引伸仪等。目前市场上有一种电子裂缝宽度仪，采用的是电子视频技术。现场观测裂缝变化发展情况的简单方法。

在裂缝两边设置小标杆，两杆间的距离用卡尺测量（图2-4），或用读数放大镜直接测量裂缝的宽度。

设置两块金属板来量测，一块金属板盖过裂缝并与另一块刻有尺寸的金属板相接触（图2-5），量测并记下裂缝变化的寸。

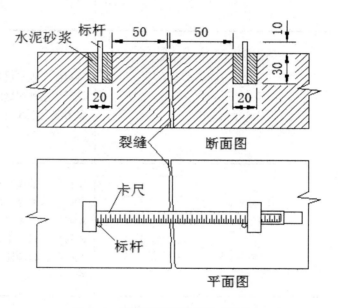

图2-4　设标杆观测裂缝法（单位：m）

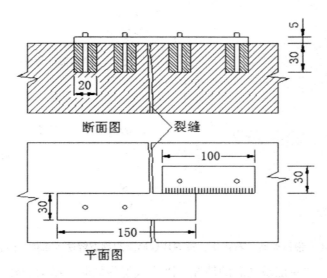

断面图　　裂缝

平面图

图2-5　设金属板观测裂缝法（单位：mm）

利用水泥浆或石膏做成薄片状的标记贴在裂缝处，或用玻璃片、较牢固的纸糊在裂缝上，观察其是否继续开裂。具体做法如下：在裂缝的起点和终点划上与裂缝走向垂直的红油漆线记号，并把裂缝登记编号。观测并记下裂缝的部位、走向、宽度、分布状况和长度等。如有必要知道裂缝深度时，可用注射器在裂缝中注入有色溶液，然后开凿至显色为止，其开凿深度即为裂缝的深度。

观测裂缝的变化情况，除长度可观察裂缝两端是否超出前一次油漆画线外，对裂缝是否沿宽度方向继续扩展，可做灰块或玻璃测标（图2-6）进行观测。其方法是先将安设测标部位的结构表面凿毛，然后用1∶2水泥砂浆或石膏在裂缝上抹成厚10～15mm的方形或圆形灰块，也可用石膏将细条状玻璃固定在裂缝两侧结构表面上，在裂缝处玻璃截面很小，对测标编号并注明安设日期，当裂缝继续扩展时，测标就会断裂，一般裂缝宽度都较小，应尽可能采用带刻度的放大镜量。

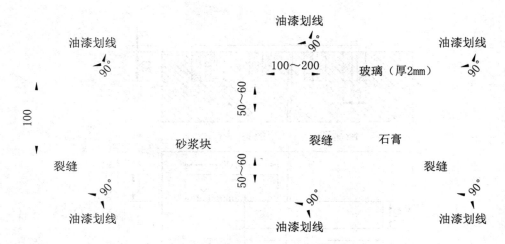

图 2-6　设砂浆块、石膏块、玻璃片划油漆观测裂缝法（单位：mm）

在观测裂缝时，"要记录气温的情况，因为气温降低时，结构的外层比内层冷却的更快，因而表面收缩较快，这时裂缝显得的较大，当气温增高时则恰好相反。

第三章　公路桥梁的检测

桥梁检测是指在桥梁检查基础上，借助仪器，对桥梁材料质量和工作性能等所做的更加精确的检测与试验。

随着桥梁建设的不断发展，桥梁结构的形式与功能日趋复杂，经过长期使用，桥梁结构难免会发生各种各样的损伤，于是桥梁检测、监测就成为桥梁结构安全养护、正常使用的第二道保证措施。如何对桥梁结构进行质量检测和安全监测也已成为国内外学术界、工程界研究的热点。本章总结了常规桥梁结构检测方法，提出了一些新的检测思想，并讨论了桥梁检测今后可能的发展方向。

第一节　公路桥梁的特殊检查

特殊检查包括应急检查和专门检验，主要根据桥梁破损状况和性质，采用适当的仪器设备，以及现场勘探、试验等特殊手段和科学分析方法，查明桥梁病害原因、破损程度和承载能力，依据桥梁技术状况评定标准确定桥梁的技术状况，以便采取相应的加固、改善措施。

当桥梁遭受洪水、流冰、漂流物、船舶撞击、滑坡、地震、风灾和超重车辆自行通过等自然灾害或事故后，应立即对结构作详细检查（应急检查）。查明破损状况，采取应急措施，尽快恢复交通。其旨在查明缺损状况，以便采用应急措施，尽快恢复交通，通常由地（市）级公路管理机构的桥梁工程师主持。应急检查是一种扩大的日常检查，主要以视觉检查加经验判别。（同第一章所说述，在此不再赘述）

专门检验是对需要进一步判明损坏原因、缺损程度或使用能力的桥梁，要求针对病害进行专门的现场试验检测、检算与分析等鉴定工作，以便进行有效的养护。专门检验通常由省级公路管理机构的总工程师或授权的桥梁检查工程师主持，委托公路桥梁检测中心或具有这种能力的科研设计单位、工程咨询单位，签订专门检查合同后实施。承担专门检验的单位及负责检查的工程师应按合同规定的内容及时间，完成检查任务，并做出检查报告。

一般在下列四种情况下桥梁需作特殊检查。

（1）在地震、洪水、滑坡、超重车辆行驶和行船或重大漂浮物撞击之后。

（2）决定对单一的桥梁进行改造、加固之前。

（3）桥梁定期检查难以判明损坏原因、程度及整座桥的技术状况时。

（4）桥梁技术状况为四类、五类者。

桥梁特殊检查的项目见表3-1。

表3-1　应急检查与专门检验的项目见下表

		洪　水	滑　坡	地　震	超重车行驶（改造前）	撞　击
应急检查	上部	栏杆损坏桥体位移和损坏落梁、排水设施失效	因桥台推出而压屈	落梁、支座损坏、错位	梁、拱、桥面板裂缝、支座损坏、承载力测定	被撞构件及联系部位破坏、支座破坏
	下部	因冲刷而产生的沉陷和倾斜	桥台推出胸墙破坏	沉陷、倾斜位移、圬工破坏、抗震墩破坏	墩台裂缝、沉陷	墩台位移
专门检验		结构验算，水文验算 桥梁静载、动载试验 用精密仪器对病害进行现场调查和实验室分析				

应急检查的目的在于查明缺损状况，以便采用应急措施，尽快恢复交通。专门检查的目的在于找出缺损的明确原因、程度和范围，分析缺损所造成的后果以及潜在缺陷可能给结构带来的危险，为进一步评定桥梁的耐久性和承载能力以及确定加固维修工作的实施提供依据。专门检查由专家依据一定的物理、化学或无破损检测手段对桥梁一个或多个组成部分进行的全面察看、测强、测伤或测缺。

桥梁特殊检查可分为现场检查与实验室测试分析两部分。现场检查可分一般检查和详细检查两个阶段。一般检查象定期检查那样对结构及其附属设施的所有构件或部位进行彻底、视觉和系统的检查，记录所有缺损的部位、范围和程度。一般检查的结果系是否进行详细检查的依据。详细检查主要是对一些重点部位或典型桥孔采用一些专门技术和检测设备进行深入而细致的检测。

专门检验的前期工作——实施专门检验之前，承担单位负责检查的工程师应充分收集资料，包括计算资料（计算所用的程序、方法及计算结果）、竣工图、材料试验报告、施工记录、历次桥梁定期检查和特殊检查报告，以及历次维修资料等。地（市）级公路管理机构的桥梁检查工程师应予以必要协助。原资料如有不全或疑问时可现场测绘构造尺寸，测试构件材料组成及性能，勘察水文地质情况。专门检验工作，由地（市）级公路管理机构的桥梁检查工程师负责协调监督。省公路管理机构的总工程师或授权的桥梁检查工程师负责组织有关技术人员对检查报告进行审定。

专门检验的内容大致上可分为如下两个方面。

1.结构材料缺损状况诊断　材料损坏程度检测，材料物理、化学、力学性能测试，缺损原因的分析判断等。

2. 结构整体性能、功能状况鉴定　结构承载能力（强度、刚度和稳定性等）鉴定，桥梁抗洪能力的鉴定等。

材料缺损诊断可根据缺损的类型、位置和检测的要求，选择表面测量、无破损检测技术和半破损检测技术（如局部取试样等）等。从结构上钻取或截取的试样宜在有代表性构件的次要部位获取。检测与评定依照相应的试验标准进行。采用没有标准依据的检测技术，应事先通过模拟试验，制定适用的检测细则，保证检测结果具有一定的可靠性。

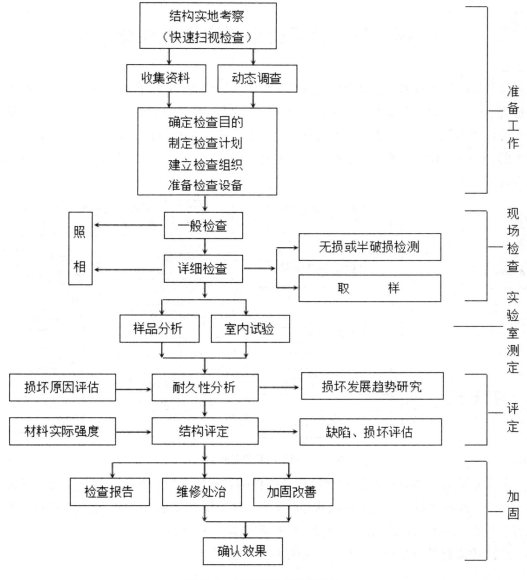

图3-1　桥梁特殊检查流程图

桥梁特殊检查的一般流程如图3-1所示。

桥梁特殊检查报告应包括下列主要内容。

（1）概述检查的一般情况，包括桥梁的基本情况、检查的组织、时间、背景和工作过程等。

（2）目前桥梁技术状况的描述，包括现场调查、试验与检测项目及方法、检测数据与分析结果和桥梁技术状况评价等。

（3）详细阐述检查部位的损坏程度及原因，并提出结构部件和总体的修理、加固或改善的建议方案。

第二节　公路桥梁材料性能检测

自从水泥问世以来，桥梁建设出现了一个飞跃的发展。钢筋水泥混凝土的价格低廉。成形容易、经久耐用等优点，使之几乎取代了其他所有的桥梁建筑材料。但随着时间的推移，号称"永久结构"的钢筋水泥混凝土出现了一些原先人们所没有认识到的危害，如混凝土的老化、碳化以及钢筋的锈蚀等许多不可逆的物理、化学变化，使钢筋混凝土的寿命大大地打了折扣。

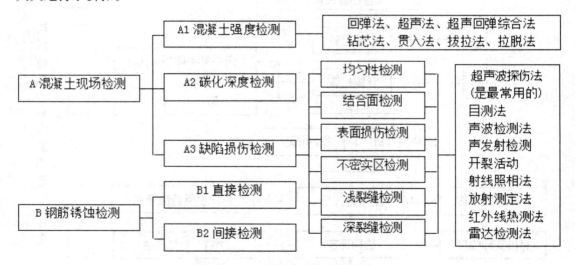

图3-2　旧桥材料性能检测内容

公路桥梁材料性能检测是对其结构及部件的材料质量所存在的缺损状况进行详细检测、试验、判断的过程。是对桥梁的专门检验，属于桥梁诊断的范畴。根据缺损的类型、位置和检测要求可选择①表面测量②无破损检测③半破损检测等

公路桥梁材料性能检测主要内容见图3-2。

一、混凝土强度的现场检测

检测、评定没有或缺乏技术资料的桥梁时，需直接测定实桥结构材料的机械力学性能。

即使技术资料较为完整，为了检验结构材料的实际情况是否与资料相符，也需测定桥梁材料的机械力学性能。因此，混凝土强度的现场检测也很重要。

混凝土强度的现场检测方法目前主要有：非破损检测法和半（微）破损检测法。非破损检测法主要有回弹法、超声波法、超声-回弹综合法等；半（微）破损检测法主要有拔出法、钻芯法、拔脱法、射击法等；其中最常用的方法有回弹法、钻芯法、超声-回弹综合法、拔出法等。

（一）钻芯法检测混凝土强度

1. 钻芯法检测混凝土强度原则

是指利用特点设备，从混凝土结构中钻取芯样，以测定普通混凝土强度的方法。这是一种直观准确的方法，其使用原则如下。

（1）对试块抗压强度的测试法具有怀疑时。

（2）因故发生混凝土质量问题。

（3）混凝土受到损害。

（4）需经检测很多年使用的结构物如旧桥。

2. 钻芯取样检测混凝土强度应注意以下几个问题

（1）有些情况下不宜采用回弹、超声等非破损方法检测混凝土强度时，可采用钻芯取样法。如混凝土内外质量不一致；混凝土变化可腐蚀或火灾；混凝土在硬化过程中冻伤等。

（2）结合非破损检测技术，通过钻取少量芯样，以提高非破损检测的测试精度。如非破损测强曲线技术条件差异较大，又如旧混凝土结构等。

（3）对于强度等级小于C10的混凝土，钻芯过程易破坏砂浆与骨料的黏结力，测试结果不准，不易采用钻芯法。

（4）对于正在工作中的结构，特别是经使用多年的旧结构应尽量采用非破损检测技术，必须采用钻心法时，对取样位置、取样数量等应严格控制。

（5）钻取芯样后的构件应及时对孔洞进行修补，修补可采用树脂完成微膨胀细骨料混凝土。

3. 钻芯取样的设备主要包括

（1）钻取芯样的钻芯机。

（2）加工芯样或符合试验尺寸要求的锯切机。

（3）加工芯样消面的研磨机。

（4）探测钢筋位置的磁感仪、雷达等。

4. 芯样钻取应符合以下要求

（1）芯样钻取位置应尽量选在结构或构件管力较小的部位；选取混凝土强度有代表性的部位；取芯位置应尽量避开钢筋、管线；用钻芯法与非破损法综合测定强度时，应与非破损法取同一测区。

（2）按单个构件检测时，每个构件的芯样数不应少于 3 个，较小构件可取 2 个。

（3）芯样直径不宜小于骨料最大粒径的 3 倍，并不得小于骨料最大粒径的 2 倍。芯样直径一般为 100mm 或 150mm，芯样的高度直径比应在 1 ~ 2 的范围内。

5.影响芯样强度的因素很多，主要影响因素如下

（1）芯样尺寸，特别是芯样高度对其抗压强度影响较大。一般来说芯样高度与直径均为 100mm 时与 150mm 立方体试件强度相当。

（2）芯样含筋率对其强度有一定影响。有螺纹筋的芯样会提高强度，有光圆钢筋的芯样会降低强度，故芯样钻取时应尽可能地避开钢筋。

（3）芯样的含水量对强度影响明显。一般而言，含水量含多则强度含低故按自然干燥状态试验时，芯样应在室内自然干燥 3d；按潮湿状态试验时，芯样应在水中泡 40 ~ 48h。

芯样强度的换算值系指样将实测强度换算成 150mm，立方体试件的抗压强度值。换算值按下式计算：

$$f_{cu}^c = \alpha \frac{4F}{\pi d^2}$$

式中：f_{cu}^c——试件混凝土强度换算值（MPa），精确至 0.1；

F——试验时施加的最大压力（N）；

d——芯样平均直径（mm）；

α——高径比换算系数，按表 3-2 采用。

表 3–2 强度换算系数

高径比（h/d）	1.0	1.1	1.2	1.3	1.4	1.5	1.6	1.7	1.8	1.9	2.0
系数 α	1.00	1.04	1.07	1.10	1.13	1.15	1.17	1.19	1.21	1.22	1.24

强度和直径均为 100mm 或 150mm 的芯样试验值可直接作为其强度换算值。单个构件或其层部区域，芯样强度换算值中的最小值为其代表值。

（二）回弹法现场检测混凝土强度

回弹法主要测试仪器是回弹仪（机械式无损检测仪器）。

因混凝土的抗压强度与其表面硬度之间存在一定的关系，而回弹仪的弹击锤被一定的弹力打击在混凝土表面上；其回弹高度（即回弹值）与混凝土表面硬度有一定的比例关系。因此以回弹值反映混凝土表面硬度，从而推出混凝土的抗压强度。

回弹法在我国的使已用 40 余年的历史。国外使用回弹法的精度不高，有的只能定性判断混凝土的质量，但回弹法在我国应用相当广泛，这不仅是由于回弹法设备简单、操作

方便、测试迅速，更是我国已经解决了回弹法使用精度不高和不能推广的关键问题。回弹值影响因素（操作方法、仪器性能、气候条件等）较多，使用不当会产生较大的误差。故须正确掌握操作方法，回弹法检测具体步骤如下

1. 测区、测点的选择　单个检测时，应在每个构件上均匀布置测区——对一个方向的尺寸不小于 2.5，另一个方向的尺寸不小于 0.3 m 的构件，测区数不应少于 10 个；当不满足上述条件时，测区数不应少于 5 个。

批量检测时，抽检数量不得少于同批构件总数的 30%，且不少于 10 件，每个构件测区数量不应少于 10 个（抽检构件应具一定代表性）。

测区应选在使回弹仪处于水平方向检测混凝土浇筑侧面，当不满足这一要求时，可使回弹仪处于非水平方向的混凝土浇筑侧面、表面、底面。

测区表面应清洁、平整、干燥，不应有接缝、饰面层、粉刷层、油垢、蜂窝、麻面等（否则所测回弹值会偏低），必要时可用砂轮、粗砂纸等清除杂物，磨平不平整处，并擦去残留粉尘、灰屑。

相邻两测区的间距应控制在 2m 以内，测区离构件边缘的距离不宜大于 0.5m。

测区宜在构件的可测表面上均匀分布，并直避开位于混凝土内保护层附近设置的钢筋和预埋铁件；

测区宜在构件的两相对表面上有两个基本对称的测试面（测面），如不能满足这一要求时，一个测区允许只有一个测面；

测区的面积不宜大于 0.04m²；

测点宜在测区范围内均匀分布，相邻两测点的间距一般不小于 20mm。测点距构件边缘或外露钢筋、铁件的距离一般不小于 30mm。测点不应在气孔和外露石子上。

同一测点只能弹击一次，每个测区应记取 16 个回弹值。

2. 测区平均回弹值的计算

（1）当回弹仪水平方向测试混凝土浇灌方向的侧面时，应从测区两个相对测试面的 16 个回弹值中，分别去除 3 个最大值与最小值，剩余的 10 个回弹值按下式计算：

$$R_m = \frac{\sum\limits_{i=1}^{10} R_i}{10} \tag{3-1}$$

式中：R_m ——测区平均回弹值（计算精确至一位小数）；

R_i ——第 i 个测点的回弹值。

（2）当回弹仪处于非水平方向测试时，应根据回弹仪轴线与水平方向的角度 α（图3-3），将测得数据按式 3-1 求出测区平均回弹值 $R_{m\alpha}$，再按式 3-2 修正：

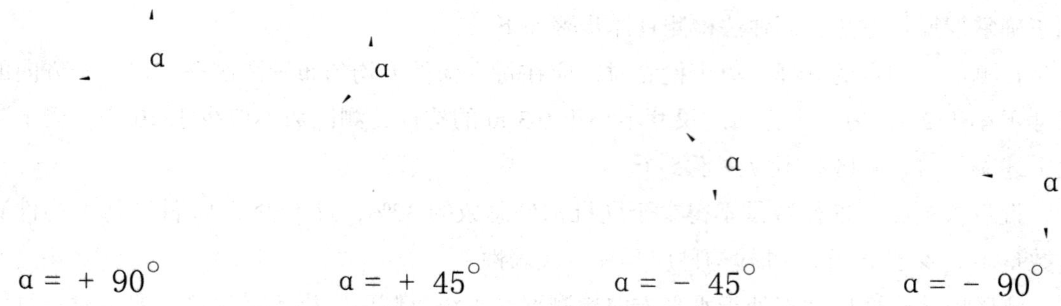

$$\alpha = + 90° \qquad \alpha = + 45° \qquad \alpha = - 45° \qquad \alpha = - 90°$$

图 3-3 回弹法测试角 α 示意简图

$$R_m = R_{m\alpha} + R_{a\alpha} \tag{3-2}$$

式中：$R_{m\alpha}$——回弹仪与水平方向成 α 角测试时测区的平均回弹值；

$R_{a\alpha}$——按表 3-1 查出不同测试角度 α 的回弹修正值。

（3）当回弹仪处于水平方向测试时，应将测得数据按式（3-1）式求出测区平均回弹值 R_m，再按式式（3-3）、式（3-4）修正：

$$R_m = R_m^t + R_\alpha^t \tag{3-3}$$

$$R_m = R_m^b + R_\alpha^b \tag{3-4}$$

式中：R_m^t、R_m^b—水平方向检测混凝土浇筑表面底面时测区平均回弹值。

R_α^t、R_α^b—表面、底面回弹值的修正值（表 3-3）。

当回弹仪为非水平方向且为非浇筑侧面时，应先进行角度修正，再进行浇筑面修正（表3-4）。

表 3-3 不同测试角度 α 的回弹修正值 $R_{a\alpha}$

$R_{m\alpha}$	测 试 角 度 α							
	+90º	+60º	+45º	+30º	-30º	-45º	-60º	-90º
20	-6.0	-5.0	-2.0	-1	+2.5	+1	+3.5	+2.0
30	-5.0	-2.0	-3.5	-2.5	+2.0	+2.5	+1	+3.5
40	-2.0	-3.5	-1	-2.0	+1.5	+2.0	+2.5	+1
50	-3.5	-1	-2.5	-1.5	+1.0	+1.5	+2.0	+2.5

表 3-4 不同浇筑面的回弹修正值 R_α^t、R_α^b

R_m^t、R_m^b	20	25	30	35	40	45	50
R_α^t	+2.5	+2.0	+1.5	+1.0	+0.5	0	0
R_α^b	-1	-2.5	-2.0	-1.5	-1.0	-0.5	0

3. 平均碳化深度的计算　混凝土碳化深度会直接影响混凝土表面硬度，故应考虑混凝土碳化深度对混凝土强度的影响。

回弹法测量完成后，选取有代表性的位置测量碳化深度，测点不应少于构件测区数量的 30%，且不应少于 3 次，当出现测区碳化深度值极差大于 2.0mm 时，预示混凝土强度不均匀，要求要求每一测区测量碳化深度。测量碳化深度值时，可用钻头、凿子等合适的工具在测区表面凿成直径约 15mm 的孔洞，其深度大于混凝土的碳化深度（一般取为保护层厚度）。然后除净孔洞中的粉末和碎屑（不得用水冲洗），立即用浓度为 1% 酚酞酒精溶液滴在孔洞内壁的边缘处，再用深度测量工具测量已碳化与未碳化混凝土交界面（颜色变化处）到混凝土土表面的垂直距离多次，取其平均值。该距离即为混凝土的碳化深度值。每次读数精确至 0.5mm。

在测区中选取 n 个碳化深度测点，得到相应碳化深度测量值，即可进行平均碳化深度值的计算，公式如下。

$$d_m = \frac{\sum_{i=1}^{n} d_i}{n} \tag{3-5}$$

式中：d_m——测区混凝土的平均碳化深度值（mm），计算至 0.5mm；

d_i——第 i 个测点的混凝土碳化深度测量值（mm）；

n——测区的碳化深度测点数。

根据测区混凝土碳化深度值依附录—1 查混凝土强度。

4. 测区混凝土强度值计算　构件第 i 个测区混凝土强度换算值 $f_{cu,i}^c$ 可由平均回弹值 R_m 和平均碳化深度值 d_m 查测区混凝土强度换算表（JGJ/T23-2001 的附录 A）可得。

构件混凝土强度平均值 $m_{f_{cu}^c}$ 依据下式计算：

$$m_{f_{cu}^c} = \frac{\sum_{i=1}^{n} f_{cu,i}^c}{n} \tag{3-6}$$

式中：$m_{f_{cu}^c}$——构件混凝土强度平均值（MPa），精确至 0.1MPa。

n——单个检测时，为构件上测区的总和；抽样检测时，为各抽检构件测区数之和。

标准差 $s_{f_{cu}^c}$ 按下式计算：

$$s_{f_{cu}^c} = \sqrt{\frac{\sum_{i=1}^{n}(f_{cu,i}^c)^2 - n(m_{f_{cu}^c})^2}{n-1}}$$ （3-7）

结构或者构件的混凝土强度推定值 $f_{cu,e}$ 应按下列公式确定。

当结构或者构件测区数少于 10 个时：

$$f_{cu,e} = f_{cu,min}^c$$

式中： $f_{cu,min}^c$ ——构件中最小的测区混凝土强度换算值。

当结构或者构件测区强度值中出现小于 10.0MPa 时：

$$f_{cu,e} = 10.0MPa$$

当结构或者构件测区数不少于 10 个或者按批量检测时：

$$f_{cu,e} = m_{f_{cu}^c} - 1.645s_{f_{cu}^c}$$

对于按批量检测的构件，当标准差出现下列其中之一的情况时，则该批构件全部按单个构件检测：

该批构件混凝土强度平均值小于 25MPa 时， $s_{f_{cu}^c} > 2.5MPa$；

该批构件混凝土强度平均值不小于 25MPa 时， $s_{f_{cu}^c} > 5.5MPa$。

5. 测强曲线　在进行测区强度换算时，要用到测强曲线。测强曲线有统一测强曲线、地区测强曲线和专业测强曲线。统一测强曲线是由全国代表性的材料、成型养护工艺配制的混凝土试件，通过试验所建立的回弹代表值 R_m 与测区混凝土强度 $f_{cu,i}^c$ 的关系曲线。统一测强曲线已经使用了近 20 年，效果较好，《回弹法检测混凝土抗压强度技术规程》（JGJ/T 23-2001）中的测区混凝土强度换算表是据统一曲线绘制的，抗压强度适用范围为 10 ~ 60MPa，详见附录一 1。地区测强曲线已通过本地区常用的材料、成型养护工艺建立的曲线。专用测强曲线是由与结构或构件混凝土相同的材料、成型养护工艺所建立的曲线。强度换算时应按专用测强曲线，地区测强曲线，统一测强曲线的次序选用。

当检测条件与测强曲线的适用条件有较大差异时，可采用同条件试件或钻取混凝土芯样进行修正，试件或芯样数量不少于 6 个。钻取芯样时每个部位应钻取一个芯样，计算时，测区混凝土强度换算值应乘以修正系数。修正系数按下列公式进行计算。

$$\eta = \frac{1}{n}\sum_{i=1}^{n} f_{cu,i} / f_{cu,i}^c$$ （3-8）

或

$$\eta = \frac{1}{n}\sum_{i=1}^{n} f_{cor,i} / f_{cu,i}^c$$ （3-9）

式中： η ——修正系数，精确至 0.01；

$f_{cu,i}$ ——第 i 个 150mm 立方体混凝土试件抗压强度值，精确至 0.1MPa；

$f_{cor,i}$——第i个混凝土芯样试件抗压强度值，精确至 0.1MPa；

$f_{cu,i}^{c}$——对应于第i个试件或芯样部位回弹值和碳化深度值的混凝土强度换算值。

（三）超声回弹综合法法检测混凝土强度

无损检测，还有一种常用的方法是用超声波的方法来检测混凝土强度，当声波在混凝土中传波时，其纵波波速的平方与混凝土的弹模成正比，与密度成反比，而混凝土的强度又与其密度有关，一般言，声波在混凝土传波速度越快，其强度就越高。正是利用声速与混凝土强度的关系检测混凝土强度的方法即为超声法。

单独采用回弹法和超声法均有其缺陷。对回弹法来说，如果检测条件与测强曲线的适用条件差异较大，且又未能以钻芯取样法时，此时精度就不高。采用超声法时，其精度也在很大程度上取决于检测条件与测强曲线所适用条件之间的差异。所以工程中很少单独采用超声法来测混凝土强度。

超声回弹综合法是以超声波穿透试件内部的声速值和　试件表面硬度的回弹值来综合检测结构混凝土的抗压强度的方法。这一方法是，20 世纪 60 年代研究开发出的一种无损检测法，与单一方法比较，其精度高，适应范围广，在我国建工、公路、铁路系统已广泛应用。

综合法中超声波检测仪合格工作频率为 10 ～ 500kHz 的模拟式或数字式低频超声仪。换转器的工作频率一般为 50 ～ 100kHz，常用的换转器具有厚度振动方式和径向振动方式两类。

换转器的布置方式以测试位置的不同可有三种方法：对测法；角测法；平侧法。换转器布置如图 3-4 所示。

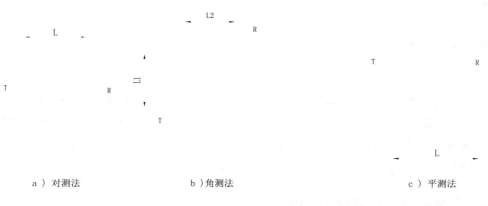

a）对测法　　　　　　　　b）角测法　　　　　　　　c）平测法

图 3-4　换能器探头的布置方法

综合法的测区及其尺寸等相关要求与回弹法基本相同，但应注意以下几点。

（1）采用平测法，测区宜为 400mm × 400mm。

（2）对于每一测区，应先回弹测试，后超声测试。

（3）计算混凝土强度时，非同一测区内的回弹值和声速值不得混用。

在进行超声测试时，声速代表值 V_a 应根据测区中 3 个测点，按下式计算声速值：

$$V = \frac{\lambda P}{3} \sum_{i=1}^{3} \frac{l_i}{t_i - t_0}$$

式中：V ——修正后的测区声速代表值（k P /s）；

$\quad\quad$ P ——测试面声速修正系数；

$\quad\quad$ λ ——测试方法修正系数

$\quad\quad$ l_i ——第 i 个测点的超声测距（mm）

$\quad\quad$ t_i ——第 i 个测点的声时读数；

$\quad\quad$ t_0 —— $\lambda(\lambda = V_d / V_p)$ 时初读数（μs）。

对测或斜测时，$\lambda = 1$。平测时，宜采用同一构件的对测声速 V_d 与平测声速 V_p 之比求得修正系数；当被测结构或构件不能进行对测与平测对比时，宜选取代表性的部位，以测距 $l = 200 \sim 500\text{mm}$，以 50mm 为一级，逐点测读相应的声时值 t，用回归法求出直线方程 $l = a + bt$，以回归系数 b 代替 V_d。

在混凝土浇筑顶面或底面对或斜测时，$\beta = 1.034$；顶面平测时，$\beta = 1.05$，底面平测时，$\beta = 0.95$。

按前一节中回弹法求出回弹代表值 R_{ai} 声速代表值 V_{ai} 后，应优先采用专用测强曲线或地区测强曲线，进行强度换算。

当无专用和地区测强曲线时，可按《超声回弹综合法检测混凝土强度技术规程》（CECS 02：2005）规定的方法进行验证后，按《超声回弹综合法检测混凝土强度技术规程》的统一测区混凝土抗压强度换算表换算，也可按下式公式进行强度换算：

1. 当粗骨料为卵石时

$$f_{cu,i}^c = 0.0056 V_{ai}^{1.439} R_{ai}^{1.769} \tag{3-10}$$

2. 当粗骨料为碎石时

$$f_{cu,i}^c = 0.0162 V_{ai}^{1.656} R_{ai}^{1.410} \tag{3-11}$$

式中：$f_{cu,i}^c$ ——第 i 个测区混凝土抗压强度换算值（MPa），精确至 0.1MPa。

测区混凝土强度的计算、修正及评定基本同回弹法，所不同的是，当一批构件的抗压强度平均值 $M_{f_c} > 50.0\text{MPa}$ 时，标准差 $S_{f_{cu}} > 6.5\text{MPa}$。同时采用钻芯取样修正时，综合法要求芯样数量可比回弹法少 2 个。

（四）拔出法检测混凝土强度

拔出法属于微破损检测范畴。它具有精度高，破损程度小、使用方便适用范围广等特点。这一方法就是在硬化混凝土表面钻孔、磨槽、嵌入锚固件，使用拔出仪进行拔出试验，测定极限拔出力，并根据预先建立的拔出力与混凝土强度之间的相关关系检测混凝土强度。拔出法有两种，其一是在浇筑混凝土时预先埋入锚固件，待混凝土硬化后进行拔出试验，称为预埋拔出法；其二是在硬化的混凝土构件上嵌入锚固件后进行拔出试验。试验装置见图 3-5。图中三点式拔出试验装置适用于粗骨料最大粒径不大于 60mm 的混凝土，圆环式试验装置适用于粗骨料最大粒径不大于 40mm 混凝土。

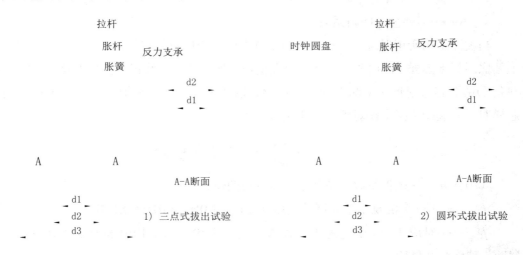

图 3-5 拔出法检测混凝土强度装置简图

1. 拔出法测试要求　单个构件检测时，应在构件上均匀布置 3 个测点。当 3 个拔出力中的最大拔出力和最小拔出力与中间值之差均小于中间值的 15% 时，布置 3 个测点即可；当最大拔出力或最小拔出力与中间值之差大于中间值的 15%（包括两者均大于中间值的 15%）时，应在最小拔出力测点附近再加测 2 个测点。

当同批构件按批抽样检测时，抽检数量应不少于同批构件总数的 30%，且不少于 10 件，每个构件不应少于 3 个测点。

测点宜布置在构件混凝土成型的侧面，如不能满足该要求，可布置在混凝土成型的表面或底面。构件受力较大及薄弱部位应布置测点相邻测点不应小于 10h，测点距构件边缘的距离不应小于 4h。

测点应避开接缝、蜂窝、麻面部位和混凝土表层的钢筋、预埋件等。

测试面应平整、清洁、干燥，对饰面层、浮浆等应清除，必要时进行磨平处理。

结构或构件的测点应标有编号，并应描绘测点布置的示意图。

在钻孔过程中，钻头应始终与混凝土表面保持垂直，垂直度偏差不应大 3°。

在混凝土孔壁磨环形槽时，磨槽机的定位圆盘应始终紧靠混凝土表面回转，磨出的环形槽形状应规整。

成孔尺寸应满足下列要求：①钻孔直径 d_1 应比规定值大 0.1mm，且不宜大于 1.0mm；②钻孔深度 h_1 应比锚固深度 h 深 20～30mm；③锚固深度 h 应符合规定，允许误差为 ±0.8mm；④环形槽深度 c 应为 3.6～2.5 mm。

2. 混凝土强度换算及推定　混凝土强度换算值根据汇总后的回归方程式（3-12）计算如下。

$$f_{cu}^c = AF + B \tag{3-12}$$

f_{cu}^c ——混凝土强度换算值，MPa，精确至 0.1MPa；

F ——拔出力，kN，精确至 0.1kN；

A、B——测强公式回归系数。

当被测结构所用混凝土的材料与制定测强曲线所用材料有较大差异时，可在被测结构上钻取混凝土芯样，根据芯样强度对混凝土强度换算值进行修正。芯样数量应不少于 3 个，在每个钻取芯样附近 3 个测点的拔出试验，取 3 个拔出力的平均值代入式 3-13 计算每个芯样对应的混凝土强度换算值。修正系数如下式：

$$\eta = \frac{1}{n}\sum_{i=1}^{n} f_{cor,i} / f_{cu,i}^c \tag{3-13}$$

式中：η ——修正系数，精确至小数点后两位；

$f_{cor,i}$ ——第 i 个混凝土芯样试件抗压强度值，MPa，精确至 0.1MPa；

$f_{cu,i}^c$ ——对应于第 i 个混凝土芯样试件的 3 个拔出力平均值的混凝土强度换算值，MPa，精确至 0.1MPa；

n ——芯样试件数。

单个构件的拔出力计算值按下列规定取值：当构件 3 个拔出力中的最大或最小拔出力与中间值之差均小于中间值的 15% 时，取小值作为该构件拔出力计算值；当加测时，加测的 2 个拔出力值和最小拔出力值一起取平均值，再与前一次的拔出力中间值比较，取小值作为该构件拔出力计算值。将单个构件拔出力计算值代入式（3-13）计算强度换算值（或者用 η 乘以强度换算值）作为单个构件混凝土强度推定值，即

$$f_{cu,e} = f_{cu}^c \tag{3-14}$$

将同批构件抽样检测的每个拔出力按式 3-13 计算强度换算值（或用修正系数 η 乘以强度换算值）。

混凝土强度的推定值 $f_{cu,e}$ 按下列公式计算：

$$f_{cu,e1} = m_{f_{cu}^c} - 1.645 s_{f_{cu}^c} \tag{3-15}$$

$$f_{cu,e2} = m_{f_{cu,min}^c} = \frac{1}{m}\sum_{j=1}^{m} f_{cu,min,j}^e \tag{3-16}$$

$$m_{f_{cu}^c} = \frac{1}{n}\sum_{i=1}^{n} f_{cu,i}^c \tag{3-17}$$

$$s_{f_{cu}^c} = \sqrt{\frac{\sum_{i=1}^{n}(f_{cu,i}^c)^2 - n(m_{f_{cu}^c})^2}{n-1}} \tag{3-18}$$

式中：$m_{f_{cu}^c}$ ——批抽检构件混凝土强度换算值的平均值，精确至 0.1MPa；

$m_{f_{cu,min}^c}$ ——该批构件中最小的测区混凝土强度换算值的平均值，精确至 0.1MPa；

$f_{cu,\min,j}^{c}$ ——第个 j 构件中的最小测区混凝土强度换算值，精确至 0.1MPa；

$f_{cu,i}^{c}$ ——对应于第 i 个测点的混凝土强度换算值；

$s_{f_{cu}^{c}}$ ——批抽检构件混凝土强度换算值的标准差，精确至 0.1MPa；

m ——批抽检构的件数；

n ——批抽检构件的测点总数。

取式（3-15）、（3-16）中的较大值作为该批构件混凝土强度的推定值。

对于按批量检测的构件，当全部测点的强度标准差出现下列其中之一的情况时，则该批构件全部按单个构件检测：

该批构件混凝土强度平均值小于 25MPa 时，$s_{f_{cu}^{c}} > 2.5$MPa；

该批构件混凝土强度平均值不小于 25MPa 时，$s_{f_{cu}^{c}} > 5.5$MPa。

二、混凝土缺陷损伤的检测

桥梁的施工、使用过程中，往往会产生一些缺陷和损伤。混凝土构件中常见的缺损有裂缝、碎裂、剥落、层离、蜂窝、空洞、腐蚀和钢筋锈蚀等。钢构件中常见的缺损主要有锈蚀、裂缝（包括由于应力集中和疲劳等引起的裂缝）、机械损伤、局部变形、焊缝缺陷和防护层损坏等。

这些缺陷和损伤往往会严重影响结构物的承载能力和耐久性，因此是桥梁养护工作中必须检测的项目。形成这些缺陷和损伤的主要原因：因施工不当造成内部孔洞、不密实区、蜂窝及保护层不足、钢筋外露等；因混凝土非外力作用裂缝；外力作用形成裂缝；因长期腐蚀或冻融造成构件由表及里的层状疏松。

混凝土探伤以无损检测的手段，确定混凝土内部缺陷的存在、大小、位置和性质。可用于探伤的无损检测手段有：超声脉冲法；射线法；声波检测法；射线照相法；红外线检测法；雷达检测法。其中超声法是目前使用最多、最有效的探伤方法（金属探伤也利用超声波在内部缺陷界面上的反射特性判断内部缺陷状态）。

超声探伤法常用来探查钢材、焊缝和混凝土中存在的裂缝、空洞、夹渣及火灾损伤等。由于混凝土是非匀质材料，必须用方向性弱的低频脉冲（20 ~ 150KHZ），且传递距离不大于 80cm；平行于脉冲方向的钢筋对探测结果影响很大，故配筋多的混凝土构件测试方法会有所限制；窄的裂缝会通过接触点或钢筋传递脉冲。所以，超声探伤法最好用来探测较大的空洞和裂缝。

混凝土超声探伤的依据有：因低频超声在混凝土中遇到缺陷时发生绕射，故可按声时、声程的变化，判别和计算缺陷的大小；因超声波在缺陷界面上产生反射，故可按到达接收探头时能量显著衰减的现象判断缺陷的存在及大小；因超声脉冲各频率成分在遇到缺陷时衰减程度不同，故可按接收频率明显降低，或接收波频谱产生差异来判别内部缺陷；因超声波在缺陷处波形转换和叠加，故可按其造成的接收波形畸变现象判别缺陷。

超声法混凝土缺陷检测主要有以下几方面的内容：混凝土均匀性检测；混凝土结合面质量检测；混凝土表面损伤层检测；混凝土不密实区和空洞检测；裂缝检测。这里只介绍一些常用的检测方法，详细内容可参照超声法检测混凝土缺陷技术规程（CECS 21:2000）。

1. 混凝土均匀性检测　混凝土的不均匀性可引起脉冲速度的差别，这种差别和质量差别相关。脉冲速度的测量可以用来研究混凝土的均匀性，为达此目的，应选定足够均匀地布置该混凝土结构的若干测点，测点间距一般为 200 ~ 500mm，测点布置时应避开与声波传播方向一致的钢筋（这种平行方向的钢筋对探测结果影响很大）。

各测点的声速值按式计算：

$$v_i = \frac{L_i}{t_i} \quad （3-19）$$

式中：v_i——第 i 点混凝土声速值，km/s；

L_i——第 i 点声径长度或称测距值，mm；

t_i——第 i 点混凝土的声时值，μs。

各测点混凝土的声速平均值 $\bar{v}$ 和标准差 S_v 及离差系数 C_v 按式计算：

$$\bar{v} = \frac{1}{n}\sum_{i=1}^{n} v_i \quad （3-20）$$

$$S_v = \sqrt{\frac{\sum_{i=1}^{n} v_i^2 - n\bar{v}^2}{n-1}} \quad （3-21）$$

$$C_v = \frac{S_v}{\bar{v}} \quad （3-22）$$

式中：$\bar{v}$——声速平均值，km/s；

n——测点数；

v_i——第 i 点的声速值，km/s

S_v——声速标准差；

C_v——声速离差系数。

根据 S_v、C_v，比较相同测距的同类结构或各部位混凝土均匀性的优劣。

2. 混凝土结合面质量检测　测试前应确定结合面的位置及走向，以正确确定需测部位及布置测点；结构的被测部位应具有使声波垂直或斜穿结合面的一对平行测试面；布置测点应避开平行声波传播方向的主钢筋或预埋铁件。测点也可采用斜测法布置测点（如图 3-6）测点应使测试范围覆盖全部结合面或有怀疑的部位。各对 T、R 换能器连线的倾斜角及测距应相等。测点的间距视结构尺寸和结合面外观质量情况而定，可控制在 100 ~ 300mm。在测出各测点的声时、波幅和频率值后，对某一测区各测点声时、波幅和频率值分别进行统计和异常值判断。当通过结合面的某些测点的数据异常，并可排除其他因素影响时，可判定混凝土结合面在该处合不良。

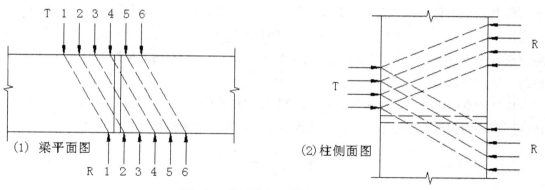

图 3-6 检测结合面的转换器布置

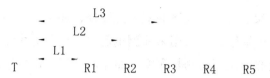

图 3-7 结合面斜测法换能布置图

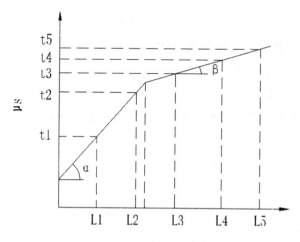

图 3-8 损伤层检测"时-距"图

3.混凝土表面损伤层检测 根据结构的损伤情况和外观质量选取有代表性的部位布置测区；结构被测表面应平整并处于自然干燥状态，且无接缝和饰面层；测点布置时应避免 R、T 换能器的连线方向与附近主钢筋的轴线平行。

表面损伤层检测应选用低频的厚度振动式换能器。测试时 T 换能器应耦合保持不动，然后将 R 换能器依次耦合在测点 1、2、3、……位置上，如图 3-7，读取相应的声时值 t_1、t_2、t_3……，并测量每次 R、T 换能器之间的距离 L_1、L_2、L_3……。R 换能器每次移动的距离不宜大于 100mm，每一测区的测点数不得少于 5 个。当结构的损伤层厚度不均匀时，应适当增加测区数。

以各测点的声时值相应测距值 L_i；绘制"声时—测距"坐标图，如图 3-8，可得到声速改变所形成的拐点，并按下式算出损伤混凝土的声速 v_d 和未损伤凝土的声速 v_n。

$$v_d = ctg\alpha = \frac{L_2 - L_1}{t_2 - t_1} \tag{3-23}$$

$$v_n = ctg\beta = \frac{L_4 - L_3}{t_4 - t_3} \tag{3-24}$$

4. 裂缝检测　超声法除了可用来检测混凝土强度外，还可用来检测混凝土病害，如混凝土的空洞、混凝土损伤等缺陷，也可用来探测钢筋钢束位置。由于裂缝是常见的病害，前述的方法只能检测裂缝宽度而不能测其深度，而超声法就可以解决这一问题。

当结构的裂缝部位只有一个可测表面且估计的裂缝深度又不大于 500mm 时，可采用单面平测法。测量时应在裂缝处以不同的测距，按跨缝和不跨缝布置测点（避开钢筋），其步骤如下。

（1）不跨缝声时测量：如图 3-10 所示，将发射声波的换能器 T 和按超声波的换能器 R 置于裂缝附近图例，以 T、R 内边缘间距（l'）从 100mm 开始，以 50mm 为一级递增，分别读取声时值（t_i），绘制时距坐标图（如图 3-9）或用回归分析法求出声时与测距之间的回归方程 $l_i = a + bt_i$。声波际传播距离 l_i 为如下。

$$l_i = l' + |a|$$

式中：l_i——第 i 点的超声波实际传播距离（mm）；

l'——T、R 内缘间距（mm）；

a——回归方程的常数项；

则回归系数 b 即为不跨缝平测时混凝土的声速值 $V(km/s)$。

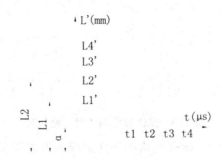

图 3-9　浅裂缝测时距图

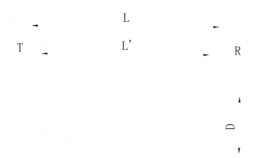

图 3-10　平测法跨缝测试图

（2）跨缝声时测量：如图 3-10 所示，属 T、R 换能器分别置于裂缝两侧，l' 从 100mm 起，以 50mm 为级数增加，分别读取声时值 t_i^0，同时观察管波相位的变化。

根据如图 3-10 所示的几何关系，裂缝深度依式计算：

$$h_{ci} = l_i/2 \cdot \sqrt{(t_i^0 V / t_i)^2 - 1} \qquad (\text{-25})$$

$$m_{hc} = \frac{1}{n} \cdot \sum_{i=1}^{n} h_{ci} \qquad (3\text{-}2)$$

式中：l_i——不跨缝平测时第 i 点的超声波实际传播距离（mm）

h_{ci}——第 i 点计算的裂缝深度值 mm）

t_i^0——第 i 点跨缝测声时（μs）；

m_{hc}——各测点计算裂缝深度的平均值（mm）；

n——测点数。

实验证明，跨缝测量时，管波反相与裂缝深度有关，当在某测距发现管波反相时，可用该测距及两个相邻测距计算 h_{ci} 值，取此三点 h_{0i} 的平均值为裂缝深度值 h_c。

有时候由于管钢筋或裂缝中局部连通影响而难以发现反相管波，所以不同的测距计算 h_{ci} 和 m_{hc}，当 $l_i' < m_{hc}$ 和 $l_i' < 3m_{hc}$ 时，应剔除该数据。

当结构的裂缝部位具有两个相互平行的测试表面时，可采用双面穿透斜测法。测点布置如图 3-11 所示，将 T、R 换能器分别置于两个测试表面对应测点 1、2、3……的位置读取相应声时值 t_i、波幅值 A_i 主频 f_i。

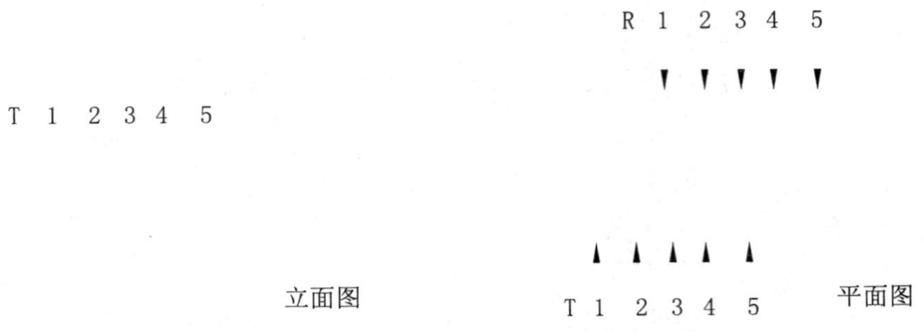

R 1 2 3 4 5

T 1 2 3 4 5

立面图   T 1 2 3 4 5   平面图

图 3-11　裂缝斜测法示意

当 T、R 换能器的连线通过裂缝，根据波幅、声时和主频突变可以评定裂缝深度以及是否在所处断面内贯通。

钻孔对测法适用于大体积混凝土，预计深度在 500mm 以上的裂缝检测。

被检测混凝土应满足：允许在裂缝两旁钻测试孔，裂缝中不应有水或泥浆。

被测结构上钻取的测试孔应满足下列要求。

（1）孔径应至少比裂缝预计深度深 700mm，经测试如浅于裂缝深度，则应加深钻孔。

（2）对应的两个测试孔，必须始终位于裂缝两侧，其轴线应保持平行。

（3）两个对应测试孔的间距宜为 2000mm，同一结构的各对应测孔间距应相同。

（4）若条件允许，最好在裂缝一侧多钻一个较浅的辅测孔，测试无缝混凝土的声学参数，供对比判别之用（图 3-12A）。

裂缝检测应选用频率为 20 ~ 60kHz 的径向振动式换能器，并在其接线上做出等距离标志（一般间隔 100 ~ 400mm）。测试前先向测试孔中注满清水，然后将 R、T 换能器分别置于裂缝两侧的对应孔中，以相同高程等间距从上至下同步移动，逐点读取声时值、波幅值和换能器所的深度（图 3-12B）。

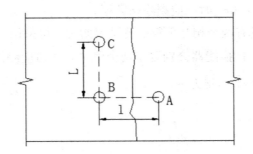

图 3-12A　裂缝钻孔检测辅助孔示意

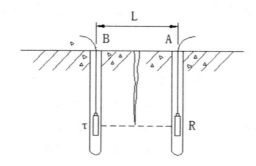

图 3-12B 深裂缝钻孔检测立面示意

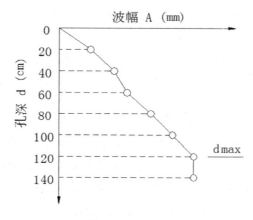

图 3-13 d—A 坐标图

以换能器所处深度 d 与对应的波幅 A 绘制 d—A 坐标图（如图 3-13）。从图中亦可看出：随着换能器的下移，波幅逐渐增大，当换能器下移至某一位置后，波幅达到最大值继而稳定，该位置所对应的深度 d_{max} 即为裂缝深度 h_c。

三、钢筋锈蚀的直（间）接检测

钢筋混凝土构件中钢筋的锈蚀往往与混凝土的病害相互联系。一方面，混凝土的密实度、渗水性、含水量、含氯盐量、碳化深度、保护层厚度不足和开裂等等诸多因素导致钢筋锈蚀；一方面，钢筋的锈蚀又促使了混凝土的进一步破损。依据是否通过检验混凝土的质量状况来检测钢筋锈蚀状况，对钢筋锈蚀的评定技术可分为直接评定和间接评定两种。

1. 直接检测钢筋锈蚀技术主要如下

（1）半电池电位检测法——利用与一已知的、并保持常量的基准电极的极电位相比较，有效地测量混凝土中钢筋的极电位，从而判定钢筋是否锈蚀。该法虽然不能提供锈蚀速率的具体数据，但它是目前唯一可用于现有桥梁直接检测混凝土锈蚀程度的非破损技术。该检测技术设备简单，便于现场检测，在钢筋混凝土桥梁结构的耐久性评定中广泛应用。

（2）重量损失法与截面损失法——这两种方法都需要在桥梁构件上截取已锈蚀钢筋的试件进行检测（局部破损检测），缺点是仅能反映桥梁构件局部的锈蚀率。

2. 间接评定钢筋锈蚀技术主要如下

（1）混凝土碳化深度的现场检测——用 2% 的酚酞酒精溶液喷洒在混凝土的新鲜断口处。PH≥10 时显示紫红色，说明未碳化；PH < 10 时为无色，说明已碳化。若碳化深度到达钢筋部位，混凝土失去保护作用，则钢筋可能被锈蚀。

（2）混凝土保护层厚度现场检测——利用保护层测定仪检测钢筋的混凝土保护层厚度是否足够。当取芯或钻孔时，也用来探测钢筋位置。在评价缺乏资料的桥梁时，可用其估测钢筋直径。目前产品的检测深度达 20 ~ 250mm，精确度为 ±5%。

（3）混凝土电阻率检测——混凝土的电阻率与其含水量有关，是控制钢筋锈蚀的因素之一，电阻率越高，锈蚀电流越弱。当电阻率超过 12000Ω.cm 时，钢筋不大可能锈蚀；当电阻率低于 500Ω.cm 时，钢筋肯定锈蚀。

（4）混凝土中氯离子含量检测——用来评定氯盐对钢筋的锈蚀。

（5）混凝土气透性检测——通过其对碳化和有害离子侵蚀的抵抗力，间接评定钢筋。

（一）钢筋锈蚀自然电位的检测

钢筋锈蚀是一个电化学过程，钢筋锈蚀电位的测量是把钢筋与混凝土看作一个半电池，通过检测与参考电极的电位差，来作为钢筋锈蚀电位的量度。该方法是检测钢筋锈蚀的常用的方法，方法简便，对结构无损伤，易于现场实施，结果明确，适用于混凝土构件寿命期间的任何期间，不受构件尺寸，钢筋保护层厚度的限制。

1. 钢筋锈蚀电位检测仪的技术要求

（1）钢筋锈蚀电位测量仪应通过技术鉴定，必须具有产品合格证。

（2）仪器的技术性能要求主要有以下 10 点：①测量范围大于 1V；②准确度优于 0.5% ± 1mv；③输出电阻大于 1010Ω；④半电池参考电极为铜 / 硫酸铜电极，温度系数 0.9mv/℃；⑤显示方式为数字显示；⑥数据输出有标准打印机输出口，按矩阵或序列形成输出电位值并绘制等电位图；⑦数据可存贮且内存不断电；⑧电源为直流电，连续正常工作时间不小于 6 小时；⑨仪器使用环境条件为环境温度 0 ~ +40℃，相对湿度 ≥85%；⑩测量联接导线：导线长不应超过 150m，截面积大于 0.75mm²。

2. 钢筋锈蚀电位检测仪的使用、维护与保管　仪器的使用、日常维护与保管应按相应的说明书规定进行；对于充电电池供电的仪器，应注意每 1 ~ 2 个月充放电一次，以保持电池的活性。

3. 钢筋锈蚀电位检测仪的校准　铜 / 硫酸铜电极的校准可使用甘汞电极。将铜 / 硫酸铜参考电极接于测量仪正极，甘汞电极接于负极，并把两电极同时接触于一块润湿的棉花上，在 22℃ 时两电极之间的电位差在 68 ± 10mv 之间，则铜 / 硫酸铜电极就是可用的。每次检测之前应对电极进行校准。

二次仪表的校准一般应每年进行一次,当检查测量系统各环节时,

4. 钢筋锈蚀电位的测试方法

(1)铜/硫酸铜参考电极的准备:饱和硫酸铜溶液用试剂级硫酸铜晶体溶解在蒸馏水中制成,当有多余的未溶解硫酸铜晶体积于溶液底部时,可认为该溶液是饱和的。电极铜棒应清洁,无明显缺陷,否则需用稀释盐酸溶液清洁铜棒,并用蒸馏水彻底冲净。硫酸溶液每月更换,长时间不用再用时也应更换,以保持溶液清洁。溶液应充满电极。

(2)测区与测点布置:①测区应根据构件的环境差异,外观检查的结果来确定,应有各种程度和差异的代表,每一种测区数量不宜少于 3。②在测区上布置测试网格,网格节点为测点,网格间距可选 20×20cm,30×30cm,20×10cm 等,根据构件尺寸而定,测点位置距构件边缘应大于 5cm,测点数可根据仪器功能要求确定,但一般不宜少于 20 个测点。③当一个测区内存在相邻测点的读数超过 150mv,通常应减小测点的间距。④测区应统一编号,注明位置,并描述外观情况。

(3)混凝土表面处理:用钢丝刷、砂纸打磨测区混凝土表面,去除涂料、浮浆、污迹、尘土等,并将表面润湿。润湿用电接触液可以用水或加入适最液态洗涤剂的水溶液。

(4)钢筋锈蚀电位测量系统按要求正确连接、正确操作:①现场检测,铜/硫酸铜电极一般接二次仪表的正输入端,钢筋接二次仪表的负输入端。②局部打开混凝土,在钢筋上钻一小孔并拧上自攻螺钉,用加压型接线夹夹在钉帽上,保证有良好的电联接。若在远离钢筋连接点的测区进行测量,必须用万用表检查内部钢筋的连续性,如不连续,应重新进行钢筋的连接。③铜/硫酸铜参考电极与测点的接触:测量前应预先将电极前端多孔塞充分浸湿,以保证良好的导电性,正式测读前应再次用喷雾器将混凝土表面润湿,但应注意两个测点之间不应留有自由表面水。

5. 钢筋锈蚀电位测量值的采集 测点读数变动不超过 2mv,可视为稳定。在同一测点,同一支参考电极,重复测读的差异不超过 10mv;不同的电极重复测读的差异不超过 20mv。若不符合稳定要求,应检查测试系统的各个环节。

数据按测量仪器的操作要求存入内存,并于每一工作日之后及时输出处理数据。

6. 测量时应注意的问题与数据的修正

(1)混凝土含水量对测量值有明显影响,因此测量时构件应在自然状态,含水量约为 2%~3%,否则不能使用本指南给出的判据。

(2)如果环境温度在 22±5℃范围之外,要对铜/硫酸铜电极做温度修正。

(3)各种外界因素产生的杂散电流,影响测量值,特别是靠近地面的测区。应避免各种电磁场的干扰。

(4)混凝土保护层电阻对测量值产生影响,除测区表面处理要符合规定外,仪器的输入阻抗要符合技术要求。

7. 测试结果的记录格式与评定 根据电化学原理,钢筋锈蚀自然电位相对于铜/硫酸铜参考电极应为负值,为了提高现场测试的稳定性,本文介绍的方法测得的读数为正值,

评定时按惯例将数据加上负号。

数据格式：a）按一定的比例绘出测区平面图，标出相应测点位置的钢筋锈蚀电们，得到数据阵列；b）绘出电位等值线图。通过数值相等各点或内插各等值点绘出等值线，等值线差值宜为100mv。

8. 钢筋锈蚀电位测试的改善措施　钢筋锈蚀自然电位的检测，会受到多种因素的干扰，为了提高现场检测结果判读与评定的准确性，可进行少量的现场比较性试验。对于需进行钢筋锈蚀评定的构件，有时已有钢筋暴露或很容易暴露，只要测其周围的锈蚀电位，比较这些钢筋的锈蚀程度和相应的测量值，就可缩小判据的范围，提高准确。通过大面积的检测评定整个被测结构的钢筋锈蚀状态。

（二）混凝土碳化深度检测法

钢筋混凝土结构物中，钢筋处于混凝土的碱性保护之中，混凝土碳化深度一旦到达钢筋，钢筋就失去保护，当外部条件成熟，就会发生锈蚀，因此检测混凝土碳化深度对判断钢筋状态也是很重要的。

1. 混凝土碳化深度的检测方法　混凝土碳化深度的检测一般使用酸碱指示剂喷在混凝土的新鲜破损面，根据指示剂颜色的变化，可测量混凝土的碳化深度。

2. 混凝土碳化深度检测前的准备

（1）目前常用的指示剂为酚酞试剂，配制方法为：75%的酒精溶液与白色酚酞粉末配置成酚酞浓度为1～2%的酚酞溶剂，装入喷雾器备用。溶剂应为无色透明的液体。

（2）测区位置的选择原则可参照钢筋锈蚀自然电位测试的要求，若在同一测区，应先进行保护层和锈蚀电位、电阻率的测量，再进行碳化深度的测量。

（3）结构外侧面应布置测区。

（4）每一测区应布置测试孔三个，成"品"字排列，孔距应根据构件尺寸大小，但应大于2倍孔径。

（5）测孔距构件边角的距离大于2.5倍保护层厚度。

3. 碳化深度测量的操作过程

（1）用装有20mm直径钻头的冲击钻在测点位置钻孔。

（2）成孔后用圆形毛刷将孔中碎屑、粉末清除，并用皮老虎吹净，露出混凝土新茬。

（3）将酚酞指示剂喷到测孔壁上。

（4）待酚酞指示剂变色后，用测深卡尺测量混凝土表面至酚酞变色交界处的深度，准确至1mm。酚酞指示剂从无色变为紫色时混凝土未碳化，酚酞指示剂未改变颜色处的混凝土已经碳化。

（5）将测区、测孔统一编号，并画出示意图，标上测量结果。

（6）测量值的整理应列出最大值、最小值和平均值。

4. 混凝土碳化对钢筋的影响　若混凝土碳化深度已达到钢筋保护层的厚度，则钢筋失去保护已有锈蚀的危险。

（三）混凝土中氯离子含量测定法

有害物质侵入混凝土，将会影响结构的耐久性。混凝土中氯离子可引起并加速钢筋的锈蚀；硫酸盐（SO_4^{2-}）的侵入可使混凝土成为易碎松散状态，强度下降；碱的侵入（K^+、Na^+）在骨料具有碱活性时，可能引起碱—骨料反应破坏。因此在进行结构耐久性评定时，根据需要应对混凝土中 Cl^-、SO_4^{2-}、Na^+、K^+ 含量进行测定。目前，对混凝土中氯离子含量的测定方法比较成熟，已被普遍应用于现在结构。

氯离子含量的测定方法分析主要有两种：滴定条法——这种方法比较简便，可在现场完成；实验室化学分析法——这种方法结果准确，但对操作人员要求较高。

1. 滴定条法测定氯离子含量

（1）混凝土粉末分析样品的取样部位和数量：①分析样品的取样部位可参照方法 1 及方法 3 的测量原则确定；②测区的数量应根据结构的工作环境条件及构件本身的质量状况确定，在工作环境条件、质量状况有明显差异的部位布置测区；③每一测区取粉的钻孔数量不宜少于 3 个，取粉孔可与碳化深度测量孔合并使用；④测区、测孔应统一编号。

（2）混凝土取样方法：①使用直径 20mm 以上的冲击钻在混凝土表面钻孔，钻孔前应先确定钢筋位置；②钻孔取粉应分层收集，一般深度间隔可取 3mm、5mm、100mm、15mm、20mm、25mm、50mm……。若需指定深度处的钢筋周围氯离子含量，取粉间隔可进行调整；③钻孔深度使用附在钻头侧面的标尺杆控制；④用一硬塑料管和塑料袋收集粉末，对每一深度应使用一个新的塑料袋收集粉末，每次采集后，钻头、硬塑料管及钻孔内都应用毛刷将残留粉末清理干净，以免不同深度粉末混杂；⑤同一测区不同孔相同深度的粉末可收集在一个塑料袋内，重量不应少于 25 克，若不够可增加同一测区测孔数量。不同测区测孔相同深度的粉末不应混合在一起。⑥采集粉末后，塑料袋应立即封口保存，注册测区、测孔编号及深度。

（3）滴定条法分析步骤：①将采回的样品过筛，去掉其中较大的颗粒；②将样品置于 105 ± 5℃烘箱内烘 2 时后，冷却至室温；③称取 5g 样品粉末（准确度优于 $\pm 0.1g$）放入烧杯中；④缓慢加入 50ml（1.0m，HNO_3）并彻底搅拌直至嘶嘶声停止；⑤先用石蕊试纸检查溶液是否呈酸性（石蕊试纸变红），如果不呈酸性，再加入适量硝酸；最后加入约 5g 无水碳酸钠（Na_2CO^3）⑥用石蕊试纸检查深溶液是否呈中性，否则再加入少量无水碳酸钠直至溶液呈中性；⑦用过滤纸作一锥斗压入液体，当纯净的溶液渗入锥头后，把滴定条插入液体中；⑧待滴定条顶端水平黄色细条变成蓝色，取出滴定条并沿由上至下的方向将其擦干⑨读取滴定条颜色变化处的最高值，然后，在该批滴定条表中查出所对应的氯离子含量值，此值是以百万分之几（PPM）表示的。若分析过程取样 5g，加硝酸 50ml，则将查表所得的值除以 1000 即为百分比含量；⑩若使用样品重量不是 5g 或使用过量的硝酸，则按式（3-27）修正其百分比含量。

$$氯离子百分比含量 = \frac{a \times b}{10000c}$$ （3-27）

式中：a——查表所得的值（ppm）；

b——硝酸体积（ml）；

c——样品质量（g）。

2. 试验室化学分析法测定氯离子含量

（1）混凝土中游离氯离子含量的测定

该试验目的：测定硬化混凝土中砂浆的游离氯离子含量，为查明钢筋锈蚀原因提供依据。

试验设备包括：托盘天平（称量 100g，感量 10mg）；分析天平（称量 200g，感量 1mg，称量 200g，感量 0.1mg 各一台）；棕色滴定管（25ml 或 50ml）；三角烧瓶（250ml）；容量瓶（100ml、1000ml）；移液管（20ml）；标准筛（孔径 0.63mm）。

化学药品包括：硫酸（比重 1.84）；酒精（95%）；硝酸银；铬酸钾；酚酞；氯化钠。

试剂的配制：①配制浓度约 5% 铬酸钾指标剂：称取 5g 铬酸钾溶于少量蒸馏水中，加入少量硝酸银溶液使出现微红，摇匀后放置过夜，过滤并移入 100ml 容量瓶中，按要求稀释。②配置浓度约 0.5% 酚酞溶液：称取 0.5g 酚酞，溶于 7ml 酒精和 25ml 蒸馏水中。③配置稀硫酸溶液：以 1 份体积硫酸倒入 20 体积的蒸馏水中。④配置 0.02N 氯化钠标准溶液：把分析纯氯化钠置于瓷坩埚中加热（以玻璃棒搅拌），一直到不再有盐的爆裂声为止。冷却后称取 1.2g 左右（精确至 0.1mg），用蒸馏水溶解后移入 1000ml 容量瓶，并稀释至刻度。氯化钠当量浓度按式 3-28 计算：

$$N = \frac{W}{58.45}$$ （3-28）

式中：N——氯化钠溶液的当量深度；

W——氯化钠重（克）；

58.45——氯化钠的克当量。

0.02N 硝酸银溶液（视所测的氯离子含量，也可配成浓度略高的硝酸银溶液）：

秤取硝酸银 3.4g 左右溶于蒸馏水中并稀释至 1000ml，置于棕色瓶中保存。用移液管吸取氯化钠标准溶液 20ml（V1）于三角烧瓶中，加入 10-20 滴铬酸钾指示剂，用于配制的硝酸银溶液滴定至溶液刚呈砖红色。记录所消耗的硝酸银毫升数（V2）。

$$N_2 = \frac{N_1 \times V_1}{V_2}$$ （3-29）

式中：N_2——硝酸银溶液的当量浓度

N_1——氯化钠标准溶液的当量浓度

V_1——氯化钠标准溶液的毫升数

V_2——消耗硝酸银溶液的毫升数

试验步骤包括：①样品处理：取混凝土中的砂浆约 30 克，研磨至全部通过 0.63 毫米筛，然后置于烘箱中加热（105±5℃）2 小时，取出后放入干燥器冷却至室温。称取 20g（精确至 0.01g），重量为 G，置于三角烧瓶中并加入 200ml（V_3）蒸馏水，塞紧瓶塞，剧烈振荡 1 ～ 2 分钟，浸泡 24 小时。②将上述试样过滤。用移认管分别吸取滤液 20ml（V_4），置于二个三角烧瓶中，各加 2 滴酚酞，使溶液呈微红色，再用稀硫酸中和至无色后，加铬酸钾指示剂 10 ～ 20 滴，立即用硝酸银溶液滴定至呈砖红色。记录所消耗的硝酸银毫升数（V_5）。

游离氯离子含量按式（3-30）计算：

$$P = \frac{N_2 V_5 \times 0.03545}{G \cdot V_4 / V_3} \times 100 \tag{3-30}$$

式中：P——砂浆样品游离氯离子含量（％）；

N_2——硝酸银标准溶液的当量浓度；

G——砂浆样品重（g）；

V_3——浸样品的水重（ml）；

V_4——每次滴定时提取的滤液量（ml）；

V_5——每次滴定时消耗的硝酸银溶液（ml）；

0.03545——氯离子的毫克当量。

（2）混凝土中氯离子总含量（包括已和水泥结合的氯离子量）的测定

该试验目的：测定混凝土中砂浆的氯离子总含量，为查明钢筋锈蚀原因提供依据。

试验设备包括：恒温烘箱；分析天平（称量 100g，感量 0.1mg）；天平（感量 0.01g）；酸式滴定管（10ml）两支；容量瓶（100ml 和 1000ml）；三角锥瓶（250ml）；试剂瓶（1000ml）；移液管（20ml）；玻璃干燥器；研钵；表面皿。化学药品包括：氯化钠；硝酸银；硫氰酸钾；硝酸；铁矾；铬酸钾；氯化钠。

试剂配置步骤为：① 0.02N 氯化钠标准溶液的配制：按相关规定执行。② 0.02N 硝酸银溶液配制与标定：按相关规定执行。③ 6N 硝酸溶液的配制：取含量 65 ～ 68% 的化学纯浓硝酸（HNO_3）25.8ml 置于容量瓶中，按要求用蒸馏水稀释。④ 10% 铁矾溶液：用 10g 化学纯铁矾溶于 90g 蒸馏水配成；⑤ 0.02N 硫氰酸钾标准溶液：用天平称取化学纯硫氰酸钾晶体约 1.95g 左右，溶于 100ml 蒸馏水，充分摇匀，装在瓶内配成硫氰酸钾溶液并用硝酸银标准溶液进行标定。将硝酸银标准溶液装入滴定管，从滴定管放出硝酸银标准溶液约 25ml，加 6N 硝酸 5ml 和 10% 铁矾溶液 4ml，然后用硫氰酸钾标准溶液滴定，滴定时，激烈摇动溶液，当滴至红色维持 5 ～ 10 秒不褪时即为终点。

硫氰酸钾标准溶液的当量浓度按式 3-31 计算：

$$N_1 = \frac{N_2 V_2}{V_1} \tag{3-31}$$

式中：N_1——硫氰酸钾标准溶液的当量浓度；

V_1——滴定时消耗的硫氰酸钾标准溶液（ml）；

N_2——硝酸银标准溶液的当量浓度；

V_2——硝酸银标准溶液（ml）。

试验步骤为：①取适量的混凝土试样（约40g左右），用小锤仔细除去混凝土试样中石子部分，保存砂浆，把砂浆研碎成粉状，置于105 ± 5℃烘箱中烘2小时。取出放入干燥器内冷却至室温，用感量为0.01g天平称取10～20g砂浆试样倒入三角锥瓶。②用容量瓶盛100ml稀硝酸（浓硝酸与蒸馏水体积比为15：85）倒入盛有硝浆试样的三角锥瓶内，盖上瓶塞，防止蒸发。③砂浆试样浸泡一昼夜左右（以水泥全部溶解为度），其间应摇动三角锥瓶，然后用滤纸过滤，除去沉淀。④用移液管准确量取滤液20毫升两份，置于三角锥瓶，每份由滴定管加入硝酸银溶液约20ml（可估算氯离子含量的多少而酌量增减），分别用硫氰酸钾溶液滴定。滴定时激烈摇动溶液，当滴至红色能维持5～10秒不褪时即为终点。

必要时可加入3～5滴10%铁矾溶液以增加水泥含有的Fe^{3+}。

氯离子总含量按式3-32计算：

$$P = \frac{0.03545(NV - N_1V_1)}{GV2/V3} \times 100 \qquad (3\text{-}32)$$

式中：P——砂浆样品中氯离子总含量（%）；

N——硝酸银标准溶液的当量浓度；

V——加入滤液试样中的硝酸银标准溶液（毫升）；

N——硫氰酸钾标准溶液的当量深度；

V_2——每次滴定时提取的滤液量（毫升）；

V_3——浸样品的水量（毫升）；

G——砂浆样品重（克）；

0.03545——氯离子的毫克当量。

3.分析结果的评定　氯化物浸入混凝土引起钢筋的锈蚀，其锈蚀危险性受到多种因素的影响，如碳化深度、混凝土含水量、混凝土质量等，因此应进行综合的分析。

因氯离子含量引起钢筋锈蚀的危险性可分为三个等级，见表3-5。

表3-5　钢筋锈蚀危险程度划分

氯离子含量（占水泥含量的百分比）	0.4 以下	0.4～1.0	1.0 以上
钢筋锈蚀危险性	低	中	高

根据每一取样层氯离子含量的测定值，做出氯离子含量深度的分布线，从而可判断氯化物是混凝土生成时已有的，还是结构使用过程中由外界渗入的以及浸入的深度。

（四）钢筋保护层厚度及分布检测法

混凝土保护层为钢筋提供了良好的保护，其厚度和分布的均匀性是影响钢筋耐久性的重要因素，在结构质量检测中必须进行该项目的测量钢筋保护层的测量是通常使用钢筋保护层测量仪器，其工作原理为电磁感应。当探测传感器靠近钢筋时，传感器的电感量发生变化，两端电压发生变化，从而可测定钢筋的位置、直径和保护层厚度。

1. 钢筋保护层测试仪的技术要求

（1）钢筋保护层测试仪应通过技术鉴定，必须具有产品合格证。

（2）仪器的保护层测量范围应大于120mm。

（3）仪器的准确度应满足：a）0～60mm，±1mm；b）60～120mm，±3mm；c）>120mm，±10%。

（4）可适用钢筋直径范围 $\phi6$～$\phi50$，不少于符合有关钢筋直径系列规定的12个档次。

（5）仪器应具有在未知保护层厚度的情况下，测量钢筋直径的功能。

（6）仪器适用于常用的碳素钢、低合金钢钢筋和普通水泥。当出现超出仪器适用的钢材、水泥品种范围时，仪器仍能工作，但需做专门的校准以修正测读值。

（7）仪器应能适用于温度 0℃～40℃，相对湿度 ≤85%，无强磁场干扰的环境条件。

（8）仪器工作时应为直流供电，连续正常工作时间不小于6h。

2. 钢筋保护层测试仪的使用、维护与保管

（1）仪器的使用、维护与保管应遵照说明书进行。

（2）仪器接通电源后宜预热10分钟，再进行正式测读。

（3）在测量的整个过程中，应随时检查和调节仪器的零点。

（4）测量时应避免强磁场的干扰，两台仪器同时使用相距应大于2米。

（5）对于充电电池供电的仪器，应每1～2个月充放电一次，以保持电池的活性。

3. 钢筋保护层测试仪的标定

（1）保护层测试仪使用期间的标定校准，使用专用的标定块。当测量标定块所给定的保护层厚度时，测读值应在仪器说明书所给定的准确度范围之内。

（2）标定块由一根 $\phi16$ 的普通碳素钢筋垂直浇铸在长方体无磁性的塑料块内，使钢筋距四个侧面分别为 15mm、30mm、60mm、90mm。

（3）标定应在无外界磁场干扰的环境中进行。

（4）每次检测前均应对仪器进行标定，若达不到应有准确度，应送专门机构维修。

4. 钢筋保护层测量的一般原则要求

（1）测区布置原则：a）按单个构件检测时，应根据尺寸大小，在构件上均匀布置测区，每个构件上的测区数不应少于3个；b）对于最大尺寸大于5m的构件，应适当增加测区数量；c）测区应均匀分布，相邻两测区的间距不宜小于2m；d）测区表面应清洁、平整、避开接缝、蜂窝、麻面、予埋件等部位。

（2）测区应注明编号，并记录测区位置和外观情况。

（3）测点数量及要求：构件上每一测区测点不少于10个。测点间距应小于保护层测

试仪传感器长度。

（4）对某一类构件的检测，可采取抽样的方法，抽样数不少于同类构件数的30%，且不少于3件，每个构件测区布置按单个构件要求进行。

（5）对结构整体的检测，可先按构件类型分类，再按类型进行检测。

5. 钢筋保护层测量的试验步骤

（1）测试前应了解有关图纸资料，以确定钢筋的种类和直径。

（2）进行保护层厚度测读前，应先在测区内确定钢筋的位置与走向，做法如下：①将保护层测试仪传感器在构件表面平行移动，当仪器显示值最小时，传感器正下方即是所测钢筋的位置。②找到钢筋位置后，将传感器在原处左右转动一定角度，仪器显示最小值时传感器长轴线的方向即为钢筋的走向。③在构件测区表面画出钢筋位置与走向。

（3）保护层厚度的测读：①将传感器置于钢筋所在位置正上方，并左右稍稍移动，读取仪器显示最小值即为该处保护层厚度；②每一测点值宜读取2~3次稳定读数，取其平均值，准确至1mm；③应避免在钢筋交叉位置进行测量。

（4）对于缺少资料，无法确定钢筋直径的构件，应首先测量钢筋直径。对钢筋直径的测量宜采用5~10次测读，剔除异常数据，求其平均值的测量方法。

6. 影响试验准确度的因素及修正

（1）影响测量准确度的因素有：①外加磁场（应予以避免）；②混凝土具有磁性（测量值应予以修正）；③钢筋品种（主要是高强钢筋，应加以修正）；④不同的布筋状况，钢筋间距。

当 $\dfrac{D}{S}$ <3时，需修正测量值。

其中：D 为钢筋净间距，S 为保护层厚度。

（2）保护层测量值的修正：实际测量时，钢筋直径、材质、布筋状况，混凝土的性质等往往都是未知的，为了准确测量保护层厚度，应予以修正。

1）钢筋不同位置时的等效直径修正。

2）模型修正法（只能在试验室内完成）：根据图纸资料，用与实际构件相同的材料制成小尺寸模型，通过检测已知的保护层厚度，获得修正系数 K（式3-33）

$$K = \frac{S_m}{S_r} \tag{3-33}$$

式中：S_m——仪器读数值

S_r——保护层厚度实际值

3）准垫块综合修正（常用于现场检测）：标准垫块用硬质无磁性材料制成，如：工程塑料或电工用绝缘板，平面尺寸与仪器传感器底面相同，厚度 S_B 为10mm或20mm，修正系数 K 计算方法如下（式3-34）：

将传感器直接置于混凝土表面已标好的钢筋位置正上方，读取测量值 S_{m1}；

将标准垫块置于传感器原在混凝土表面位置，将传感器置于其上，读取测量值 S_{m2}。

$$K = \frac{S_{m2} - S_{m1}}{S_B} \qquad (3\text{-}34)$$

对于不同钢筋种类和直径应确定各自的修正系数，均应采用 3 次平均求得。

4）校准孔进行综合修正（常用于现场检测）。

用 6mm 钻头在钢筋位置正上方，垂直于构件表面打孔，手感觉碰到钢筋立即停止，用深度长尺量测钻孔深度，即为实际的保护层厚度，其修正系数见式 2-3-46。

注：对于不同钢种和直径应打各自的校准孔，一般应不少于 2 个，求其平均值。

（3）现场检测的准确度：经过修正后确定的保护层厚度值，准确度可在 10% 以内，因混凝土表面的平整度及各种影响因素仍会给测量带来误差。

（五）结构混凝土中钢筋腐蚀的检测技术小结

目前混凝土中钢筋腐蚀的检测技术多种多样，很难笼统地说哪一种好，哪一种不好。表 3-6 中对于它们所提供的信息可否定量，对钢筋腐蚀过程有无干扰，对结构有无损伤（有干扰、有损伤时，就不能重复检测、连续检测），对钢筋腐蚀是否敏感，检测是否简捷可靠，检测设备是否复杂、昂贵等方面进行了综合比较，并就目前是否值得推荐应用于试验室内和工程现场做出了建议。

表 3-6 钢筋腐蚀检测技术

类　别		所检测的信息	定量	无损	便捷	对腐蚀无扰动	对腐蚀敏感	经济	数据易处理	推荐 室内	推荐 现场
外观检查	定性	表面缺陷	×	√	√	√	×	√	√	√	√
外观检查	定量	腐蚀量	√	×	×	×	×	×	√	√	△
物理方法	称量（探头）	腐蚀量	√	×	×	△	×	×	√	√	×
物理方法	电阻探头	腐蚀量	△	√	△	△	△	△	△	△	√
物理方法	声发射	腐蚀危险	×	√	△	√	√	×	√	△	√
物理方法	涡流	腐蚀量	√	√	√	√	△	△	△	△	√
物理方法	磁通减量	腐蚀量	√	√	√	√	√	√	√	△	√
物理方法	膨胀应变探头	腐蚀量	△	√	√	△	√	√	√	△	√

类　别		所检测的信息	定量	无损	便捷	对腐蚀无扰动	对腐蚀敏感	经济	数据易处理	推荐	
										室内	现场
电化学方法	半电池电位图	腐蚀危险	×	√	√	√	√	√	√	√	△
	极化电阻	腐蚀速度	√	√	√	√	√	△	√	√	√
	交流阻抗谱	腐蚀机理、速度	√	√	×	√	△	×	×	×	×
	电阻率	混凝土电阻率/腐蚀危险	√	√	√	√	√	√	√	√	√
	恒流脉冲	腐蚀速度	√	√	√	√	√	△	△	△	√
	电化学噪声	腐蚀机理、速度	△	√	√	√	√	×	×	×	×
	极化曲线	腐蚀机理、速度	×	×	△	×	√	△	△	△	×
	电偶探头	宏观电偶腐蚀速度	√	√	√	√	√	△	△	√	√

注：√极好；△尚好；×不好。

四、公路桥梁构件材料性能检测方法小结

本单元对检测桥梁钢筋混凝土结构材料状况各类方法作一小结，见表3-7。

表3-7　检测钢筋混凝土构件材料状况的各种方法

材料缺陷 / 检测方法	混凝土评定					钢筋锈蚀评定					对构件的损伤			运用对象	
	强度	开裂	层离	灌浆空洞	化学侵蚀	直接	间接	速率	探测缺陷	预计原因	无破损	半破损	破损	现有结构	新建结构
目视检测		☆	☆		☆	☆			☆		☆			☆	
硬度法	☆							☆		☆	☆	☆		☆	
Wndsor 探针	☆							☆		☆		☆		☆	
CAPO 拔拉法	☆							☆		☆		☆		☆	
LOK 拔拉法	☆							☆			☆	☆			☆
超声波	☆	☆								☆	☆			☆	

材料缺陷／检测方法	混凝土评定					钢筋锈蚀评定					对构件的损伤			运用对象	
	强度	开裂	层离	灌浆空洞	化学侵蚀	直接	间接	速率	探测缺陷	预计原因	无破损	半破损	破损	现有结构	新建结构
声波		☆	☆				☆		☆		☆			☆	
声发射		☆									☆			☆	
红外线		☆	☆								☆			☆	
雷达				☆							☆			☆	
射线照相		☆		☆							☆			☆	
保护层测定							☆			☆				☆	
碳化深度					☆		☆			☆			☆	☆	
氯离子分析					☆		☆			☆		☆		☆	
水泥含量							☆			☆		☆		☆	
吸水性										☆			☆	☆	
半电池电位						☆			☆			☆		☆	
电阻率							☆			☆	☆			☆	
含水量							☆			☆			☆	☆	
电阻探测器						☆		☆			☆				☆
线性极化						☆		☆			☆				☆
重量损失						☆		☆					☆	☆	
凹良深度						☆		☆					☆	☆	
取芯试验	☆	☆					☆			☆			☆		
染色渗透法		☆											☆	☆	
气渗性试验				☆								☆		☆	

第三节 公路桥梁荷载试验检测

公路桥梁结构性能检测对其结构及部件的工作性能所存在的缺损状况进行详细检测、试验、判断,是对桥梁的专门检验。

结构承载能力(强度、刚度、稳定性等)鉴定是结构性能鉴定的主要内容,包括承载能力检测与承载能力评价两方面。出现以下情况之一需对桥梁进行结构性能鉴定。

(1)桥梁主要承重构件的材料缺损严重影响结构的承载能力。

(2)桥梁的荷载等级需要提高。

(3)桥梁需要通过超重车辆。

(4)桥梁经过重大的加固改建后需要验收。

桥梁承载能力鉴定的主要途径是荷载试验。荷载试验是鉴定桥梁承载能力的一种最直接、最有效的方法。其包括静力荷载试验与动力荷载试验两部分。一般只做静载试验,必要时(如特大桥桥梁检测)增做动载试验,提供辅助性评定指标。

一、静力荷载试验

公路桥梁的静力荷载试验(静载试验)——将静止荷载作用于桥梁上指定位置,以便测试出结构的静应变、静位移以及裂缝等,从而推断桥梁结构在荷载作用下的工作状态和使用能力。一般以缓速行驶到桥上特定载重级别的车辆荷载作为静载,在某些情况下也可施加荷重(堆置铁块、水泥、预制块件、水箱等)或者以液压千斤顶装置施力等方式来模拟车载,以达到试验目的。

桥梁静载试验的目的是检验桥梁结构设计与施工质量,验证桥梁结构设计理论和计算方法,直接了解桥梁结构承载情况,借以判断桥梁结构实际承载能力,为桥梁养护、维修及加固改造提供基础技术资料,充实与发展桥梁养护技术。

(一)桥梁静载试验的方案

1. 加载方案 当加载分级较为方便时,一般按最大控制截面内力平均分为 3 ~ 4 级。当使用重车加载,车辆的加载、卸载、称重有困难时也可分为 2 ~ 3 级。当前期工作不充分,或桥梁状况较差时,应尽量增多加载分级。如限于条件而加载分级较少时,应在每级加载时,使车辆逐辆缓缓驶入预定的加载位置,以确保试验安全。分级加载,最好每级加载后卸载,也可逐级加载达最大荷载后再逐级卸载。

加载时间要求——为减少温度变化对静载试验的影响,加载试验时间以晚 10 时至晨 6 时为宜。当采用加卸载迅速的车辆进行试验时,亦可安排在白昼温差较小的时段。

加载物可选用装载重物的汽车或平板车,或就近利用施工机械车辆。采用车辆加载便于调运和加载布置，加卸载迅速。采用车载既能作静载试验又能作动载试验。加载也可采用重物，按控制荷载的着地轮迹先搭设承载架，再在架上堆放重物或设置水箱进行加载。若加载仅为满足控制截面内力要求，也可采用直接在桥面堆放重物或设置水箱加载。重物加载准备工作量大，加卸、载所需周期较长，交通中断时间亦较长，且试验时温度变化对测点的影响较大，因此宜安排在夜间进行。加载物应进行称重，可直接称重，由体积换算成重量，也可根据车辆出厂规格确定空车轴重，再根据装载重物的重量及其重心将其分配至各轴，称重误差最大不得超过 5%。

加载方案最重要的工作是根据桥梁现有的状况进行结构分析计算。加载的总量与加载位置即要保证桥梁的绝对安全，又要能测试出桥梁的实际受力和变形状况。对于新建桥梁加载的效率系数一般为 0.8 ~ 1.05。对于旧桥加载多少不能一概而论，具体应参考《公路旧桥承载力评定》。

2. 检测方案 公路桥梁荷载试验主测点包括应变测点和位移（挠度）测点，分布在结构受力和变形较大的部位，如弯矩最大、挠度最大、主应力最大的部位。测点的布设如表 3-8 所示。

表 3-8 公路桥梁荷载试验主测点布置

	截面应力（变）	挠 度	沉 降	水平位移
简支梁桥	跨中	跨 中	支 点	墩、台
连续梁桥	跨中、支点	跨 中	支 点	
悬臂梁桥	支点、牛腿	悬臂端部	支 点	
拱 桥	拱顶、四分点、拱脚	跨中、四分点	墩、台	墩、台
斜拉桥	跨中、支点截面应变 最外排斜拉索索力 索塔下端截面应变	加劲梁跨中 悬浮式梁端		索塔
吊 桥	加劲梁跨中截面应变 加劲梁四分点截面应变 吊杆、主索的拉力 索塔下端截面应变			索塔

依据桥梁调查、检算工作的深度，综合考虑结构特点和桥梁状况等，可加设测点，测点布置如表 3-9 所示。

表 3-9　公路桥梁荷载试验增设测点

测点加设	具体相关内容
应变	①应变沿控制截面桥宽方向的分布
	②应变沿截面高的分布
	③组合构件的结构面上、下缘应变
	④剪切应变测点——可设置应变花检测 梁桥的剪应力也可在截面中性轴处主应力方向设置单一应变测点来进行观测。 梁桥的实际最大剪应力截面应设置在支座附近而不是支座上
	⑤结构薄弱部位的应变
挠度	①沿桥长方向的分布②沿控制截面桥宽方向的分布
其他	①墩台的沉降、水平位移与转角（连拱桥多个墩台的水平位移）
	②温度测点——选择与大多数测点较接近的部位，设置 1～2 处. 可根据需要在桥梁主要测点部位设置一些构件表面温度观测点
	③裂缝监测测点——观测结构承受拉力较大部位及原有裂缝较长、较宽部位 加载过程中应观测裂缝长度与宽度的变化情况及新增裂缝的情况

（二）桥梁静载试验的准备

1. 试验孔（墩）的选择　多孔桥若结构相同，跨径相等，可选择 1～2 个具有代表性的孔（墩）作加载试验。选择时应综合考虑该孔（墩）计算受力是否最不利，该孔（墩）施工是否质量较差，缺陷较多或病害较严重，该孔（或墩）是否便于搭设脚手架与设置测点，是否在试验时便于加载等。

2. 搭设试验支架　试验支架应根据测试断面、测试内容进行搭设。支架搭设要因地制宜、就地取材，需方便观测仪表的设置、需保证安全。当桥下净空较高不便设置固定脚步手架时，可采用轻便活动吊架。随着生产的发展，桥梁检测车的应用越来越广泛，有取代支架的趋势。

3. 试验位置放样　静载试验前应在桥面上对加载位置和测点位置进行放样。

4. 其他　其他工作包括准备试验的安全设施、提供电照明设施、通讯联络设施。若检测时需要交通管制的，应根据需要提前申报、准备。

（三）桥梁静载试验的仪器设备

桥梁静载试验时需测结构的反力、应变、位移、倾角、裂缝等物理量。静载试验前应首先对测试值进行理论分析估计，选择仪器的精度与量测范围从而选择适当的仪器进行量测。测试仪器按其工作原理可分为机械测试仪器、电测仪器、光测仪器等等。常用仪器有百分表，千分表，位移计，应变仪，应变计（应变片），精密水准仪，经纬仪，倾角仪，刻度放大镜等等，详见表 3-10。

表 3-10 桥梁结构力学性能参数现场测试设备

参数		测试设备	适用性	
线位移	非接触式	精密水准仪	竖向位移测量	用于 50～200mm 内的近距测量
		精密经纬仪	水平位移测量	
		近景摄影测量系统	需专门的分析设备	
		激光测量系统	避免环境干扰	
		电子测距仪	用大跨径或长大型结构	
		连通管水平测量装置	装置附着于结构，用于长期观测	
	接触式	钢丝挠度计	需要在桥下搭设专用的仪表架 适用于无水或浅水的低矮中小跨径结构	
		百分表		
		各类电学位移传感器		
转角		两个定距的线位移计		
		水准式倾角仪		
		各类电学倾角传感器		
应变及应力	机械式	杠杆引伸仪	量测表面应变	可用于中长期观测
		刻痕应变仪		
		手持应交仪		
		千分表		
	电学的	振弦式传感器	本身的温度效应小	
		卡尔逊差动电阻传感器	能校正本身的温度效应	
		电阻丝、半导体应变计	量测表面应变、要求严格防潮	
		其他电学的应变计		
压力		机械式拉（压）力计	用于外部量测	
		液压扁千斤顶		
		各类电学的力传感器		
温度		普通液体、双金属温度计	量测表面温度、气温	
		热电偶、热敏电阻	量测内部温度分布	
		其他电学的温度传感器		

（四）试验过程

首先依测点位置实施打磨找平，清洗干净，再粘贴应变片，并作防潮处理，焊接电线；接线；将所有测点编号接入接线箱。

为了排除测试过程中大气温度变化带来的影响，每一断面设置处于同一温度场而不受加荷影响的补偿应变片，一并接入接线箱。

接线联机后，进行试调工作，检查各个应变片，电路通畅，处于良好的可靠状态。开始进行预压，进一步检查应变片读数，反应正常、灵敏，一切无误后，正式按工况位置加载试验。

试验中为尽可能减少混凝土流变特性的影响，采用加载到位后，关闭汽车发动机，持续5分钟以上，待数据完全稳定之后再进行记录；卸载后10分钟以上，再进行一次重复加载，以便使结构恢复弹性变形，消除塑性残余变形。

在正式加载前先以一辆车应进行预压，以检验设备是否正常，一切反应良好后卸载，10min后进行正式加载。加载为分级试加，以防意外。

每一个工况重复三次，若前两次读数基本相同时，亦可不重复第三次。使每一工况获取可靠的数据。

（五）桥梁静载试验的报告

试验报告是荷载试验的重要内容。在试验资料整理、分析基础上，提交桥梁静载试验报告，内容如下。

1. 试验概况　介绍试验桥的结构形式、构造特点、施工概况。对于鉴定性试验，应说明在施工或设计中存在的技术问题，以及其对承载能力的影响等。对于科研性试验，应说明研究中需解决的问题。

2. 试验的目的　介绍桥梁静载实验应达到要求与应完成的任务。

3. 试验方案设计　确定测试项目、测试方法，仪器配备、测点布置（附简图）；说明试验荷载情况、加载的情况。

4. 试验过程　桥梁静载试验的起止日期，试验各阶段详细情况描述，试验日志等。

5. 试验记录摘记　将有代表性的实测数据、以表格或曲线的形式表达出来。

6. 试验结果与分析　按桥梁结构静载试验项目，将理论计算值、实测值以及有关的参考限值进行对比、分析，说明理论、实践值的符合程度，从中推断桥梁结构所具有的实际承载能力、抗裂性及安全度等。从试验中所发现的新问题。从现场检查的综合情况，说明试验结构的施工质量。对于科研性试验，还要从综合分析中说明设计计算理论的正确程度和实用程度，以及尚待解决的问题。通过实践，有所创新，甚至总结出相关分析的简化计算公式。

7. 桥梁承载能力的技术评价　根据综合分析的结果，得出最后的技术结论，对桥梁承载能力做出科学的评价。同时根据问题，提出桥梁养护加固建议。

8.经验及教训　对试验中的成功经验及不足之处做出客观总结。

二、动力荷载试验

公路桥梁的动力荷载试验（动载试验）是将动力荷载（行驶的汽车荷载等）作用于桥梁结构上，以便测出桥梁结构的某些动力特性，从而推断出桥梁结构在动载作用下受冲击、振动影响的特性。

桥梁动载试验的目的是测定动载的动力特性（引起结构产生振动的作用力的数值、方向、频率和规律等），测定桥梁结构的动力特性（自振频率，阻尼特性、固有振型等），测定桥梁结构在动载作用下强迫振动的响应（振幅、动应力、冲击系数、疲劳性能）等。

（一）桥梁动载试验的激振方法

桥梁动载试验的激振方法主要包括自振法、共振法和脉动法。自振法主要有冲击法（突然加载法）、位移激振法（突然卸载法）。

自振法就是使桥梁产生有阻尼的自由衰减振动，记录的振动图形是桥梁的衰减振动曲线的方法。为使桥梁产生自振，可用突加荷载法和突卸荷载法。

突加荷载法（冲击法）是在被测结构上快速地施加一个冲击作用力，由于施加冲击作用的时间很短，故施加于结构的作用实际是一个冲击脉冲作用。由振动理论可知，冲击脉冲动能传递到结构振动系统的时间，要小于振动系统的自振周期，且冲击脉冲一般都包含了从零到无限大的所有频率的能量，其频谱是连续谱，只有被测结构的固有频率与之相同或很接近时，冲击脉冲的频率分量才对结构起作用，才能激起结构以其固有频率作自由振动。对于中、小型桥梁结构，可用落锤激振器垂直地冲击桥梁，激起桥梁竖直方向的自由振动。如果水平方向冲击桥面缘石，则可激起横向振动。动载试验中也常用到试验车辆，使其在桥面上驶过三角垫木，利用车轮的突然下落对桥梁产生冲击作用，激起桥梁的竖向振动（此时所测得的结构固有频率包括了试验车辆这一附加质量的影响）。采用突加荷载法时，应注意冲击荷载的大小及其作用位置。如果要激起结构的整体振动，则必须在桥梁的主要受力构件上施加足够的冲击力，冲击荷载的位置可按所测结构的振型来确定。冲击引起得自由振动，至少可记录到第一固有频率的震动图形。（用磁带记录仪，通过频谱分析，可获得多阶固有频率参数）突卸荷载法（位移激振法是在结构上预先施加一个荷载作用，使结构产生一个初位移，然后突然卸载，利用结构的弹性使其产生自由振动。

共振法（强迫振动法）是利用激振器，对结构施加激振力，使结构产生强迫振动。改变激振力的频率使结构产生共振现象并依据共振现象来确定结构的动力特性。

常用激振器有机械式激振器、电磁式激振器和电气液压式振动台等。

激振器的安装位置和激振方向根据试验目的而定；使用时，激振器需牢固地固定在结构上，由底座将激振器产生的交变激振力传给结构；将两台激振器安放于结构适当位置，反向激振，则可进行扭转振动试验；连续改变激振器频率，当激振力频率与结构固有频率相等时，结构出现共振现象，此时，所记录的频率即为结构的固有频率。

对于复杂的结构，有时需知道基频以后的几个频率。此时可以连续改变激振力的频率，进行"频率扫描"，使结构连续出现第一次共振，第二次共振，……等等，同时记录结构的振动图形，由此可得到结构的基频、第二频率、……等等。（图 3-14）然后在共振频率附近进行稳定的激振试验，可准确地测定结构的固有频率与振型。在频率扫描试验时，同时记录结构的振幅变化情况，则可做出共振曲线，即频率———振幅关系曲线，从而确定结构的阻尼特性。

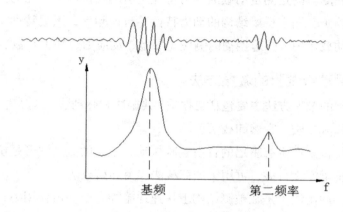

图 3-14 频率扫描中结构振动图

桥梁动载试验中，常由载重车队按从低到高的不同速度驶过桥梁，使结构产生不同程度的强迫振动。在若干次运行车载试验中，当某一行驶速度产生的激振力的频率的频率与结构的固有频率相接近时，结构便产生共振现象，此时结构各部位的振动响应达最大值。在车辆驶离桥跨以后，结构作自由衰减振动，此时可由记录到的波形曲线分析得出结构的动力特性（固有频率、阻尼特性等）

对于刚度较大大跨度桥梁结构可采用脉动法，即利用结构由于外界因（如附近车辆、机器等的振动）引起的微小而不规则的振动（脉动）来测试桥梁结构的动力特性。脉动可以明显地反映出结构的固有频率。如图 3-15 所示结构脉动记录曲线，振幅呈现有规律的增减现象（凡振幅大波形光滑之处的频率都相同，而且多次重复出现，此频率即为结构的基频）。若在结构不同部位同时进行检测，同时记录，读出同一瞬时各测点的振幅值，分析它们之间的相位关系，则可得某一固有频率的振型。

图 3-15 结构脉动记录曲线

（二）桥梁动载试验的仪器设备

动载主要仪器测试有测振传感器、光线示波器、磁带记录仪、数字信号处理系统等。

1.测振传感器 测振传感器由惯性质量、阻尼和弹簧组成，该动力系统固定在振动体上与振动体一起振动。测量惯性质量相对于传感器外壳的运动，可以得到振动体的振动。由于是非直接检测，所以，该传感器动力系统的动力特性对测量结构具有重要影响。

测振传感器感受到的振动信号要通过各种转换方式（磁电式、压电式、电阻应变式等）转换成电信号，依据转换方式和所测振动量的不同，测振传感器可分为磁电式速度传感器、磁电摆式传感器和）压电式加速度传感器等（图3-16）。

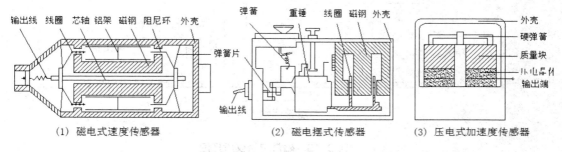

（1）磁电式速度传感器　　（2）磁电摆式传感器　　（3）压电式加速度传感器

图3-16　几种常见测振传感器的结构简图

2.光线示波器 光线示波器是常用的模拟式记录器，一般用于记录振动测量的数据，它将电信号转为光信号并记录在感光纸或胶片上，得到试验变量与时间的关系曲线。

如图3-17：当振动的信号电流输入振动子线圈时，在固定磁场内的振动子线圈就发生偏转，与线圈连着的小镜片及其反射的光线也随之偏转，偏转的角度大小和方向与输入的信号电流相对应，光线射在前进着的感光记录纸上即留下所测信号的波形，与此同时在感光记录纸上用频闪灯打上时间标记。光线示波器可以同时录若干条波形曲线，还可用于静载试验的数据记录。对光线示波器记录的试验结果进行数据处理时，用直尺在曲线上直接量取大小，根据标定值按比例换算得到代表试验结果的数值；关于时间数值，可用记录纸上的时间标记按同样方法进行换算。

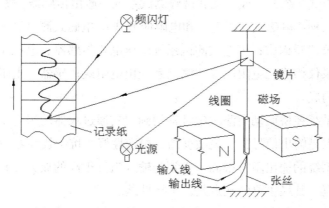

图3-17　光线示波器原理图

3. **磁带记录仪**　常用于动载试验的振动测量和静力试验的数据记录，它将电信号转换成磁信号并记录在磁带上，得到的是试验变量与时间的变化关系。

如图 3-18 所示，其由磁带、磁头、磁带传动机构、放大器和调制器等组成，记录时，从传感器传来的信号输入到磁带记录仪，经过放大器和调制器的处理，通过记录磁头把电信号转换成磁信号，记录在以规定速度做匀速运动的磁带上。重放时，使记录有信号的磁带按原来记录时的速度（也可以改变速度）做匀速运动，通过重放磁头从磁带"读出"磁信号，并转换成电信号，经过放大器和调制器的处理，输出给其他仪器。

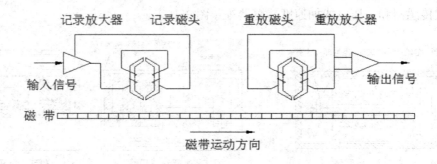

记录放大器　　记录磁头　　　重放磁头　　重放放大器

输入信号　　　　　　　　　　　　　　　　　　输出信号

磁　带

磁带运动方向

图 3-18　磁带记录仪原理图

磁带记录仪的优点有工作频带宽，可同时进行多道记录，并保持多道信号间正确的时间与相位关系，可快（慢）速记录慢（快）速重放，使数据记录和分析更加方便，通过重放可以方便地将磁信号还原为电信号，输送给各种仪器分析等。

4. **信号处理系统**　信号处理系统的作用是将输入信号通过低通抗混淆滤波器和前置放大器后，经过模数转换器，将模拟电信号转换成数字信号输入给计算机。这些数字信号在相关硬件和软件的支持下得到处理，其结果显示在屏幕上或被打印出来。功能更全的数据处理机应配备磁盘驱动器、输入和输出接口，及特殊语言编制的专用程序。现在还有集数据采集和分析为一体化智能仪器，可以进行实时数据采集分析，并能实现数据储存，兼顾磁带记录仪和信号处理机二者之长处。

5. **动载试验测试系统的组成**　动载试验测试系统一般由传感器、放大器和记录仪构成，组成方式主要有三种：电磁式、压电式和电阻应变式。电磁式测试系统由电磁式传感器、信号放大器和记录仪器构成；压电式测试系统由压电式传感器、电压（荷）放大器和光线示波器或磁带记录仪构成；电阻应变式测试系统由电阻式传感器、电阻应变仪和光线示波器或磁带记录仪构成。

电磁式测试系统在桥梁动力测试中常常用到，它通过仪器的组合变换可测位移、速度和加速度。其优点是输出信号强、灵敏度高、稳定性好、抗干扰性好。

压电式测试系统的输出阻抗很高，必须与输入阻抗很高的放大器相连。其自振频率较高，可测频响较宽。其最主要的缺点是抗干扰性差。

电阻应变式测试系统在桥梁动载试验中也常常使用。其传感器可供选择种类较多，如应变计、位移计、加速度计等；所对应的放大器是各类动态电阻应变仪。其优点是：通用性强、应用方便、低频响应好（可从零赫兹开始）；其缺点是：易受温度的影响，抗干扰性较差。

事实上，目前采用的测试系统已经很少由单独的示波器、磁带记录仪和数据分析系统。除了测振传感器如加速度传感器、电阻应变片、机电千分表为发生质的变化外，数据采集系统和分析系统均发生了质的变化，主要表现在现在的测试系统高度集成化，即信号采集、数据分析集成在一起。整套测试体系由传感器、测试系统和计算机构成，数据的记录、分析由计算机完成。

（四）桥梁动载试验数据的测试与分析

动载试验的难点在数据分析方面，这方面的内容很多，在这里主要讨论、固有频率、阻尼、振型、动挠度和冲击系数。

1. 固有频率　桥梁结构固有频率的测定有两种方法：衰减振动波形法和共振波形法。

结构被激振后，桥梁结构产生自由振动，通过测试系统实测记录结构的衰减振动波形。如图 3-19，在记录的振动波形曲线上，依照下式计算出结构的固有频率 f（为消除冲击荷载影响，舍弃开始的一、二个波形，从第三个波形开始计算）。

$$f = \frac{L \cdot n}{S} \qquad （3-35）$$

f ——结构的固有频率（次 /s）；

L ——记录纸速（mm/s）；

n ——波数；

S —— n 个波长的距离（mm）。

使用激振器时，使结构产生连续的周期性强迫振动。在激振器振动频率与结构的固有频率一致时，结构出现共振现象，振幅达到最大值，共振波峰处的频率即为结构的固有频率，如图 3-20 所示（其中 A 为振幅；ω 为激振器的频率）。

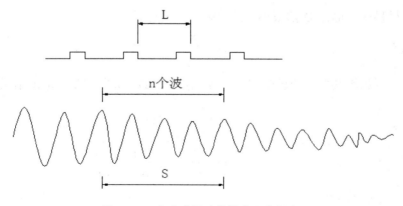

图 3-19　由衰减振动曲线求固有频率

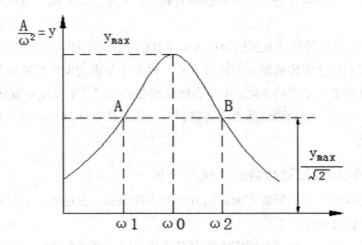

图 3-20　由共振曲线求固有频率

2. 阻尼比　桥梁结构阻尼的测定有两种方法：衰减振动波形法和共振波形法。桥梁梁结构的阻尼特性，可用对数衰减率 δ、阻尼比 D、阻尼系数 n 等来表示。

实测振动衰减曲线如图 3-21 所示，由振动理论知，对数衰减率为：

$$\delta = \ln \frac{A_i}{A_{i+1}} \tag{3-36}$$

A_i，A_{i+1}——相邻两个波的振幅值，可直接从衰减曲线上量取

在衰减曲线上量取 n 个波形，可求得平均衰减率 $\overline{\delta}$

$$\overline{\delta} = \frac{1}{n} \ln \frac{A_i}{A_{i+n}} \tag{3-37}$$

因为由振动理论，对数衰减率 $\overline{\delta}$ 与阻尼比 D 的关系为

$$\overline{\delta} = \frac{2\pi D}{\sqrt{1-D^2}} \tag{3-38}$$

且一般材料的阻尼比 D 都很小，故得阻尼比计算式

$$D \approx \frac{\overline{\delta}}{2\pi} \tag{3-39}$$

类似地，可利用共振曲线求阻尼系数 n、阻尼比 D，如图 3-22（ ω_0 即结构固有频率）

$$n = \frac{1}{2}(\omega_2 - \omega_1) \tag{3-40}$$

$$D = \frac{n}{\omega_0} = \frac{1}{2\omega_0(\omega_2 - \omega_1)} \tag{3-41}$$

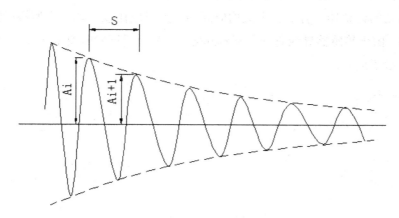

图 3-21 由衰减振动曲线求阻尼特性

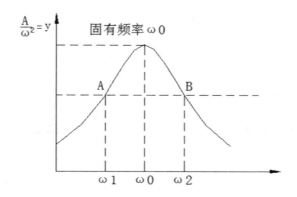

图 3-22 由共振曲线求阻尼特性

3. 结构振型 结构的振型是其相应于各阶固有频率的振动形式，一个振动系统振型的数目与其自由度数目相等。桥梁结构是一个具有连续分布质量的体系。也就是说，桥梁是一无限多自由度体系，故其固有频率及相应振型也有无限多个。对于一般桥梁结构而言，仅分析其基频（即第一固有频率）即可。对于较复杂的动力问题，也仅需前面几个固有频率。即一般情况下，一次低阶振型才是最重要的。表 3-11 总结了几种有分布质量的梁的振型。

采用共振法测定振型时，将若干传感器安装在桥梁结构各有关部位，当激振装置激发桥梁结构共振时，记录结构各部位的振幅和相位，比较各测点的振幅及相位，即可绘出振型曲线。

振型测试时，传感器测点的布置根据具体结构而定，一般应先根据理论分析，估计振型的大致形状，然后在变位较大的部位布点，连接出振型曲线。

桥梁结构振型的测定可采用多传感器法和单传感器法。多传感器法是在桥梁结构上同时安装许多传感器。该法必须保证预先精确标定所有传感器的灵敏度，在用多路放大器时，还要求放大器特性相同。单传感器法：在桥梁结构只安装一个传感器，但测试时不断改变它的位置，以便测出各点的振幅。该法需对传感器进行多次拆卸和安装，需要有一个作用参考点不能移动的传感器，各次测定值均应同参考点对应比较。现代大型桥梁测试时，常采用个传感器。由于传感器导线有信号衰减问题，长大桥梁试验时要采用多组多个传感器，同时也要设置参考点。

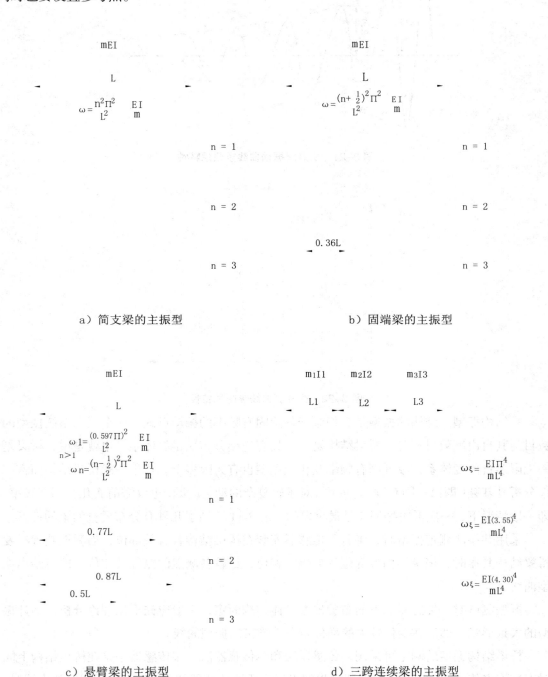

表 3-23　具有分布质量几种梁的振型图

4.冲击系数 桥梁动载试验时，某些部位振动参数如振幅、频率、位移、应力等的测定，可根据试验的具体要求和结构的具体型式布置测点，采用适当的仪表测试。动载作用在结构上产生的动挠度，一般比同样的静载所产生的相应静挠度要大。用动挠度除以静挠度，所得比值即为活载的冲击系数$1+\mu$。因挠度反映了桥跨结构的整体变形，是衡量结构刚度的主要指标，故活载冲击系数综合反映了荷载对桥梁的动力作用。冲击系数$1+\mu$与结构型式、车辆速度、桥面平整度等因素有关，故测定时，应使车辆荷载以不同的速度驶过桥梁，并逐次记录跨中挠度的时历曲线，如图3-23所示，可求出冲击系数$1+\mu$：

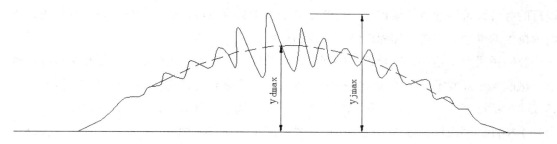

图3-23 动载作用下结构变形曲线

$$1+\mu = \frac{y_{d\max}}{y_{j\max}} \qquad (3-42)$$

$y_{d\max}$、$y_{s\max}$——最大动挠度值、最大静挠度值。

第四章　公路桥梁评定

公路桥梁评定是对桥梁的使用功能（宏观）、使用价值（微观）、承载能力（微观）进行的综合评价。通过桥梁评定，可鉴定其是否仍具有原设计的工作性能及承载能力，进而为桥梁的维修、改造、加固提供决策性的意见。

公路桥梁评定是一个综合评价的问题，涉及评定方法与评定标准（依据相关标准、规范、试验结果及专家经验等所制定的分类等级）。桥梁状况评定，涉及许多相关因素：一条线路包括许多桥梁；一座桥梁包括上部、下部和基础，每部分又包含许多基本构件；一个基本构件，因设计、施工、使用中的多种原因可能存在一种或多种缺损。可见，公路桥梁评定是十分复杂的。

现有公路桥梁的评定，通常包括以下方法，见图4-1。

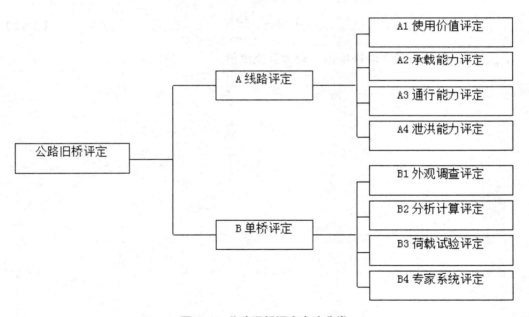

图 4-1　公路旧桥评定方法分类

现行的桥梁养护规范将桥梁评定分为一般评定和适应性评定。一般评定是依据桥梁定期检查资料，通过对桥梁各部件技术状况的综合评定，确定桥梁技术状况等级。桥梁适应性评定主要包括：依据桥梁定期检查和特殊检查质量，结合试验与结构分析，评定桥梁的实际承载能力，通行能力，抗洪能力。

第一节　公路桥梁线路整体评定

一、公路桥梁线路使用价值评定

普通公路的规划使用期限一般为 20 年而高速公路的一般为 30 年。公路桥梁在规划使用期限内的使用价值一般按式（4-1）进行评估。

$$k = \frac{R_1 - E_1 - E_2}{R_2 - E_3 - E_4}$$ （4-1）

其中：R_1——规划期限内利用桥梁路线的总收益；

R_2——改建新桥路线在规划期内的总收益；

E_1——规划期限内桥梁加固改造总支出；

E_2——规划期限内桥梁路线养护总支出；

E_3——新建桥梁的总支出；

E_4——改建新桥路线养护的总支出。

当桥梁使用价值系数 K > 1 时，桥梁具有宏观使用价值，有必要进行加固改造。

二、公路桥梁线路承载能力评定

对线路上定期检查中确定为四类的桥梁，均应进行承载能力的评定（详见第四节）

其承载能力评定，可分线路依据表 4-1 规定，以承载能力适应率 β_c 为指标进行考核。

表 4-1　各级公路对应车辆荷载

公路等级	汽车专用公路			一般公路		
	高速公路	一级公路	二级公路	二级公路	三级公路	四级公路
计算荷载	汽 - 超 20	汽 - 超 20、20	汽 -20	汽 -20	汽 -20	汽 -10
验算荷载	挂 -120	挂 -120、100	挂 -100	挂 -100	挂 -100	履带 -50

$$\beta_c = \frac{N_c}{N} \times 100\%$$ （4-2）

式中：β_c——桥梁线路承载能力适应率；

N_c——考查线路上符合表 4-1 要求的桥梁座数；

N——考查线路上总的桥梁座数。

当 $90 \leq \beta_c \leq 100$ 时，线路承载能力评定等级为"良好"；

当 $70 \leq \beta_c < 90$ 时，线路承载能力评定等级为"适应"；

当 $\beta_c < 70$ 时，线路承载能力评定等级为"不适应"。

三、公路桥梁线路通行能力评定

桥梁线路通行能力适应率 β_t 计算公式如下。

$$\beta_t = \frac{N_t}{N} \times 100\% \tag{4-3}$$

式中： β_t ——桥梁线路通行能力适应率；

N_t ——考查线路上计算通行能力满足交通量要求的桥梁座数；

N ——考查线路上总的桥梁座数。

当 $90 \leq \beta_t \leq 100$ 时，线路通行能力评定等级为"良好"；

当 $70 \leq \beta_t < 90$ 时，线路通行能力评定等级为"适应"；

当 $\beta_t < 70$ 时，线路通行能力评定等级为"不适应"。

四、公路桥梁线路泄洪能力评定

桥梁线路泄洪能力适应率 β_x 计算公式如下。

$$\beta_x = \frac{N_x}{N} \times 100\% \tag{4-4}$$

式中： β_x ——桥梁线路泄洪能力适应率；

N_x ——考查线路上计算泄洪能力可满足要求的桥梁座数；

N ——考查线路上总的桥梁座数。

当 $90 \leq \beta_x \leq 100$ 时，线路泄洪能力评定等级为"良好"；

当 $70 \leq \beta_x < 90$ 时，线路泄洪能力评定等级为"适应"；

当 $\beta_x < 70$ 时，线路泄洪能力评定等级为"不适应"。

第二节　公路桥梁外观调查评定

公路桥梁外观调查评定，由有经验的桥梁检查工程师负责，依据桥梁调查资料（以定期检查结果为主），从缺损状况、技术状况、养护对策等方面，对桥梁质量做出综合评定。

一、桥梁部件缺损状况评定（累加评分）

根据缺损程度（大小、多少、轻重）、缺损对结构使用功能的影响程度（无、小、大）和缺损发展变化状况（趋向稳定、发展缓慢、发展较快）等三个方面，以累加评分方法对各部件缺损状况做出等级评定，详见表4-2。

对重要部件（墩台、基础、上部承重构件、支座等），以其中缺损最严重的构件评分；其他部件，根据多数构件缺损状况评分。

二、桥梁部件权重及综合评定

采用考虑桥梁各部件权重的综合评定方法，或以重要部件最差的缺损状况评定，对全桥技术状况等级做出评定。推荐的桥梁各部件权重及算式见表4-3。

三、全桥技术状况综合评定

全桥技术状况评定等级，可分为一类、二类、三类、四类和五类，详见表4-4。根据桥梁技术状况分类，确定相应的养护措施是：一类桥梁进行正常保养；二类桥梁需进行小修；三类桥梁需进行中修，酌情进行交通管制；四类桥梁需进行大修或改造，及时进行交通管制，如限载、限速通过，当缺损较严重时应关闭交通；五类桥梁需要进行改建或重建，及时关闭交通。

表 4-2　桥梁部件缺损状况评定方法

缺损状况及标度			组合评定标度					
缺损程度及标度		程度	小 → 大 少 → 多 轻度 → 严重					
		标度	0　　1　　2					
缺损状况及标度			组合评定标度					
缺损对结构使用 功能的影响程度	无、不重要 小、次要 大、重要	0 1 2		0	1	2		
				1	2	3		
					2	3	4	
以上两项评定组合标度				0	1	2	3	4
缺损发展变化 状况的修正	趋向稳定 发展缓慢 发展较快	-1 0 +1		0	1	2	3	
			0	1	2	3	4	
			1	2	3	4	5	
最终评定结果				0	1	2	3	4	5
桥梁技术状况及分类			完好 一类	良好 二类	较好 三类	较差 四类	坏的 五类	危险

注：“0”表示完好状态，或表示没有设置的构造部件，如调治构造物
“5”表示危险状态，或表示原无设置，而调查表明需要补设的结构部件

表 4–3 推荐的桥梁各部位权重及综合评定方法

部件	部件名称	权重 Wi	桥梁技术状况评定办法
1	翼墙、耳墙	1	
2	锥坡、护坡	1	
3	桥台及基础	23	综合评定采用下列计算式:
4	桥墩及基础	24	$$D_r = 100 - \sum_{i=1}^{n} R_i W_i / 5$$
5	地基冲刷	8	
6	支　座	3	R_i—依据桥梁部件缺损状况评定方法
7	上部主要承重构件	20	所得各部件的评定标度（0 ~ 5）
8	上部一般承重构件	5	W_i—各部件权重，$\sum W_i = 100$
9	桥面铺装	1	D_r—全桥结构技术状况评分（0 ~ 100）；
10	桥头与路堤连接部	3	评分高表示结构状况好，缺损少。
11	伸缩缝		评定分类采用下列界限
12	人行道	1	$D_r \geq 88$　　　　一类
13	栏杆、护栏	1	$88 > D_r \geq 60$　　二类
14	灯具、标志	1	$60 > D_r \geq 40$　　三类
15	排水设施	1	$40 > D_r$　　　　四类、五类
16	调治构造物	3	注：$D_r \geq 60$ 的桥梁，并不排除其中有评定
17	其　它	1	标度 $D_r \geq 3$ 的部件，仍有维修的需求。

表 4-4 桥梁技术状况评定标准

	一类	二类	三类	四类	五类
	完好良好状态	较好状态	较差状态	差的状态	危险状态
总体评定	①重要部件材料均良好。②次要部件功能良好，材料有少量（3%以内）。轻度缺损或污染。③承载能力与桥面行车条件符合设标。④只需日常清洁保养。	①重要部件能良好，材料有局部（3%以内）轻度缺损或污染，裂缝小于限值②次要部件有较多（10%以内）中等缺损或污染③承载能力和桥面行车条件达到设计指标。④需要小修保养	①重要部件材料有较多（10%以内）中等缺损，裂缝缝宽超限或出现轻度功能性病害，但发展缓慢，能维持正常使用能。②次要部件有大量的（10%~20%）严重缺损，功能降低，继续恶化将不利于重要部和影响正常交通。③承载能力比设计降低10%以内，桥面行车不舒适。④需要进行中修。	①重要部件材料有大量（10%~20%）严重缺损，裂缝宽度超限值，裂缝间距小于计算值，风化、剥落、露筋、锈蚀严重；或出现中等功能性病害，且发展较快。结构变形小于或等于规范值功能明显降低。②次要部件有20%以上严重缺损，失去应有功能，严重影响正常交通。③承载能力比设计降低10%~25%，必要时限速或限载通行。④要通过特殊检查，确定大修、加固或更换构件的措施。	①重要部件出现严重的功能性病害，且有继续扩展现象；关键部位的部分材料强度达到极限，出现部分钢筋断裂、混凝土压碎或压杆失稳变形的破损现象，变形大于规范值，结构的强度、刚度、稳定性和动力响应不能达到平时交通安全通行要求。②承载能力比设计降低25%以上，必须降低通行荷载与车速，或封闭交通。③要通过特殊检查，确定处治对策。
墩台与基础	①墩台各部分完好。②基础及地基状况良好。	①墩台基本完好。②3%以内的表面有风化麻面、短细裂缝，缝宽小于限值，砌体灰缝脱落。③表面长有苔藓、杂草。④基础无冲蚀	①墩台3%~10%的表面有各种缺损，裂缝宽度超限值，有风化、剥落、露筋、锈蚀现象；砌体灰缝脱落，局部变形等。②出现轻微的下沉、倾斜滑动等现象，发展缓慢或趋向稳定。③基础有局部冲蚀现象，桩基顶段被磨损	①墩台10%~20%的表面有各种缺损，裂缝宽而密，剥落、露筋、锈蚀严重，砌体大面积的松动、变形。②墩台出现下沉、倾斜、滑动、冻起现象，台背填土有沉降裂缝或挤压隆起变形发展较快，变形小于或等于规范值。③基础冲刷大于设计值基底冲空面在10~20%内，桩基顶段被侵蚀、露筋、颈缩，或有环状冻裂，木桩腐蛀蚀严重	①墩台不稳定，下沉、倾斜、滑动。冻起现象严重，变形大于规范值，造成上部结构和桥面变形过大，不能正常行车。②墩台、桩基出现结构性断裂，裂缝有开合现象。③基底冲刷面达20%以上，冲刷深度大于设计值，地基失效，承载力降低，桥台岸坡滑移。

	一类	二类	三类	四类	五类
	完好良好状态	较好状态	较差状态	差的状态	危险状态
支座	①各部分清洁，完好无缺，位置正确。②活动支座伸缩与转动正常。	①支座有尘土堆积略有腐蚀②支座滑动面干涩。	①钢支座固定螺栓松动，锈蚀严重。②橡胶支座开始老化③混凝土支座有剥落、露筋、锈蚀现象。	①钢支座组件出现断裂②橡胶支座老化开裂。③混凝土支座碎裂。④活动支座坏死。⑤支座上下错位过大，有倾倒脱落的危险。	支座错位、变形。破损严重，已失去正常支承功能，使上下部结构受到异常约束，造成支承部位的缺损和桥面的不平顺。
砖石混凝土上部结构	①结构完好，无渗水，无污染。②次要部位有少量短细裂纹，裂纹宽度小于限值。	①结构基本完好。② 3%以内的表面有风化、麻面短细裂缝，缝宽小于限值，砌体灰缝脱落。③上、下游侧表面有水迹污染，砌体滋生草木。	①结构3% ~ 10%的表面有各种缺损，裂缝缝定超限值，有风化。剥落、露筋、锈蚀，桥面板裂缝渗水。②石砌拱桥砌体砌体灰缝脱落，局部松动、外鼓。③横向联接件断裂、脱焊或松动，边梁或边拱肋有横移或外倾迹象。	①结构10% ~ 20%的表面有各种缺损，重点部位出现接近全截面的开裂，裂缝缝宽超限值，间距小于计算值，顺主筋方向有纵向裂缝，钢筋锈蚀和混凝土剥落严重，桥面开裂渗水严重，砌体有较大松动、变形。②结构存在永久变形，变形小于或等于规范值，桥面竖向成波形③支座脱落，桥面呈锯齿状	①结构永久变形大于规范值。②重点部位出现全截面开裂，部分钢筋屈服或断裂，混凝土压碎。主拱圈出现四铰不稳定结构。③受压构件有严重的横向扭曲变形。④结构的振动或摆动过大，行车和行人有不安全感。⑤承载能力比设计降低25%以上。
钢结构	①各部件及焊缝均完好。②各节点铆钉、螺栓无松动③各部分油漆均匀平光、完整，色泽鲜明。	①各部件完好，焊缝无开焊。②少数节点有个别铆钉、螺栓松动变形。③油漆变色、起泡剥落，面积在10%以内。	①个别次要构件有局部变形，焊缝有裂纹。②联结铆钉、螺栓损坏在10%以内。③油漆失效面积在10% ~ 20%之间。	①个别主要构件有扭曲变形、损伤裂纹。开焊、严重锈蚀。②联结铆钉、螺栓损坏在10% ~ 20%之间。③油漆失效面积在20%以上。	①主要构件有严重扭曲变形、开焊，锈蚀削弱截面10%以上，钢材变质，强度性能恶化。油漆失效面积在50%以上②节点板及联结铆钉、螺栓损坏在20%以上。③结构永久变形大于规范值④结构振动或摆动过大，行车和行人有不安全感。

	一类	二类	三类	四类	五类
	完好良好状态	较好状态	较差状态	差的状态	危险状态
木桥	①各部构件完好无缺。②防腐、防蚁效果良好。	①基本完好，少数联接点松动，小件脱落。②结构有泥土、杂草堆积	①主要构件结合部位和木桩干湿交替部位等出现腐朽松动、局部脱落。②墩台开始变形、结构出现轻度不稳固现象。	①10%～20%的主要构件和20%以上的次要构件有腐朽、松动、脱落。②墩台、结构变形小于或等于规范值，结构有明显的不稳固现象。	①结构全面严重腐朽、脱落。②墩台不稳定，下沉、倾斜、冻拔严重，变形大于规范值。③桥面起伏和摆动过大，结构极不稳定。
人行道栏杆	完整清洁，无松动，少数构件局部有细裂纹、麻面。	个别构件破损、脱落，3%以内构件有松动、裂缝、剥落和污染。	10%以内构件有松动、开裂、剥落、露筋、锈蚀、破损、脱落。	10%～20%构件严重损坏、错位、变形、脱落、残缺。	20%以上构件残缺
桥面铺装伸缩缝	①铺装层完好平整、清洁，或有个别细裂缝。②防水层完好、泄水管完好畅通。③伸缩缝完好、清洁。④桥头平顺，无跳车现象。	①铺装层10%以内的表面有纵横裂缝，间距大于1.5m，浅坑槽、波浪②防水层基本完好，泄水管堵塞，周围渗水。③伸缩缝局部螺帽松动，钢桥开焊，铺装碎边缝内堵塞卡死。④桥头轻度跳车，台背路面下沉在2cm以内。	①铺装层10%～20%的表面有严重的龟裂、深坑槽、波浪②桥面板接缝处防水层断裂渗水，泄水管破损、脱落。③伸缩缝普遍缺损，铺装碎边严重，出现跳车现象。④桥头跳车明显，台背路面下沉2～5cm。	①铺装层20%以上表面有严重的破碎、坑槽，桥面普遍坑洼不平、积水。②防水层老化失效，普遍断裂、渗水、泄水管脱落，孔堵塞。③伸缩缝严重破损、失效，难以修补。④桥头跳车严重，台背路面下沉大于5cm。	

	一类	二类	三类	四类	五类
	完好良好状态	较好状态	较差状态	差的状态	危险状态
翼墙耳墙；锥坡护坡	①翼墙完好无损、清洁。②锥坡完好，无垃圾堆积，无草木滋生。③桥头排水沟和行人台阶完好。	①翼墙出现个别裂缝，缝宽小于限值，局部剥落，砌体灰缝脱落面积在10%以内。②锥坡局部塌陷，铺砌缺损，垃圾堆积，草木丛生。③桥头排水沟堵塞不畅通，行人台阶局部塌落。	①翼墙断裂与桥台前墙脱开，但无明显外倾、下沉、砌体灰缝脱落、局部松动外鼓，面积小于20%。②锥坡出现大面积塌陷，铺砌缺损，形成冲沟或积水坑，坡脚有局部冲蚀。③桥头排水沟和行人台阶损坏，功能降低。	①翼墙断裂、下沉、外倾失稳，砌体变形，严重部分倒塌。②锥坡体和坡脚冲蚀严重，有滑坡。坍塌，坡顶下降较大，护坡作用明显减小。③桥头排水沟和行人台阶全部损坏，几乎消失。	
调治构造物	①构造设置合理，功能正常。②构造物完好，无存留漂浮物。	①构造物功能基本正常。②构造物局部断裂，砌体松动、变形。	①构造本身抗洪能力不足，基础局部冲蚀。②构造物20%以内出现下沉、倾斜、局部坍塌。	①构造本身抗洪能力太低，基础冲蚀严重。②构造物20%以上被破坏，部分丧失功能或功能下降。	①构造物大范围毁坏，失去功能，或设置不合理，未达到预期效果。②原未设置而调查表明需要补充设置者。
照明标志	完好无缺，布置合理。	照明灯泡坏，灯柱锈蚀，标志不正、脱落。	灯柱歪斜不正，灯具损坏，标志倾斜损坏。	照明线路老化断路或短路，灯柱、灯具残缺不齐，标志损失严重。	

第三节 公路桥梁分析计算评定

分析计算评定法建立在桥梁外观调查的基础之上，依据调查到的资料，利用桥梁结构理论加以分析、计算。评价采用桥梁设计规范中的各等级荷载或被控制车辆的荷载。评价时采用极限状态计算分析，各系数宜根据详细检测的结构状况分别选定，使计算分析结果能真实地评价结构承载能力。评定具体方法如下。

（1）桥梁检查后确定出桥梁检算承载能力的折减或提高系数（即确定桥梁检算系数 Z_1）。

（2）接现行的桥梁设计规范，根据检查所得桥梁基础位移、结构变形、构件开裂、破损等情况，对结构抗力效应考虑引入不大于1.2的结构检算系数进行结构强度和稳定性检算，检算公式如下。

$$(r_0 S) \le R \cdot Z_1 \tag{4-5}$$

$$R = R(f_d,\ a_d) Z_1 \tag{4-6}$$

式中：r_0—桥梁结构的重要性系数；

S—作用效应的组合设计值；

R—构件承载力设计值；

$R(\cdot)$—构件承载力函数；

f_d—材料强度设计值；

a_d—几何参数设计值。

如果是按原规范（JTJ 023-85），则应采用如下公式。

1）砖、石、混凝土结构的承载能力检算公式为：

$$S_d(\gamma_{so}\psi\xi_q \sum \gamma_{sl} Q) \le R_d(\frac{R_j}{\gamma_m}, \alpha_k) Z_1 \tag{4-7}$$

2）钢筋混凝土及预应力混凝土结构的承载能力检算公式为：

$$S_d(\gamma_G G; \gamma_q \xi_q \sum Q) \le \gamma_b R_d(\frac{R_c}{\gamma_c}, \frac{R_s}{\gamma_s}) Z_1 \tag{4-8}$$

由于现行规范与原规范有较大差异，计算时应该注意。Z_1根据不同桥型及桥梁的实际情况而定。梁桥、拱桥两种主要桥型的Z_1取值参见表4-5。

表4-5　梁桥、拱桥的Z_1值表

Z_1值	桥 梁 状 况	
	梁　桥	拱　桥
1.1 ~ 1.2		地基良好；墩、台基础未发生位移；拱轴线与设计值吻合；主拱圈未发生风化、蜂窝、开裂现象；无裂缝或裂缝发展轻微
1.0 ~ 1.1	桥梁各构件混凝土质量良好；裂缝宽度未超过表2-4-1限值；桥梁未产生病害，桥梁各部分均能正常工作	墩、台基础未发生明显位移；拱轴线偏离设计值较少；主拱圈发生轻微的风化、蜂窝、开裂等现象；有裂缝但宽度未超过表2-4-1限值
0.9 ~ 1.0	桥梁各构件混凝土质量较差；少数裂缝宽度超过了表2-4-1限值；桥梁产生一般病害，桥梁各部分工作基本正常	墩、台基础未位移较小；拱轴线偏离设计值较多；主拱圈发生轻严重的风化、蜂窝、开裂等现象；裂缝宽度超过了表2-4-1限值

Z_1值	桥 梁 状 况	
	梁 桥	拱 桥
0.9 以下	桥梁各构件混凝土及钢筋出现严重的质量问题；较多裂缝宽度超过了表2-4-1限值或裂缝仍在发展；桥梁产生严重病害，带病工作	墩、台产生了较大的位移或转角，转角仍在发展；主拱圈发生明显的不均匀沉陷、风化、蜂窝现象严重；裂缝很严重，组合拱圈联结部件松散

（3）依据检算的主要指标超限情况，确定是否需要进一步进行荷载试验，对于需要作荷载试验的桥梁，需根据荷载试验的结果重新确定桥梁检算系数 Z_2（详见第四节），再进行结构强度和稳定性的校核。

（4）在桥梁检查基础上，按上一节方法，认真进行桥梁缺损状况评分，确定桥梁承重构件的技术状态，更加规范的确定桥梁检算系数 Z_1（表4-6）。

表 4-6　更加规范的确定 Z_1 值表

缺损状况评分	技术状态	桥梁检算系数 Z_1
0 ~ 1	完 好	1.1 ~ 1.2
1 ~ 2	较 好	1.0 ~ 1.1
2 ~ 3	正 常	0.9 ~ 1.0
3 ~ 4	可恢复	0.75 ~ 0.9
4 ~ 5	危 险	0.75 以下

依据桥梁结构主要承重构件控制部位强度的实测结果、结构固有模态参数测定结果，以及其与设计计算值的比较，按表 4-7 确定桥梁检验系数的修正值 Z_1'、Z_2''。

表 4-7　混凝土构件强度变异修正值 Z_1' 与模态修正值 Z_2''

混凝土构件强度变异修正值 $Z_1' = (\alpha \Delta Ra)/Ra$		模态修正值 Z_2''	
T 形截面 α	矩形截面 α	特征频率变化幅度	Z_2''
0.9	0.7	30%	0.16
0.8	0.6	20%	0.11
0.9	0.7	15%	0.08
0.7	0.45	10%	0.05

最终确定桥梁检算系数 $Z_{10} = Z_1 + Z_1' + Z_1''$，并对桥梁结构的强度及稳定性检算校核。

1）砖、石、混凝土结构的承载能力检算公式：

$$S_d(\gamma_{so}\psi\xi_q\sum\gamma_{sl}Q) \le R_d(\frac{R_j}{\gamma_m},\alpha_k)Z_{10}\phi(1-\xi_t) \tag{4-9}$$

2）钢筋混凝土及预应力混凝土结构的承载能力检算公式：

$$S_d(\gamma_G G;\ \gamma_q\xi_q\sum Q) \le \gamma_b R_d(\frac{R_c}{\gamma_c},\frac{R_s}{\gamma_s})Z_{10}\phi(1-\xi_t) \tag{4-10}$$

ξ_q、ϕ、ξ_t 分别为活载影响系数、耐久性恶化系数、截面损伤折减系数（详见后述）。

若检算校核结果为结构荷载效应小于抗力效应，则可得出结论：桥梁承载能力满足检算荷载要求。若检算校核结果为结构的荷载效应大于抗力效应，但超出幅度在30%以下时，则需对桥梁作进一步荷载试验评定其承载能力。

（5）因我国存在超限超重运输问题，桥梁疲劳损伤问题突出，对经常通过超重车辆或大吨位车辆的桥梁，在承载能力检算时，应引入一个活载影响系数。超载情况一般可通过活载重量频遇值来反应，荷载频遇值指桥梁上出现的荷载较大的车辆，通常表示荷载跨越某一水平的频繁程度。由车辆荷载重量分布函数0.95分位值可得到车辆荷载的频遇值 Q_2。通过比较标准荷载分布 Q_1 和实际活载分布的频遇值 Q_2，可得活载影响系数 ξ_q：

$$\xi_q = \frac{Q_1}{Q_2} \tag{4-11}$$

根据 ξ_q 适当调整荷载效应组合及活载效应的分项系数，以反映桥梁活载实际情况。

钢筋锈蚀是影响钢筋混凝土构件耐久性和使用寿命的重要因素，钢筋锈蚀可以造成桥梁承载能力严重下降，可见耐久性损伤对桥梁承载能力的影响主要取决于钢筋的腐蚀程度。因此，可以通过分析钢筋的锈蚀程度来评价桥梁结构耐久性的恶化情况。而对桥梁钢筋锈蚀状况的整体评价，可通过对其影响因素（氯离子含量、锈蚀电位、混凝土电阻率、混凝土碳化深度等）的检测来进行。钢筋锈蚀是一个随时间不断发展的化学过程，必须根据上述四个方面的检测结果，确定钢筋的初始锈蚀时间 T_0，综合评价钢筋锈蚀对桥梁结构承载力的影响。确定钢筋的初始锈蚀时间 T_0 可从两点入手：①混凝土保护层碳化到一定程度的时间；②当氯离子和氧分子含量达到某定值所需的时间。

通过试验确定锈蚀速度 V 与混凝土电阻率、锈蚀电位、氯离子含量、碳化深度间的关系。

$$V = \lambda\eta F(U,R) \tag{4-12}$$

表4-8　锈蚀不均匀系数 η 取值

氯离子含量（%）	0.4	0.6	0.8	1.0	1.4
锈蚀不均匀系数 η	1.0	1.2	1.4	1.8	2.5

表 4-9 $F(U,R)$ 的取值

	$R < 5000$	$5000 \leq R < 10000$	$10000 \leq R < 20000$	$20000 \leq R$
$-200 < U$	0.05	0.04	0.03	0.02
$-350 < U < -200$	0.10	0.08	0.06	0.05
$-500 < U < -350$	0.30	0.20	0.15	0.10
$U < -500$	0.50	0.40	0.35	0.30

式中 η —锈蚀不均匀系数，见表 4-8；

$F(U,R)$ —锈蚀电位及混凝土电阻率与钢筋锈蚀速度之间的关系，见表 4-9；

U ——锈蚀电位（单位 mv）；

R ——混凝土电阻率（单位 $\Omega.cm$）。

因此，T 时刻钢筋锈蚀程度的表达式为

$$\varphi(T) = \frac{[D_0 - 2V(T - T_0)]^2}{D_0^2} \tag{4-13}$$

式中 D_0 为钢筋锈蚀前的直径（mm）。

耐久性恶化系数 ϕ 可以通过钢筋锈蚀程度函数来表达，见表 4-10。

表 4-10 耐久性恶化系数 ϕ

锈蚀程度（%）	5	10	15	20	25
耐久性恶化系数 ϕ	0.05	0.08	0.12	0.15	0.20

折减系数 ξ_t 可反映桥梁构件截面在使用过程中被削弱的程度。截面被削弱的原因主要有：混凝土碳化、机械磨损、裂缝等。相应的截面损伤折减系数 ξ_t 可表示为：

$$\xi_t = \xi_{t1} + \xi_{t2} \tag{4-14}$$

式中：ξ_{t1} ——混凝土碳化引起的截面削弱折减系数；

ξ_{t2} ——表面机械损伤折减系数。

根据检测所得混凝土碳化深度及混凝土截面特征计算出截面损失率。为此将混凝土截面分为：矩形截面、T 形截面、圆形截面。对于矩形截面、T 形截面（箱形截面根据规范规定可折合成 T 形截面）应分为全预应力和部分预应力两种情况。圆形截面一般应用在下部结构。故混凝土构件炭化引起的截面削弱折减系数可表示如下。

全预应力构件：

矩形截面：
$$\xi_{t1} = \frac{X}{B} \frac{(R_0 - R_H)}{R_0} (2 + \frac{B}{H}) \tag{4-15}$$

T 形截面：
$$\xi_{t1} = \frac{X}{\sum B} \frac{(R_0 - R_H)}{R_0} (2 + \frac{\sum B}{H}) \tag{4-16}$$

圆形截面：

$$\xi_{t1} = \frac{X^2}{R^2} \frac{(R_0 - R_H)}{R_0} \qquad (4\text{-}17)$$

部分预应力构件：

矩形截面：

$$\xi_{t1} = \frac{X}{B} \frac{(R_0 - R_H)}{R_0} \times 2\frac{X_Y}{H_0} \qquad (4\text{-}18)$$

T 形截面：

$$\xi_{t1} = \frac{X}{\sum B} \frac{(R_0 - R_H)}{R_0} \times 2\frac{X_Y}{H_0} \qquad (4\text{-}19)$$

对于受负弯距的截面受压区在构件截面下部，此时：

矩形截面：

$$\xi_{t1} = \frac{X}{B} \frac{(R_0 - R_H)}{R_0} (2 + \frac{B}{H}) \times 2\frac{X_Y}{H_0} \qquad (4\text{-}20)$$

T 形截面：

$$\xi_{t1} = \frac{X}{\sum B} \frac{(R_0 - R_H)}{R_0} (2 + \frac{\sum B}{H}) \frac{X_Y}{H_0} \qquad (4\text{-}21)$$

式中：X ——碳化深度；

X_Y ——受压区高度；

H ——截面高度；

H_0 ——截面有效高度；

B ——腹板厚度；

R_0 ——混凝土的设计强度；

R_H ——混凝土碳化后的强度。

结构机械损伤是由非结构受力所造成的损伤，主要是由于施工不当或一些突发性事件所造成的，主要表现在外观上的缺损。表面机械损伤折减就是考虑外观上缺损所造成的截面损失。经过对不同面积和深度的表面机械损伤所造成的截面折减的统计、分析、总结，结论见表 4-11。

表 4-11　混凝土表面损伤截面折减系数 ξ_{t2}

损伤面积（m²）	损伤深度（cm）		
	1	2	3
0.3	0.02	0.03	0.04
0.3 ~ 0.6	0.04	0.06	0.08
0.6 ~ 1.0	0.08	0.10	0.12
1.0 ~ 1.5	0.12	0.14	0.16

第四节　公路桥梁荷载试验评定

荷载试验后，应根据试验资料分析桥梁结构的工作状况，从而进一步评定桥梁承载能力。

一、桥梁结构的工作状况

根据试验测得的变位或者应变与理论计算值比较，得到结构的校验系数 η。

$$\eta = \frac{s_e}{s_t} \qquad\qquad (4\text{-}22)$$

式中：s_e——试验荷载作用下的变位或者应变值；

s_t——试验作用下相应的理论计算值。

校验系数 η 是评定结构工作状况，确定桥梁承载能力的一个重要指标。不同结构形式的桥梁的 η 值常不相同。η 值常见的范围可参考表 4-12。

表 4-12　桥梁校验系数 η 常值表

桥　梁　类　型	应变（或应力）校验系数	挠度校验系数
钢筋混凝土拱桥	0.20 ~ 0.40	0.20 ~ 0.50
钢筋混凝土梁桥	0.40 ~ 0.80	0.50 ~ 0.90
预应力混凝土桥	0.60 ~ 0.90	0.70 ~ 1.00
圬　工　拱　桥	0.70 ~ 1.00	0.80 ~ 1.00

一般要求 η 值不大于 1，η 值越小结构的安全储备越大，η 值过大或过小都应该从多方面分析原因。若 η 值过大，原因可能为：(1)组成结构的材料强度较低(2)结构各部分联结性能较差(3)刚度较低；若 η 值过小，原因可能为：材料的实际强度及弹性模量较高；梁桥的混凝土桥面铺装及人行道等与梁共同受力；拱桥拱上建筑与拱圈共同作用；支座摩阻力对结构受力的有利影响(5)计算理论或简化的算图式偏于安全；此外，试验时加载物的称量误差，仪表的观测误差等对 η 值也有一定影响。

因理论的变位（或应变）一般按线性关系计算，故若测点实测弹性变位（或应变）与理论计算值成正比（其关系曲线接近于直线）说明结构处于良好的弹性工作状况。

测点在控制加载程序时的相对残余变位（或应变）S_p / s_t 越小说明结构越接近弹性工作状况，一般要求 S_p / s_t 值不大于 20%，当其大于 20% 时，应查明原因，若确系桥梁强度不足，应在评定时酌情降低承载能力。

动载试验的效率 η_d 也是一个重要指标，η_d 可表是为：

$$\eta_d = \frac{s_d}{s} \qquad (4\text{-}23)$$

式中：s_d—动荷载作用下的变形或应力值；

S—设计标准荷载作用下的变形或应力计算值。

当动载试验的效率 η_d 接近 1 时，不同车速下实测的冲击系数最大值可用于结构的强度及稳定性检算。

实测的冲击系数应满足下列条件：

$$\mu_t \cdot \eta_d \le \mu_c \qquad (4\text{-}24)$$

式中：μ_c——设计时采用的冲击数；

μ_t——实测的冲击数；

当式（4-24）不被满足时，应按实测的 μ_t 值来考虑设计标准中汽车荷载的冲击作用。

从前面的分析可以看出，μ_t 是反映结构在行车荷载作用下的动力响应，很显然 μ_t 与桥面平整度有关，与行车速度有关。对评定而言，μ_t 只能描述桥梁平整度，不能对全结构进行描述。μ_t 的意义在于，有了实测的冲击数据之后，在进行旧桥理论分析计算时，应以实测 μ_t 为依据。而不宜采用规范的 μ_c 值。

一般而言，40 ~ 120kN 载重汽车行车激振试验测得的垂直振幅标准值 A_{ct}（等于局部离差平方的二次方根）宜小于表 4-13 所列的评定指标。

表 4-13　振幅标准值评定指标

桥型及跨度	容许振幅标准值
跨度为 20m 以下的钢筋混凝土梁桥	0.3
跨度为 20 ~ 45m 的预应力混凝土梁桥	1.0
跨度为 60 ~ 70m 的连续梁桥和 T 型刚构桥	1 ~ 5.0
跨度为 30 ~ 124m 的钢梁桥和组合梁桥	2.0 ~ 1

一阶自振频率 f_t 中小跨径桥梁的一阶自振频率测定一般应大于 2.0Hz，否则认为桥梁的总体刚度较差。桥梁的自振频率 f_t 可按下式计算：

1）简支梁桥：　　$E_d I = 0.41(f_t)^2 \overline{m} l^2 \qquad (4\text{-}25)$

2）悬臂梁桥：　　$E_d I = 3.20(f_t)^2 \overline{m} l^2 \qquad (4\text{-}26)$

3）等跨连续梁桥：同简支梁桥。

式中：$\overline{m}$——结构每延米质量；

l——支端点距离或跨径；

I——结构构件的截面惯矩；

E_d——动弹性模量。

有关简支梁桥的试验表明，f_t 实测值为 1.23 ~ 10.4Hz，平均 3.62Hz，一阶固有频率

与跨径有关，即

$$f_t = 95.4L^{-0.933} \qquad (4-27)$$

故对简支梁桥而言，宜按式（4-23）来评定。

对于其他形式的桥梁，由于实验数据不足，宜按下式进行评定。

$$\eta_f = \frac{f_t}{f} \leq 1 \qquad (4-28)$$

式中，η_f 为频率校验系数，f_t 为实测一阶频率，f 为计算频率。很显然，当 $f_t > 1$ 时，说明桥梁有缺损或病害，达不到原设计所具备的动刚度。计算 f 时，应遵循静载试验计算时的原则，特别应注意。

1）上部结构均应同时纳入计算范围之内。

2）充分考虑支座，特别是橡胶支座的影响。

根据实测计算的阻尼比率 ξ_t 按表 4-14 可以判断桥梁的开裂状况。

表 4-14 ξ_t 值与裂缝相关性表

材料	裂缝	ξ_t 的相应值
素混凝土及钢筋混凝土	无裂缝 有裂缝	$\xi_t < 0.5$ $\xi_t > 1.0 \sim 2.0$
预应力混凝土	无裂缝 有裂缝	$\xi_t < 1.0$ ξ_t $1.0 \sim 2.0$

桥梁阻尼是一个重要的、又十分复杂的参数，它由构成桥梁的材料阻尼，结构阻力和系统阻尼所构成，阻尼比只能通过试验获得。

以表 3-4-4 ξ_t 值来判断结构是否开裂的条件过宽。有关梁式桥试验表明，出现率频率最高的桥梁 ξ_t 集中在 $\xi_t = 0.78\%$。最长 ≥125m 直线、窄的和闭口横截面的长桥中，$\xi_t = 0.786\%$；总长 <75m 曲线、宽的和开口截面短桥中，$\xi_t = 16\%$。

二、桥梁结构的强度及稳定性

当荷载试验项目比较全面时，可采用荷载试验主要挠度测点的校验系数 η 来评定桥梁结构的强度和稳定性。检算时用荷载试验后的桥梁检算系数 Z_2 代替前述的桥梁检算系数 Z_1，对桥梁结构抗力效应予以提高或折减。

（1）砖、石、混凝土桥梁。

$$S_d(\gamma_{so}\psi\sum\gamma_{sl}Q) \leq R_d\left(\frac{R_j}{\gamma_m}, \alpha_k\right) \times Z_2 \qquad (4-29)$$

（2）钢筋混凝土及预应力混凝土桥梁。

$$S_d(\gamma_G G; \gamma_q \sum Q) \leq \gamma_b R_d(\frac{R_c}{\gamma_c}, \frac{R_s}{\gamma_s}) \times Z_2 \qquad (4\text{-}30)$$

根据 η 值由表 4-15 查取 Z_2 的取值范围，再根据下列条件确定 Z_2 值。符合下列条件时，Z_2 值可取高限，否则应酌减，直至取低限。

1）加载内力与总内力（加载内力 + 恒载内力）的比值较大，荷载试验效果较好。

2）实测值与理论值线性关系较好，相对残余变位（或应变）较小。

3）桥梁结构各部分无损伤，风化、锈蚀、裂缝等较轻微。

η 值应取控制截面内力最不利程序时最大挠度测值进行计算。对梁桥可采用跨中最大正弯矩加载程序的跨中挠度；对拱桥检算拱顶截面时可采用拱顶最大正弯矩加载程序时跨中挠度；检算拱脚截面时可采用拱脚最大负弯矩加载程序时 L/4 截面处挠度；检算 L/4 截面时则可用上两者平均值，如已安排 L/4 截面最大正、负弯矩加载程序，则可采用该程序时 L/4 截面挠度。但拱桥在采用 η 值根据表 4-18 进行检算时，可不再另行考虑拱上建筑的联合作用。

表 4-15　经过荷载试验的桥梁检算系数 Z_2 值表

校验系数 η	检算系数 Z_2
0.4 及以下	1.20 ~ 1.30
0.5	1.15 ~ 1.25
0.6	1.10 ~ 1.20
0.7	1.05 ~ 1.15
0.8	1.00 ~ 1.10
0.9	0.97 ~ 1.07
1.0	0.95 ~ 1.05

注：①η 值应经校核确保计算及实测无误；②η 值在表列数值之间时可内插；③当 η 值大于 1 时应查明原因，若确系结构本身强度不够应适当降低检算承载能力。

当采用 Z_1 值根据公式检算不符合要求，但采用 Z_2 值根据公式检算符合要求时，可评定桥梁承载能力满足检算荷载要求。

三、地基与基础

当试验荷载作用下墩台沉降、水平位移及倾角较小，符合上部结构检算要求，卸载后变位基本恢复时，可认为地基与基础在检算荷载作用下能正常工作。当试验荷载作用下墩台沉降、水平位移及倾角较大或不稳定，卸载后变位不能恢复时，应进一步对地基、基础进行探查、检算，评价地基基础是否需进行加固。

四、结构的刚度要求

试验荷载作用下，主要测点挠度校验系数 η 应不大于 1，各点的挠度应不超过规范规定的允许值，如下。

1. 圬工拱桥

全桥范围内正负挠度最大绝对值之和不大于 L/1000，履带车和挂车验算时提高 20%。

2. 钢筋混凝土桥

梁桥主梁跨中挠度不超过 L/600；梁桥主梁悬臂端 L/300；桁架拱桥不超过 L/300。

五、裂缝

试验荷载作用下绝大部分裂缝宽度应不大于表 2-9 规定的允许值，荷载试验后所有裂缝应不大于表 2-9 规定的允许值。

第五节　公路桥梁动力测定的快速评定法

荷载试验评定桥梁，可全面地反映了结构的实际状况。但是荷载试验要耗费大量的人力、物力和财力，需要较长时间中断交通。近年来广为研究的动力测定试验的快速评定方法即为其中一种。

动力法评估结构性能是近三十年来国内外研究非常活跃的领域之一。该方法具有简便、快速、无损等优点，同时具有显著的经济效益和社会效益。

动力评估方法适用于航天、航空、机械、造船、土木工程等多个领域。但在这些领域中，其研究水平发展并不平衡，如航天、航空和机械领域中已有部分研究成果应用于故障监测中，用某个振动特性参数或模式识别，对飞船、飞机或正在运转的机械进行在线故障监测，对早期故障进行预测。而在土木工程领域中，除动测法进行桩基质量检测有部分应用外，其余尚处理论和试验研究阶段，远未达到工程应用的程度。

由于桥梁总是处于受活载作用下的运营状态，用动力法评估钢筋混凝土结构性能更能真实反映其结构在移动活载作用下的实际工作状况，对结构承载能力给出恰当的评估，研究与应用前景广阔。

结构在各种激励下的动力响应是其整体状况的一种量度。当结构的质量、刚度和阻尼特性因结构损伤（质量退化）而发生变化，其振动响应也必将发生变化，而这一变化是可以通过振动测试方法量测得到的。利用振动（动力）试验分析进行结构安全监测正是基于这一原理。近十年来，人们对利用试验模态分析技术进行结构安全评估的方法展开了广泛学入的研究，这些研究工作主要包括：对试验模型或真实结构基于动力测试方法的实测调查研究的可行性和潜力；寻求可用于结构状态指标的敏感参数、研究各种损伤检测和定位技术。

结构动力特性是结构本身所固有，可以看作为结构的"指纹"（振动特征码），通过结构初始（安全）状态及以后不同时期的指纹的比较，即可诊断出结构的整本安全状况。桥梁结构指纹可以是频率、阻尼、振型形式，也可以是频响函数功率谱等。较早利用动力测试进行土木结构的检测时间是 20 世纪 80 年代，当时主要是研究频率的变化对结构安全性能的影响，并发展了结构评估的"频率淘汰法（FSM）"。1990 年，Salane 对公路桥梁和桥梁模型进行疲劳试验以监测结构动力特性的变化后发现，杆件的刚度与裂缝开展存在一定关系，模态参数的变化与观测到的质量退化有关；Maznrek 等通过研究发现结构损伤后，会产生新的振型，频率也相应减小，Salawu 在 1995 年对多跨公路桥梁修缮前后进行振动试验，发现阻尼的变化没有确定方向，但振型变化比较明显。

近十年来，国内研究人员对振动测试的方法也进行了大量研究。1986 年，西安公路研究所用动测法确定简支梁抗弯刚度与静力测试进行了比较；1988 年，成都市城市建设科学研究所和华中理工大学通过模型试验，以模态分析方法对桥梁动力参数进行非线性分析，外推极限承载力；1997 年湖南大学以实测频率为基础识别桥梁刚度分布情况，从而评估桥梁的承载能力。

但是利用系统识别方法进行结构安全快速检测评定，直面临着测量噪声干扰、量测自由度不足，实测模态集不完备、结构理论模型误差，可获得的响应量测值对感兴趣的结构参数不敏感等许多困难。尽管如此，随着桥梁的发展，目前一般的检测方法已不能适应其安全性能和耐久性维护的迫切需要。基于动力测试方法和系统识别理论进行桥梁结构安全性能快速评定，具有广阔的应用前景。

对于一个桥梁结构来讲，它的几何尺寸、材料和边界条件是确定的，那么它的结构静力特性就唯一确定了。随着桥梁的使用，其结构工作性能会发生变化，反映出来的现象是裂缝的出现和扩展、刚度降低、变形增大。同样的，结构的各参数一经确定，其结构动力特性也唯一地确定了，随着桥梁结构工作性能的变化，它的结构动力性能的变化表现出频率和动刚度的下降、阻尼增加，振幅加大等等。因此，可以像静载试验通过桥梁的静力特性来认识结构那样，也可以通过动力试验，由桥梁的结构的动力特性来认识结构，找出其内部联系，建立一套识别方法，进而对桥梁进行评定。

对于这种快速评定方法的研究关键是桥梁结构的动力特性与其承载能力之间存在着什么样的相关关系。研究的困难首先在于混凝土结构在使用中容许开裂，从不开裂到开裂，从微小裂缝到开展较大的裂缝，结构的动力特性有较大变化，并且全桥各梁的开裂情况不一样。其次是在桥梁的使用中，随着时间的推移，结构的动力特征也会有所变化。此外，桥梁边界条件的变化（例如简支梁桥主梁支座变位受到某些约束）也会影响桥梁结构的动力特性，加之关于桥梁结构动态工作机理还未得到透彻提示，因而直接寻找桥梁结构动力特征与其承载能力的关系比较困难。

已进行的研究基本上是对一座桥梁（或试验梁）分别采用静载试验和动力标定试验，然后将试验结果进行对比分析研究，主要寻找桥梁的抗弯动刚度 B_d 与抗弯静刚度 B 之间的关系，借助于抗弯静刚度来得到对桥梁各主梁在使用阶段的承载力评定。

由于桥梁的抗弯动刚度 $B_d = E_d I$ 与其自振频率有关，对于钢筋混凝土简支梁桥，B_d 可表是为

$$B_d = 0.41 f_1^2 \bar{m} l^4 \tag{4-31}$$

对于桥梁跨上作用如图 3-4 的汽车荷载的简支梁桥，桥梁的整体抗弯静刚度为

$$B = \sum_{i=1}^{n} \sum_{j=1}^{m} \frac{p \eta l^2}{48 f_i} \left[Kj \alpha j (3 - 4 \alpha_j^2) \right] \tag{4-32}$$

式中：n——主梁数；

m——汽车轴数；

η_i——实测荷载横向分布系数；

f_i——试验静载作用下主梁跨中挠度；

l——计算跨径；

P、K_j、α_j——见图 4-2。

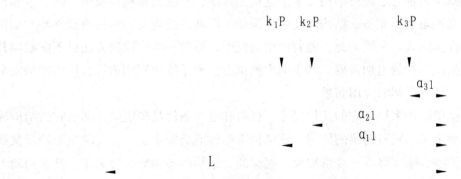

图 4-2　P、K_j、α_j 的意义

一阶自振频率 f_t 可以分别由动载试验和静载试验中获得，故可由式（4-31）和式（4-32）分别求得 B_d 和 B。

已有的试验研究表明：

（1）按照钢筋混凝土梁的受力阶段，即整体工作阶段、带裂缝工作阶段和破坏阶段，试验梁的固有频率随荷载阶段的递进而降低。在带裂缝工作阶段，梁的固有频率变化不大。

（2）在使用阶段（带裂缝工作阶段），梁的抗弯静度 B 与 B_d 之间关系用 B= βB_d 来表，其中 β 大约在 1.1 ~ 1.4 范围内。

（3）实际旧钢筋混凝土简支梁桥的静载试验与采用跑车的动载试验表明，行车荷载作用下各主梁静挠度分量与汽车静载作用时测量的静挠度值很接近；行车荷载作用下实测

载横向分布系数与汽车静载作用下实测荷载横向分布系数十分接近，相差在 10% 以内。

在此基础上，文献 [9] 提出了由车载试验检测旧钢筋混凝土简支梁桥使用承载力的方法如下。

1）由跑车试验测得各主梁在荷载作用下跨中的静挠度分量和动挠度分量

2）由于静挠度分量接近于静载时的静挠度，以静挠度分量挖计算得到静刚度 B，而动刚度 B_d 可由静动挠度分量按（4-31）计算得到，经统计处理分析得到静动刚度的关系 $B = \beta B_d$。

3）由挠度实测值计算车辆对桥梁的冲击系数 $(1 + \mu)$ 值及桥梁荷载横向分布系数 m_i。

4）按桥梁处于正常使用状态下，选取容许的挠度 $[f]$。

5）对各主梁的使用承载力进行评价。

文献 [10] 的思路与文献 [9] 有所不同，提出了一种动力分解法的概念，即通过动力分解，将单梁动刚度从整体结构中分解出来，再建立单梁动刚度与单梁静刚度的关系，以此进行整体结构的评估。基本思路如图 4-3 所示。

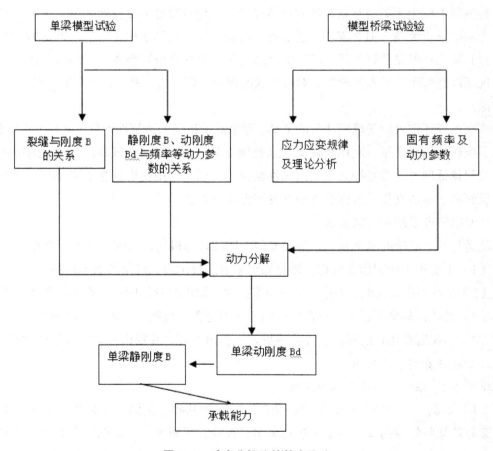

图 4-3　动力分解法的基本思路

用动力测定试验快速评定桥梁还处于研究阶段，国内的研究很热，但据实际应用还有很长的路要走。

第六节　公路桥梁的专家系统评定

桥梁的评定，涉及许多因素的复杂影响。在评定时，应兼顾各个方面，要做出任何一个决策，都必须对诸多相关因素综合考虑。故若要对桥梁进行定量的综合评价，则必须建立一个非常复杂的数学模型，而目前我们对于桥梁结构的养护知识还远不足以建立这样一个完善的模型。故以分析计算为主的评定方法目前只能做到对桥梁某些基本构件使用状况的定量分析，而且在分析中还引入了比较粗糙的修正系数。如今，对于桥梁的综合评价引入了一种新的方法——专家系统评定方法，该方法的出发点是专家对桥梁评估时的思路。

专家对于桥梁的评定，主要是依靠其经验（依据和思路）。当专家们对一座桥梁进行评估时，他们往往首先选择一些对整个桥梁结构有着关键影响的构件、节点进行检查与评估。如主梁是影响钢筋混凝土简支梁桥结构的主要构件之一，在具体评估主梁时，尽管可以量到钢筋混凝土主梁的某条裂缝的具体尺寸，但仍然很难由此找到这条裂缝尺寸与主梁安全之间的解析关系。但专家往往能够首先由裂缝尺寸及其他相关信息；借助丰富经验，可以得到裂缝状况是"好"或"坏"的概念。接着再综合桥梁整体结构形式、技术档案资料和现场调查所得各种实测数据，对桥梁状况得出"好"或"差"，"安全"或"不安全"等结论。

专家系统评定可归于模糊评价的范畴。专家对于桥梁的决策性评价，避开了定量分析，使用了模糊的语言变量，利用模糊概念来处理复杂问题（复杂性越高，有意义的精确化能力一般便越低即意味着系统具有的模糊性越强）。因而，用模糊概念辨别复杂事物本质，往往反而利于辨清真相，这种思路最终发展为评定方法。

1.专家咨询系统或专家系统

就是与专家经验的水平相当，解决专门问题的计算机软件系统。其主要特点如下。

（1）主要用于知识信息处理，依靠知识来表达技术而非简单的数学描述。

（2）通过知识的获取、表达、存储和编排建立知识库及相应管理系统以备随时调用。

（3）系统在环境模式下进行推理；而非在固定程序控制下单纯的执行指令。

（4）不仅解答用户的提问，而且对推理过程出解释，并提供答案的可信度估计。

2.专家系统的示意简图

见图4-4。系统主要由七部分组成。

（1）知识库是系统的核心部分，是解决问题的基础。其储藏了某些专家或专家集体在桥梁养护某些领域的宝贵知识（包括事实、经验、判断等）。知识库应由熟悉专家系统的人工智能工程师与桥梁养护领域资深专家合作建立。可通过"人工移植""专题面谈""口语记录分析"等方法获取知识，经整理后，输入知识库。

（2）推理机构是系统的重要部分，亦是解决问题的基础。其具有推理能力，能理解问题，并把知识和问题相互对应起来进行推理，最后解决问题。

（3）输入接口包括键盘、数字化仪等。

（4）输出接口包括显示器、打印机、绘图仪等。

（5）编辑程序：使用户对知识库中的事实与规则进行补充、修改或删除。

（6）黑板：用于记录推理过程的中间结果。

（7）解释程序：为用户查询系统的工作状态和推理过程提供各种查询命令。

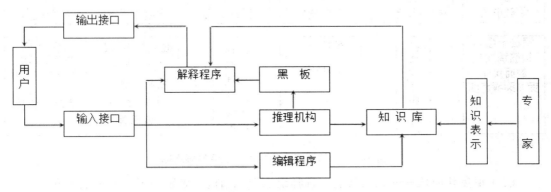

图4-4　专家系统结构简图

3.专家系统是基于计算机软件的知识工程系统　其设计、开发一般步骤如下。

（1）确定问题阶段——人工智能工程师与桥梁养护专家应明确待开发专家系统要解决的问题，并且制订出研究计划。这样可以大致估计出系统的框架规模，并且依此有针对性地确定研究方法、步骤及可能出现的问题。

（2）概念化阶段——桥梁养护专家向人工智能工程师阐明解决该问题所需要的关键概念和关系等，并将复杂问题分层、分单元概念化表述，得到一些因素关系图式及相应的非正式说明。例如在评价钢筋混凝土结构的可靠性时，可由桥梁养护专家利用层次分析法，将抽象化的、难以定量测量的钢筋混凝土构件的可靠性逐层分解为可以利用现代化的检测技术和手段进行现场检测的各种指标，建立钢筋混凝土构件可靠性评价层次图（图4-5），层次结构划分如下。

TO（总目标层）——以钢筋混凝土桥梁构件可靠性为评估总目标，提供决策性依据；

SO（子目标层）——对钢筋混凝土构件安全性、适用性和耐久性进行评估；

R（准则层）——对隶属于评估子目标的影响指标的分类；

I（指标层）——子目标中便于直接检测、量化和定性描述的评估指标。

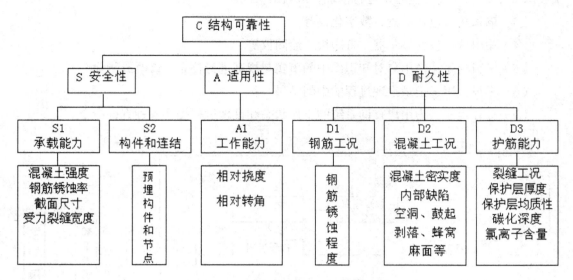

图 4-5　钢筋混凝土构件可靠性评价层次图

（3）形象化阶段——人工智能工程师组织知识结构，确定知识表示和推理方法。

（4）实现阶段——人工智能工程师先把形象化的知识编写成程序形式的知识库，然后设计推理机制和人机对话系统（即编写一个原型专家系统）

（5）测试阶段——人工智能工程师和桥梁养护专家一起评价原型专家系统的性能并进行修改以满足用专家水平解决问题的要求。一般通过许多由桥梁养护专家选择的例子来测试，力图暴露专家系统的弱点和错误，最后制成实用的专家系统。

注：实际运作中，以上步骤是灵活的，交叉的、反复的，有反馈的闭环过程。

第五章 城市桥梁的检测与评估

第一节 城市桥梁养护规范

城市桥梁的养护应包括城市桥梁及其附属设施的检测评估、养护工程及建立档案资料。

1. 分类养护 城市桥梁应根据类别、等级和技术级别进行养护。

2. 根据城市桥梁在道路系统中的地位，城市桥梁养护类别宜分为以下五类

（1） Ⅰ类养护的城市桥梁——特大桥梁及特殊结构的桥梁。

（2） Ⅱ类养护的城市桥梁——城市快速路网上的桥梁。

（3） Ⅲ类养护的城市桥梁——城市主干路上的桥梁。

（4） Ⅳ类养护的城市桥梁——城市次干路上的桥梁。

（5） Ⅴ类养护的城市桥梁——城市支路和街坊路上的桥梁。

3. 根据各类桥梁在城市中的重要性划分等级 本着"保证重点，养好一般"的原则，城市桥梁养护等级宜分为Ⅰ等、Ⅱ等、Ⅲ等 养护等级及养护、巡检要求应符合下列规定。

（1） Ⅰ等养护的城市桥梁应为Ⅰ～Ⅲ类养护的城市桥梁及Ⅳ、Ⅴ类养护的城市桥梁中得集会中心、繁华地区、重要生产科研区及游览地区附近的桥梁。应重点养护，巡检周期不应超过1d。

（2） Ⅱ等养护的城市桥梁应为Ⅳ、Ⅴ类养护的城市桥梁中区域集会点、商业区及旅游路线或市区之间的联络线、主要地区或重点企业所在地附近的桥梁，应有计划地进行养护，巡检周期不宜超过3d。

（3） Ⅲ等养护的城市桥梁应为Ⅴ类养护的城市桥梁及居民区、工业区的主要道路上的桥梁划分等级 可一般养护，巡检周期可在7d之间。

4. 根据城市桥梁技术状况、完好程度，对不同养护类别，其完好状态等级划分及养护要求应符合下列规定。

（1） Ⅰ类养护的城市桥梁完好状态宜分为两个等级：合格级——桥梁结构完好或结构构件由损伤，但不影响桥梁安全。应进行保养、小修。不合格级——桥梁结构构件损伤，影响结构安全。应立即修复。

（2） Ⅱ～Ⅴ类城市桥梁完好状态宜分为五个等级：A级——完好状态，BCI达到

90～100，应进行日常保养。B级——良好状态，BCI达到80～89，应进行日常保养和小修。C级——合格状态，BCI达到66-79，应进行专项检测后保养、小修。D级——不合格状态，BCI达到50-65，应检测后进行中修或大修工程。E级——危险状态，BCI小于50，应检测评估后进行大修、加固或改扩建工程。

5. 城市桥梁的养护工程宜分为保养、小修；中修工程、大修工程、加固、改扩建工程

（1）保养、小修——对管辖范围内的城市桥梁进行日常围护和小修作业。

（2）中修工程——对城市桥梁的一般性损坏进行修理，恢复城市桥梁原有的技术水平和标准的工程。

（3）大修工程——对城市桥梁的较大的损坏进行综合治理，全面恢复到原有技术水平和标准的工程及对桥梁结构维修改造的工程。

（4）加固、改扩建工程——对城市桥梁因不适应现有的交通量、载重量增长的需要及桥梁结构严重损坏，需恢复和提高技术等级标准，显著提高其运行能力的工程。

6. 城市桥梁养护部门应建立养护档案，并应符合下列规定

（1）城市桥梁养护档案应以一座桥梁为单位建档。

（2）养护档案应包括下列内容：桥梁主要技术资料，施工竣工资料、养护技术文件、巡检、检测、测试资料、桥梁自振频率、桥上架设管线等技术文件及相关资料。

（3）养护档案管理工作宜逐步实行电子化、数据化、利用多媒体技术，有条件的城市可建立信息管理系统、数据库。

7. 城市桥梁

应安全、完好、整洁；夜间照明应符合有关标准的要求；各种指示标志应齐全、清晰。人行天桥、立交、高架路、隧道、通航河道上的桥梁必须设桥下限高的交通标志；立交、跨河桥应设限载牌。

8. 隧道

隧道的防水、排水、通风、照明、防火和防汛等设施，必须齐全有效。

9. Ⅰ类养护的城市桥梁

必须设专人负责日常巡检，每季定期检测有条件的城市可采用自动化监测系统设点测控，应随时掌握桥梁技术状况和中长期发展趋势。

10. 城市桥梁转世、灯光装饰和绿化

应同一安排、整体规划，不得影响检修保养和影响桥梁耐久性；不得危及桥梁、车辆、行人的安全。

11. 在城市桥梁上增加静荷载

如构筑物、风雨篷、广告牌、管线等，必须满足桥梁安全技术要求。

12. 列入文物保护范围的城市桥梁的养护

除应执行本规范外，还应符合文物部门的有关技术规定。

第二节　城市桥梁的检测评估

一、一般要求

1. 对使用中的城市桥梁必须按照规定进行检测评估　即使掌握桥梁的基本状况，并采取相应的养护措施。

2. 城市桥梁的检测评估工作应包括下列内容

（1）记录桥梁当前状况。

（2）了解车辆和交通量的改变给设施运行带来影响。

（3）跟踪结构与材料的使用性能变化。

（4）对桥梁状态评估提供相关信息。

（5）给养护、设计与建设等部门提供反馈信息。

3. 城市桥梁的技术状况　应根据结果按本规范划分完好状态等级。

4. 在城市桥梁技术状况检测评估时　桥梁因主要构件损坏，影响桥梁结构安全时，Ⅰ类养护的城市桥梁应判定为不合格级，应立即安排修复；Ⅱ~Ⅴ类养护的城市桥梁应判定为 D 级，并对桥梁进行结构检测或特殊检测。

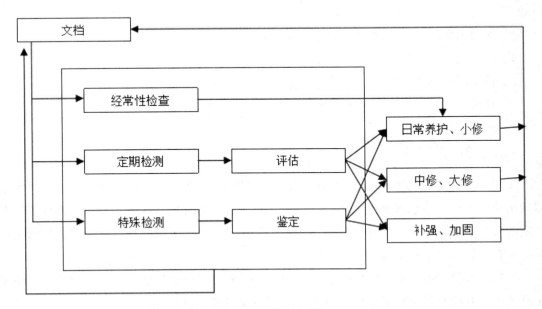

图 5-1　养护流程图

5. 城市桥梁的检测评估应根据其内容、周期、评估要求划分　分为经常性检查、定期检测、特殊检测。

6. 城市桥梁的检测、评估与养护　宜按图 5-1 所示流承进行。

二、经常性检查

（1）经常性检查应对结构变异、桥及桥区施工作业情况的检查和桥面系、限载标志、交通标志及其他附属设施等状况进行日常巡检。

（2）经常性检查应由经过拍巡的专职桥梁管理人员或有一定经验的工程技术人员负责。

（3）经常性检查宜以目测为主，并应按附录 A 现场填写《城市桥梁日常巡检日报表》，灯具所检查城市桥梁的缺损类型、维修工程量，提出相应的养护措施。

（4）经常性检查应按桥梁的类别、级别、技术等级分别制定巡检周期。对重要桥梁，或遇恶劣天气、汛期、雨季、冰冻等特修工程量，提出相应的养护措施

（5）经常性检查记录应定期整理归档，并提出评价意见。巡检过程中发现设施明显损坏，影响车辆和行人安全，应及时采取相应维护措施，并应立即向主管部门报告。

（6）经常性检查应包括下列内容。

1）桥面系及附属结构物的外观情况：①平整性、裂缝、局部坑槽、拥包、车辙、桥头跳车；②桥面泄水孔的堵塞、缺损；③人行道铺装、栏杆扶手、端柱等部位的污秽、破损、缺失、露筋、锈蚀等；④墩台、锥坡、翼墙的局部开裂、破损、塌陷等。

2）上下部结构异常变化、缺陷、变形、沉降、位移，伸缩装置的阻塞、破损、联结松动等情况。

3）城市道路管理条例中规定的各类违章现象。

4）检查在桥区内的施工作业情况。

5）桥梁限载标注及交通标志设施等各类标志完好情况。

6）其他较明显的损坏及不正常现象。

三、定期检测

（1）定期检测分为常规定期检测和结构定期检测。常规定期检测应每年一次，可根据城市桥梁实际运行状况和结构类型、周边环境等适当增加检测次数。结构定期检测应在规定的时间间隔进行，Ⅰ类养护的城市桥梁宜为 1 ~ 2 年，关键部位可设仪器监控测试；Ⅱ ~ Ⅴ类养护的城市桥梁间隔宜为 6 ~ 10 年。

（2）常规定期检测应由专职桥梁养护工程技术人员或实践经验丰富的桥梁工程技术人员负责，并应对每座桥梁制定相应的定期检测计划和实施方案。

（3）常规定期检测宜为目测为主，并应配备如照相机、裂缝观测仪、探查工具及现场的辅助器材与设备等必要的量测仪器。

（4）常规定期检测应包括下列内容。

1）对照城市桥梁资料卡（附录 B）和设备量年报表（附录 C）现场校核城市桥梁的基本数据。

2）实地判断损坏原因，估计维修范围和方案。

3）对难以判断其损坏程度和原因的构件，提出作特殊检测的建议。

4）对损坏严重、危及安全的城市桥梁，提出限载以至暂时限制交通的建议。

5）根据城市桥梁技术状况，确定下次检测的时间。

（5）常规定期检测应包括下列范围。

1）桥面系：桥面铺装、桥头搭板、伸缩装置、排水系统、人行道、护栏等。

2）上部结构：主梁、主桁梁、主拱圈、横梁、横向联系、主节点、挂梁、联结件等。

3）下部结构：支座、盖梁、墩身、台帽、台身、翼墙、锥坡及河床冲刷情况。

（6）常规定期检测的情况记录、评分及对养护维修管理措施的建议，均应及时整理、归档；已建立信息系统的，应及时纳入城市桥梁管理系统数据库。

（7）根据常规定期检测的结果，可进行桥梁状况的评估。Ⅰ类养护的城市桥梁应按影响安全状况进行评估；Ⅱ～Ⅴ类养护的城市桥梁应按附录 D 对桥面系、上部结构、下部结构评分扣分表进行评估，并应符合本规范第 2.5 节的有关规定。

（8）应根据常规定期检测结构对城市桥梁进行技术状况评估分级。

（9）结构定期检测应由相应资质的专业单位承担，并应由具有城市桥梁养护、管理、设计、施工经验的人员参加。检测负责人应具有 5 年以上城市桥梁专业工作经验。

（10）Ⅰ类养护的城市桥梁，结构定期检测应根据桥梁检测技术方案和细节分组，并加以标识，确定相应的检测频率；Ⅱ～Ⅴ类养护的城市桥梁结构定期检测包括桥梁结构中所有构件。

（11）结构定期检测应根据桥龄、交通量、车辆载重、桥梁使用历史、已有技术评定、自然环境以及桥梁临时封闭的社会影响制定详细计划，计划应包括采用的测试技术与组织方案并提交主管部门批准。

（12）结构定期检测应包括下列内容。

1）查阅历次检测报告和常规定期检测中提出的建议。

2）根据常规定期检测中桥梁状况评定结果，进行结构构件的检测。

3）通过材料取样试验确认材料特性、退化的程度和退化的性质。

4）分析确定退化的原因，以及对结构性能和耐久性的影响。

5）对可能影响结构正常工作的构件，评价其在下一次检查之前的退化情况。

6）检测桥梁的淤积、冲刷等现象，水位记录。

7）必要时进行荷载试验和分析评估，城市桥梁的荷载试验评估应按有关标准进行。

8）通过综合检测评定，确定具有潜在退化可能的桥梁构件，提出相应的养护措施。

（13）需监控测试的城市桥梁可按本规范附录 E 进行监控测试。

（14）结构定期检测应有现场记录，应按备规范附录 F 填写状态评定表、结构缺陷记录表、特殊构件信息表和照片记录表，并应符合下列规定。

1）结构状态评定应符合常规定期检测中的评分标准，Ⅰ类养护的城市桥梁结构状态评估应按附表F表中得缺陷进行；Ⅱ～Ⅴ类养护的城市桥梁，将附录F表中的全，按附录D的扣分值表进行评估，并应符合本规范第2.5节的有关规定。同时填写下列相关内容：①列出所有桥梁构件的侵蚀情况。②构件的实测缺陷类型和程度。

2）对Ⅰ类养护的城市桥梁评为不合格级的，火腿化速度过快的构件，Ⅱ～Ⅴ类养护的城市桥梁结构状况评定D级、E级的，应在结构缺陷记录中记录下列相关内容：①构件编号；②构建描述；③构件在结构中的位置；④缺陷描述；包括缺陷位置、程度、产生的原因和可能的退化、照片编号、所有材料试验的细节和材料在结构中的部位。

3）特殊构件信息表应记录状态评定表和结构缺陷记录表中没有涵盖的信息，包括下列内容：①没有在评分标准中定义的构件；②无法检测的构件，并说明不能检测的原因；③河道的淤积、冲刷、水位记录；④记录材料测试和取样的位置并编号，以便试验结果的交叉参考。

4）照片记录表中的照片应针对构件缺陷拍摄，并按顺序编号。

（15）检察人员应根据桥梁养护维修的有关规定，对Ⅰ类养护的城市桥梁因结构损坏被评定为不合格，应立即限制交通，组织修复。对Ⅱ～Ⅴ类养护的城市桥梁评估为D级桥梁，应提出处理措施，需紧急抢修的桥梁应提出时间要求。对E类桥梁应立即限制交通，等待处理。

（16）所有现场记录资料以及结构定期检测报告应以电子文档和书面形式在现场调查完后15个工作日内提供给管理部门。结构定期检测报告应包括下列内容。

1）城市桥梁进行结构定期检测的原因。

2）结构定期检测的方法和评价结论。

3）结构使用限制，其中包括荷载、速度、机动车通行或车道数限制。

4）养护维修加固措施。

5）进一步检测、试验、结构分析评估及建议。

四、城市桥梁的特殊检测

（1）特殊检测应由相应资质的专业单位承担，主要检测人员应具有5年以上城市桥梁专业工程师资格。

（2）特殊检测应有专业人员采用专门技术手段，并辅以现场和实验室测试等特殊手段进行详细检测和综合分析，检测结构应提交书面报告。

（3）城市桥梁在下列情况下应进行特殊检测。

1）城市桥梁遭受洪水冲刷、流水、漂流物、船舶或车辆撞击、滑坡、地震、风灾、化学剂腐蚀、车辆荷载超过桥梁限载得车辆通过等特殊灾害造成结构损伤。

2）城市桥梁常规定期检测中难以判明是否安全的桥梁。

3）为提高或达到设计承载等级而需要进行修复加固、改建、扩建的城市桥梁。

4）超过设计年限，需延长适用的城市桥梁。

5）常规定期检测中桥梁技术状况Ⅰ类养护的城市桥梁被评定为不合格级的桥梁，Ⅱ～Ⅴ类养护的城市桥梁被评定为D级或E级的桥梁。

6）常规定期检测发现加速退化的桥梁构件需要补充检测的城市桥梁。

（4）实施特殊检测前，检测单位应搜集下列资料。

1）竣工资料。

2）识别和鉴定桥梁结构的主要材料以及它们的强度。

3）特殊检测的原因，影响桥梁承载能力的因素。

4）历次桥梁定期检测和特殊检测报告。

5）历次维修资料。

6）交通量统计资料。

（5）城市桥梁特殊检测应包括下列内容。

1）结构材料缺损状况诊断。

2）结构整体性能、功能状况评估。

（6）结构缺损材料状况的诊断，应根据材料缺损的类型、位置和检测的要求，选择表面测量、无损检测技术和局部取试样等方法。试样宜在有代表性构件的次要部位获取。检测与评估应依照相应的试验标准进行。

（7）结构整体性能、功能状况评估应根据诊断的构件材料质量及其在结构中的实际功能，用计算分析评估结构承载能力。当计算分析评估不满足或难以确定时，用静力荷载方法鉴定结构承载能力，用动力荷载方法测定结构力学性能参数和震动参数。结构计算、荷载试验和评估应符合国家现行有关标准的规定

（8）特殊检测报告应包括下列主要内容。

1）概述、桥梁基本情况、检测组织、时间背景和工作过程。

2）描述目前桥梁技术状况、试验与检测项目及方法、检测数据与分析结构、桥梁技术状况评估。

3）阐述检测部位的损坏原因及程度，评定桥梁继续使用的安全性。

4）提出结构及局部构件的维修、加固或改造的建议方案，提出维护管理措施。

（9）对特殊检测结果不满足要求的城市桥梁，在维修加固之前，应采取限载、限速或封闭交通措施，并应继续监测结构变化。

五、城市桥梁技术状况评估方法

（1）Ⅱ～Ⅴ类养护的城市桥梁技术状况的评估包括：桥面系、上部结构、下部结构

和全桥评估。应采用先分部分再综合的方法评估。

（2）Ⅱ～Ⅴ类养护的城市桥梁的完好程度，应以桥梁状况指数 BCI 确定桥梁技术状况的评估指标，并应符合下列规定。

1）按分层加权法根据定期检查的桥梁技术状况记录，对桥面系、上部结构和下部结构分别进行评估，再综合得出整个桥梁技术状况的评估。

2）桥面系的技术状况采用桥面系状况指数 BCIm 表示，根据桥面铺装、伸缩专职、排水系统、人行道、栏杆及桥头平顺等要素的损坏扣除分值，按下式计算 BCIm 值。

$$BCI\_m = sum\_(i=1)^6 (100 - MDP\_i) \cdot w\_i$$

$$MDP\_i = sum\_j DP\_(ij) \cdot w\_(ij) \tag{5-1}$$

式中：i——桥面系的评估要素，即 i 表示桥面铺装、桥头平顺、伸缩装置、排水系统、人行横道和栏杆；

DP_(ij)——桥面系第 i 类要素中第 j 项损坏的扣分值，见附录 D；

W_(ij)——桥面系第 i 类要素中第 j 项损坏的权重，由式 $w = 1\mu^3 - 5.5\mu^2 + 3.5\mu$ 计算而得。其中 μ 根据第 j 项损坏的扣分 DPij 占桥面系第 i 类要素中所有损坏扣分值的比例（$\mu\_(ij) = (DP\_(ij)) / (sum\_j DP\_(ij))$）计算而得；

MDP_i——桥面系第 i 要素中损坏的总扣分值；

W_i——第 i 项要素的权数，见表 5-1；

表 5-1 桥面系各要素权重值

评估要素	权重	评估要素	权重
桥面铺装	0.3	排水系统	0.1
桥头平顺	0.15	人行道	0.1
伸缩装置	0.25	护栏	0.1

3）桥梁上部结构的技术状况采用上部结构状况指数 BCIs 表示；BCIs 可根据桥梁各跨得技术状况指数 BCIk 按下式计算而得：

$$BCI\_s = 1/m sum\_(k=1)^m BCI\_k$$

$$BCI\_k = sum\_(l=1)^(n\_s) (100 - SDP\_(kl)) \cdot w\_(kl)$$

$$SDP\_(kl) = sum\_x DP\_(klx) \cdot w\_(klx) \tag{5-2}$$

式中：x——表示桥梁第 k 跨上部结构中构件 1 的损坏类型；

DP_(klx)——表示桥梁第 k 跨上部结构中构件1的损坏类型 x 时的扣分值，见附录 D-1；

W_(klx)——表示桥梁第 k 跨上部结构中构件1的损坏类型 x 时的权重，由式 $w = 1\mu^3 - 5.5\mu^2 + 3.5\mu$ 计算而得，μ 根据第 x 项损坏的扣分 DPklx 占构件1所有损坏扣分值的比例（$\mu = (DP\_(klx)) / (sum\_x DP\_(klx))$）计算而得；

SDP_(kl)——构件1的综合扣分值；

W_(kl)——构件1的权重，见表 2.5.2-2；

n_s——第 k 跨上部结构的桥梁构件数；

BCI_k——第 k 跨上部结构技术状况指数；

m——桥梁跨数；

BCI_s——桥梁的上部结构技术状况指数。

表 5-2　桥梁上部结构各构件的权重

	构件类型	权重		构件类型	权重
梁桥	主梁	0.6	桁架桥	桁片	0.5
	横向联系	0.4		主节点	0.1
悬臂＋挂梁	悬臂梁	0.6		纵梁	0.2
				横梁	0.1
	挂梁	0.2		联结件	0.1
			拱桥	主拱圈（桁）	0.7
	挂梁支座	0.1		横向联系	0.3
			刚构桥	主梁	0.8
	防落梁装置	0.1		横向联结	0.2

4）桥梁下部结构技术状况的评估应逐墩（台）进行，然后再计算整个桥梁下部结构的状况指数 BCL_x，应按下式计算：

$BCl\_x = 1/(m+1) \ sum\_(\lambda=0)^m BCI\lambda$

$BCl\_\lambda = sum\_(l=1)^{(n\_\lambda)}(100-IDP\_(\lambda 1)) * \omega\_(\lambda 1)$

$IDP\_(\lambda 1) = sum\_y DP\_(\lambda ly) * \omega\_(\lambda ly)$ 　　　　　　　（5-3）

式中：y——表示桥梁第 λ 墩（台）中构件 1 的损坏类型；

$DP\_(\lambda ly)$——表示桥梁第 λ 墩（台）中构件 1 的损坏类型 y 时的扣分值，见附录 E；

$\omega\_(\lambda ly)$——表示桥梁第 λ 墩（台）中构件 1 的损坏类型 y 时的权重，由式 $\omega = 1\mu^3 - 5.5\mu^2 + 3.5\mu$ 计算而得，μ 根据第 y 项损坏的扣分 $DP\_(\lambda 1)$ 占构件 1 所有损坏扣分值的比例（$\mu = (DP\_(\lambda ly))/(sum\_y DP\_(\lambda ly))$）计算而得；

$IDP\_(\lambda 1)$——构件 1 的综合扣分值；

$\omega\_(\lambda 1)$——构件 1 的权重，见表 2.5.2-3；

n_λ——第 λ 墩（台）的构件数；

BCI_λ——第 λ 墩（台）的技术状况指数；

BCI_x——桥梁的下部结构技术状况指数。

表 5-3　桥梁下部结构各构件的权重

	构件类型	权重		构件类型	权重
桥墩	盖梁	0.1	桥台	台帽	0.1
	墩身	0.3		台身	0.3
	基础	0.3		基础	0.3
	冲刷	0.2		耳墙（翼墙）	0.1
	支座	0.1		锥坡	0.1
				支座	0.1

5）整个桥梁的技术状况指数 BCI 根据桥面系、上部结构和下部结构的技术状况指数，由下式计算：

$$BCI=BCI\_m*\omega\_m+BCI\_s*\omega\_s+BCI\_x*\omega\_x \tag{5-4}$$

式中 ω_m、ω_s、ω_x——桥面系、上部结构和下部结构的权重，如表 5-4 所示。

表 5-4　桥梁结构组成部分的权重

桥梁部位	权重
桥面系	0.15
上部结构	0.40
下部结构	0.45

6）桥梁上部结构、下部结构、桥面系以及整座桥梁结构的完好状况可按表 2.5.2-5 所示的标准评估。

表 5-5　桥梁完好状态评估标准

BCI*	BCI*≥90	90>BCI* ≧ 80	80>BCI* ≧ 66	66>BCI* ≧ 50	BCI*<50
评估等级	A	B	C	D	E

注：BCI* 表示 BCI、BCIm、BCIB 或 BCIX。BCI 的计算可应用 BCI 软件进行计算。

（3）各种类型桥梁有下列情况之一时，即可直接评定为不合格级桥和 D 级桥。

1）Ⅲ、Ⅳ类环境下的预应力梁产生受力裂缝且宽度超过本规范表 5-2 限值。

2）拱桥的拱脚处生产水平位移或无铰拱拱脚产生较大的转动。

3）钢结构节点板及连接铆钉、螺栓损坏在 20% 以上、钢箱梁开焊、钢结构主要构件有严重扭曲、变形、开焊，锈蚀削弱截面积 10% 以上。

4）墩、台、桩基出现结构性断裂缝，裂缝有开合。

5）现象，倾斜、位移、沉降变形危及桥梁安全时。

6）关键部位混凝土出现压碎或压杆失稳、变形现象。

7）结构永久变形大于设计规范值。

8）结构刚度达不到设计标准要求。

9）支座错位、变形、破损严重，已失去正常支承功能。

10）基底冲刷面达 20% 以上。

11）承载能力下降达 25% 以上（需通过桥梁验算检测得到）。

12）人行道栏杆 20% 以上残缺。

13）上部结构有落梁和脱空趋势或梁、板断裂。

14）特大桥、特殊结构桥除上述情况外，钢—混凝土组合梁、桥面板发生纵向开裂、支座和梁端区域发生滑移或开裂；斜拉桥拉索、锚具损伤；吊桥钢索、锚具损伤；吊杆拱桥钢丝、吊杜和锚具损伤。

15）其他各种对桥梁结构安全有较大影响的部件损坏。

第三节　上部结构养护

一、桥梁系

1. 桥面的养护除应符合道路养护的有关标准规定外，还应符合下列规定

（1）不得随意增加荷载。老化的沥青混凝土桥面，应进行铣刨更新处理，严禁随意加铺沥青混凝土结构进行补强。严禁用沥青混凝土覆盖伸缩装置。

（2）桥面更新后的横坡和纵坡，应满足排水要求。

架设在桥上的管线安全保护设施应完整、有效；线杆应安全、牢固；井盖应完好。

（3）桥面上人行道铺装、盲道和缘石应完好、平整。当有缺损时，应及时维修或更换。

2. 水泥混凝土桥面的病割处理和防护应符合下列规定

（1）铺装层较严重的大面积表皮脱落、麻面，可铣刨后做混凝土面层。在桥梁承载能力允许的条件下，也可加铺沥青混凝土结构，但伸缩装置必须重新进行处理。轻微的局部表皮脱落、麻面和裂缝，可不做处理。

（2）对大于 3mm 的桥面裂缝，应检查其发生原因。在确定无结构破坏和延续发展的条件下，可进行灌缝处理。

（3）铺装层的局部损坏，I 类养护的城市桥梁桥面松散、坑洞面积不应大于 0.1m2，深度不应大于 20mm；II、III 类养护的桥梁不应大于 0.2m2，深度不应大于 20mm；IV 类养护的城市桥梁不应大于 0.3m2，深度不应大于 30mm；V 类养护的城市桥梁不应大于 0.4m2，深度不应大于 30mm。当铺装层的损坏超过上述规定时，应进行补修。

3. 水泥混凝土桥面的修补应符合下列规定

（1）应确定修补范围，画线并切割成顺桥方向的矩形，不得扰动完好部分。切割深度应小于混凝土铺装厚度，但应满足桥面维修最小厚度，不得损坏防水层。

（2）损坏的防水层，应按本规范第 5.1.5 条的要求进行修补。

（3）新旧混凝土结合良好。

（4）桥面维修可采用半幅作业、半幅通行的方法进行施工。

4. 沥青混凝土桥面的养护、病害处理和修补应符合下列规定

（1）沥青混凝土桥面的养护、病害处理和修补应按国家现行标准《城市道路养护技术规范》CJJ36 要求进行。

（2）桥面结构长期含水浸泡造成的脱落、拥包，应采取有效的排水措施，修补面晾干后，再进行面层修补。

5. 桥面卷材防水层的修补应符合下列规定

（1）损坏的防水层，应及时进行修补。防水层维修应按施工要求进行。

（2）修补后的防水层，其防水性能、整体强度、与下层粘接强度和耐久性等指标，应满足原设计要求。

6. 防水混凝土结构层的维修应符合下列规定

（1）当防水混凝土表皮脱落或粉化轻微而整体强度未受影响，且防水混凝土层与下层连接牢固时，应彻底清除脱落表皮和粉化物。

（2）当防水混凝土受到侵蚀，表皮严重粉化且强度降低或防水混凝土层与下层已脱离连接时，应完全清除该层结构重新进行浇筑。

（3）清理表皮脱落层后时，应清理至具有强度的表面完全露出。

（4）清除损坏的结构层时，应切割出清理边界，然后再进行清除作业。清除应彻底，不得留隐患。应避免扰动其他完好部分。

（5）钢筋网结构的防水混凝土层清除作业时，应确保原钢筋结构的完整。

（6）在浇筑新混凝土前，作业面（包括边缘）应清洁、粗糙。

（7）选用的防水混凝土坑渗等级应高于 P6，且不得低于原设计指标要求。在使用除雪剂的北方地区和酸雨多发地区，防水混凝土的耐腐蚀系数不应小于 0.8。严禁使用普通配比混凝土替代防水混凝土。

7. 栏杆维修应符合下列规定

（1）当金属或非金属防护栏杆褪色严重或有表皮脱落现象时，应清除并维修。

（2）涂料性能应符合原设计的要求，表面涂层的均匀、不漏刷、不流淌。

（3）弯道部分、分流和合流口处的栏杆，宜刷涂一段警示图案，以辅助交通指示标志。

（4）当栏杆被撞有严重变形、断裂和残损现象时，应及时按原结构造进行恢复，并应安装整齐、牢固。

（5）伸缩装置处的栏杆或护栏维修后满足桥梁随温度变化的位移，不得将套筒焊列。

（6）采用的临时的防护措施应牢固、醒目，使用时间不得超过两周。

二、伸缩装置

1. 伸缩装置的一般养护应符合下列规定

（1）伸缩装置应平整、直顺、伸缩自如，处于良好的工作状态。有堵塞时应及时清除，出现渗漏、变形、开裂、行车有异常响声、跳车时应及时维修。保养周期每年应 2 次。

（2）橡胶板式伸缩装置的固定螺栓应每季度保养一次，松动应及时拧紧；橡胶板丢失应及时补上，弹簧（止退）垫不得省略，严重破损的橡胶板，应及时按同型号进行更换。

（3）异型钢类伸缩装置的密封橡胶带（止水带），损坏后应及时更换。密封橡胶带的选择，应满足原设计的规格和性能要求。

（4）钢板伸缩装置的钢板开焊、翘曲和脱落时，应及时发现并及时补焊。

（5）弹塑体伸缩装置出现脱落、翘起时，应及时清除，并应重新浇筑弹塑体混合料。当槽口沥青混凝土塌陷、严重啃边或附近沥青混凝土平整度超过本规范 5.2.6 条规定时，应清除原弹塑体混合料和周围沥青混凝土，重新摊铺、碾压、并应按新建工艺要求重新安装弹塑体伸缩装置。

2. 伸缩装置出现损坏而无法修复时，宜选用原型号伸缩装置产品进行整体更换。选用其他类型（型号）伸缩装置产品时，应符合下列规定

（1）新型伸缩装置的伸缩量和承载能力应满足原设计要求，并应满足防水要求。伸缩装置的安装高度应小于桥面板至桥面层表面间的高度差。

（2）当无伸缩装置设计资料时，应对伸缩量值进行重新计算。计算方法应符合本规范附录 C 的有关规定。

3. 伸缩装置的更换施工应符合下列规定

（1）伸缩装置的安装宽度，应根据施工时的气温计算确定；计算方法应符合本规范附录 G 的有关规定。安装放线时间，应选择在一天中温差变化最小的时间段内。

（2）应满足新伸缩装置的安装技术要求。在安装连接点处，桥面板（梁）的锚固预埋件有缺损时，应打孔补植连接锚筋。

（3）伸缩装置在安装焊接时，连接筋与锚盘的搭接长度应符合焊接要求，严禁点焊连接。

（4）安装伸缩装置所使用的水泥混凝土保护带，其设计强度应符合设计要求，但不得小于 C40，且应具有早强性能；保护带宜采用钢纤维混凝土。

（5）应保证伸缩装置中间和梁头与桥台（梁端头）之间充分隔离、封闭，宜采用硬塑料泡沫板进行充填；伸缩装置的型钢下部和后部，应保证混凝土完全充满。

（6）混凝土达到设计强度，且伸缩装置全部安装完好后，方可恢复交通。

4. 板式橡胶伸缩装置的更换时间　宜选择在春秋两季进行。

5. 伸缩装置保护带应完好　不得有开裂、松散，坑洞的面积不得大于 0.1m2，深度不

得大于20mm。已松散和有坑洞的保护带，应及时修复。

6. 保护带与桥面的接缝高差　对Ⅱ类养护的城市桥梁不应大于2mm，Ⅰ、Ⅲ类养护的城市桥梁不应大于3mm，Ⅳ类养护的城市桥梁不应大于5mm，Ⅴ类养护的城市桥梁不应大于10mm。

7. 在每年气温最高最低时，应及时测量伸缩装置的间隙　且不得小于设计最小间距和大于设计最大间距。

8. 观测　每季度宜对伸缩装置的水平错位、竖向升降进行观测。

9. 固定不同结构上的伸缩装置相对高差　对Ⅱ类养护的城市桥梁不应大于3mm，Ⅰ、Ⅲ类养护的城市桥梁不应大于4mm，Ⅳ类养护的城市桥梁不应大于6mm，Ⅴ类养护的城市桥梁不应大于10mm。

三、桥梁支座

1. 桥梁支座应定期检查和保养，并应符合下列规定

（1）支座各部分应保持完整、清洁、有效，应每年检查保养一次，冬季应及时清除积雪和冰块，梁跨活动应自由。

（2）滚动支座滚动面上每年应涂一层润滑油。在涂油之前，应先清洁滚动面。

（3）支座各部分除钢辊和滚动面外，其余金属部分应定期保养，不得锈蚀。

（4）固定支座每两年应检查锚栓牢固程度，支承垫板应平整紧密，及时拧紧接合螺栓。

（5）板式橡胶支座恒载产生的剪切位移应在设计范围内；支座不得产生超过设计要求的压缩变形；支座橡胶保护层不应开裂、变硬、老化，支座各层加劲钢板之间的橡胶外乃应均匀和正常；支承垫石顶面不应开裂、积水；进行清洁和修补工作时，应防止橡胶支座与油脂接触。

（6）滚动盆式橡胶支座，固定螺栓不得有剪断损坏，应及时拧紧松动的螺母。

2. 支座的缺陷故障，应及时维修或更换，并应符合下列规定

（1）滚动面不平整，轴承有裂纹、切口或个别辊轴大小不合适，应更换。板式橡胶支座损坏、失效应即时更换。

（2）梁支点承压不均匀，应进行调整。

（3）支座座板翘曲、断裂，应予更换和补充，焊缝开裂应予维修。

（4）对需抬高的支座，可根据抬高量的大小选用下列几种方法：①抬离量在50mm以内可垫入钢板；抬高量在50～300mm的垫入铸钢板；②就地灌注高强钢筋混凝土垫块，厚度不应小于200mm。

（5）滑移的支座应及时恢复原位；脱空支座应及时维修。

3. 辊轴支座的实际纵向位移应与计算的正常位移相符　当纵向位移大于容许偏差或有横向位移时，应加以修正。当辊轴出现不允许的爬动、歪斜或摇轴倾斜时，应校正支座的

位置。

4.小跨径（板）桥油毡支座的油毡垫层　损坏、掉落、老化，应予更换。

5.弧形钢板支座和摆柱式支座中的钢板　不得生锈，钢筋混凝土摆柱不得脱皮露筋，固定锚销不得切断，滑动钢板不得位移，摆柱不得倾斜。对损伤和超过允许位移的支座钢板，应及时修理更换。

6.球形支座　应每年清除尘土、更换润滑油一次。支座地脚螺母不得剪断，橡胶密封圈不得龟裂、老化。支座相对位移应均匀。并记录位移量。支座高度变化不应超过3mm；应每两年对支座钢件（除不锈钢滑动面外）进行油漆防锈处理。

四、钢筋混凝土及预应力

（1）钢筋混凝土及预应力混凝土桥梁应每年进行一次结构裂缝和表面温度裂缝的观察；结构裂缝应重点检查受拉、受剪区域，表面温度裂缝应重点检查构件的较大面。

（2）钢筋混凝土及预应力混凝土桥梁裂缝应根据裂缝类型和构件抗裂等级分别采用不同的方法处理，恒载裂缝最大限值应符合表5-6的规定，并应符合下列规定。

表5-6　恒载裂缝最大限值

结构类别	裂缝部位			允许最大裂缝宽度（mm）
钢筋混凝土构件精轧螺纹钢筋的预应力混凝土构件	A类（一般环境）			0.20
	B类（严寒、海滨环境）			0.20
	C类（海水环境）			0.15
	D类（侵蚀环境）			0.15
采用钢丝和钢绞线的预应力混凝土构件	A类和B类环境			0.10
	C类和D类			不允许
混凝土拱	拱圈横向			0.30（裂缝高小于截面高一半）
	拱圈纵向（竖缝）			0.50（裂缝长小于跨径1/8）
	拱波与拱肋结合处			0.20
墩台	墩台帽			0.30
	墩台身	经常受侵蚀性环境谁影响	有筋	0.20
			无筋	0.30（不允许贯通墩台身截面一半）
		常年有水，但五侵蚀性影响	有筋	0.25
			无筋	0.35（不允许贯通墩台身截面一半）
		干沟或季节性有水河流		0.40（不允许贯通墩台身截面一半）
		有冻结作用部分		0.20

1）对表面温度裂缝，可封闭处理。

2）对结构裂缝，应根据抗裂等级的不同，分别采取下列措施：①当裂缝宽度大于允许最大裂缝宽度时，应查明开裂原因，进行裂缝危害评估，确定处理措施；②预应力混凝土构件受压区，一旦发现裂缝，应立即封闭交通，严禁车辆和行人在桥上、下通行，并委托相应资质的检测部门进行结构可靠性评估，判别裂缝的危害程度，并提出相应的处理措施；③预应力混凝土构件受拉区，出现结构性裂缝，应进行裂缝危害性评估，确定处理措施。

（3）钢筋混凝土及预应力混凝土结构发生混凝土剥落、露筋等现象时，应及时清除钢筋锈迹，凿去表面松动的混凝土后进行修补。对损坏面积较大的结构，凿除混凝土后不得明显降低结构的承载力，必要时宜采用分批修补。

（4）当预应力混凝土构件锚圈端的封端混凝土出现裂缝、剥落、渗漏、穿孔、预应力锚具暴露时，应及时对预应力锚具刷防锈漆，重做封端混凝土。

（5）钢筋混凝土及预应力混凝土桥梁构件出现明显的损伤或产生明显的变形、移位，应依据特殊检测评估做设计，进行修复或加固。

（6）钢筋混凝土或预应力混凝土桥梁的主梁挠度超过规定允许值时。应进行结构评估，并提出加固措施。

（7）钢筋混凝土与预应力混凝土桥梁加固可采用下列方法。

1）横向联系损伤、桥梁各构件不能共同受力的板梁桥，可通过桥面补强或修复加固横向联系。

2）梁的刚度、强度、稳定性及抗裂性不足。可采用加大结构断面尺寸或增加钢筋数最等方法进行加固。加大断面及增加配筋数量应根据计算确定。

3）采用体外预应力补强加固。

（8）双曲拱桥横向联系不足，全桥承载力不足或横向失稳时，应进行加固。

（9）拱桥主拱圈强度或刚度不足时，应进行加固。

（10）钢筋混凝土拱桥拱圈开裂超过限值时，应限制或禁止通行，并应通过特殊检测查明原因，进行处理。

（11）双曲拱桥拱圈、拱波混凝土开裂超过允许级大裂缝宽度时，应进行加固。

（12）双曲拱桥侧墙变形应及时处理，必要时应拆除侧墙重砌。

（13）双曲拱桥拱圈厚度偏小，承载能力不足时，应进行加固。

（14）双曲拱桥拱圈及拱上空腹拱等结构开裂超过限值时，应进行观测、限载或禁止通行，查明原因，及时加固。

（15）钢筋混凝土、预应力混凝土构件上钻孔打眼及架设其他构件。

（16）钢筋混凝土、预应力混凝土外刷涂料不得封闭裂缝、覆盖检查观测点，影响养护维修；此涂刷材料不得影响构件耐久性。

五、圬工拱桥

（1）污工拱桥应具有满足设计要求的刚度、强度、抗裂、抗渗和整体稳定性。

（2）圬工拱桥外观主要检查拱石的脱落、拱圈纵向开裂和渗水、拱墙突出以及拱脚裂缝、变形、缺脚等病害。当发生上述病害时，应查明原因，进行修理和加固。

（3）砖石圬工拱桥的恒载裂缝最大限值应符合表3的规定。裂缝超过表列数值时，应查明原因，及时维修与加固。

（4）圬工拱桥应清洁、完整。灰缝脱落应及时修补，缝内长草应及时清除。

（5）砖、石拱桥变形超过限值时，应及时维修与加固。

（6）砖、石拱桥均应做排水。当原桥无防水层或防水层已损坏失效时，应挖开拱上填料重铺防水层。

表 5-7　恒载裂缝最大限值

结构类别	裂缝部位	允许最大裂缝宽度（mm）
上部结构	拱圈横向	0.30 裂缝高于截面高一半
	拱圈纵向（竖缝）	0.50 裂缝长小于跨径 1/8
	拱波与拱肋结合处	0.20
砖石墩台墩台身	经常受侵蚀性环境谁影响	0.20 不允许贯通墩身截面一半
	经常有水，但无侵蚀性影响	0.25
	干沟或季节性有水河流	0.40
	有冻结作用	0.20

（7）圬工拱桥表面发生风化、剥落等病害，应及时维修。

（8）对圬工拱桥产生的较深裂缝，应及时修补。砌体损坏严重、拱轴线严重变形时必须翻修。

（9）圬工拱桥出现横向裂缝应加固。

（10）当圬工拱桥拱圈损坏、强度不足或需要提高其荷载等级时，应加固拱圈。

（11）当拱脚下沉或外移时，应采用拉结法或更换拱上填料进行加固。

六、钢结构梁

（1）钢结构梁的刚度、强度和稳定性应符合设计要求。运营中根据钢结构形式，应加强对各部分连接节点及杆件、铆钉、销栓、焊缝的检查、养护。对承载能力或刚度低于限值、结构不良的钢结构，应进行维修或加固。

（2）钢结构外观应保持清洁，冬季应及时除冰雪。泄水孔应畅通，桥面铺装应无坑洼积水现象，渗漏部分应及时修好。当桥面积水时，应设置直径不小于 50mm 的泄水孔，钻孔前应对杆件强度进行验算。

（3）钢结构应每年进行一次保养，每年做一次检测。检测时发现节点上的铆钉和螺栓松动或损坏脱落、焊缝开裂，应采用油漆标记并作记示。在同一个节点，缺少、损坏、松动和歪斜的铆钉超过 1/10 时，应进行调换。当焊接节点有脱缝，焊缝处有裂纹，应及时修补。对有裂纹及表面脱落的构件，应仔细观察其发展，做出明显的标记，注明日期，以备观察；必要时应补焊或更换。

（4）钢梁杆件伤损容许限度超过规定时，应及时进行整修、加固或更换。

（5）不良铆钉的容许限度超过规定时，对不良铆钉宜根据不良程度进行更换。

（6）钢梁有下列状态之一时，应及时维修。

1）桁腹杆铆接接头处裂缝长度超过 50mm。

2）下承式横梁与纵梁加接处下端裂缝长度超过 50mm。

3）受拉翼缘焊接一端裂缝长度超过 20mm。

4）主梁、纵横梁受拉翼缘边裂缝长度超过 5mm；焊缝处裂缝长度超过 10mm。

5）纵梁上翼缘角钢裂缝。

6）主桁节点和板拼接接头铆栓失效率大于 10%。

7）主桁构件、板梁结合铆钉松动连续 5 个及以上。

8）纵横梁连接铆钉松动。

9）纵梁受压翼缘、上承板梁主梁上翼缘板件断面削弱大于 20%。

10）箱梁焊缝开裂长度超过 20mm。

（7）新换钢梁或加固杆件的组拼应符合下列规定。

1）组拼板件应采用螺栓均匀拧紧，板件密贴，边缘用 0.3mm 插片深人长度不得大于 20mm。

2）组拼杆件应在无活载情况下进行，并不应少于 1/3 的孔眼安装螺栓及冲钉，其中 2/3 为冲钉，1/3 为螺栓。

3）无活载情况下铆合时，应每隔 2 个钉孔装一个螺栓，螺栓间距不得超过 400mm，必要时应每隔 1 个钉孔一个螺栓，每组孔眼应打人 10% 的冲钉。

4）栓接梁使用的高强螺栓、螺母及垫圈应符合现行国家标准《钢结构用高强螺栓》GB/T1228 的规定，并应附有出厂合格证。

（8）在有活载情况下更换铆钉时，应拆除一个铆钉，同时上紧一个螺栓；必要时可使用不超过 30% 的冲钉。严禁使用锈斧和大锤铲除钉头。对结构承载力至关重要的构件在更换铆钉时，应禁止车辆通行。

（9）高强螺栓的更换应符合下列规定。

1）高强螺栓的施工预拉力应符合设计要求，欠拧值或超拧值均不应超过规定值的 10%，各种型号的高强螺栓的设计预拉力值应符合表 5.6.9 的规定。

2）高强螺栓的初拧值应根据试验确定，宜取终拧值的 40% ~ 70%，终拧方法可采用扭矩法或转角法。

3）对大型节点，同时更换的数量不得超过该节点螺栓总数的 10%，对螺栓少的节点应逐个更换。在一个连接处（或节点）少量更换的螺栓、螺母及垫圈的材质、规格、强度等级应与原桥上使用的相同，不得混用。

4）高强螺栓拧紧后，节点板四周的缝隙应采用腻缝封闭。高强螺栓、螺母及垫圈的外露部分均应进行涂装防锈。

（10）对栓接梁、全焊梁、当在焊缝及附近钢材上发现裂缝时，可根据裂缝的位置、性质、大小及数量，采取下列相应措施。

1）在裂缝的尖端钻圆孔，孔径宜与钢板厚度相等，且不得超过 32mm。

2）高强螺栓连接加固。加固前裂缝尖端处应钻孔。

3）抽换杆件或换梁。

（11）采用电焊连接主梁时，应停止运营，并应检查其安全性。

（12）钢桥涂装应符合下列规定

1）结构、钢梁、钢栏杆等应进行保护涂装，涂装应与景观适应，美化涂装应保护钢结构不生锈。

2）运营中钢梁保护涂装起泡、裂纹或脱落的面积达到 10%，应进行整孔、整桥重新涂装。

3）局部涂装或整孔、整桥重新涂装用涂料，应与原桥用涂料一致，更换新品种涂装，应将旧涂层清除干净，新旧涂料化学性能应一致。

4）涂膜维护涂装时，应对局部风化部位按要求进行清理。按原涂装系逐层进行涂装，新旧涂层间应有 50～80mm 过渡带，局部修理时干膜总厚度不应小于原涂装干膜的厚度。

5）钢衣面清理不得在雨、雪、凝露和相对湿度大于 80% 及风沙天气进行；环氧富锌、无机富锌、环氧沥青、聚氨酯漆不得 10℃ 以下施工。

6）油漆涂层不得有脱落、咬底、漏涂、起泡等缺陷；热喷涂锌、铝念属涂层，应致密、均匀一致。

七、钢—混凝土组合梁

（1）钢-混凝土组合梁中钢结构及混凝土桥面板的检查、保养及维修除应符合本节各条的规定外，尚应满足本规范第 4 节、第 6 节的要求。

（2）钢-混凝土组合梁桥面板不得有纵向裂缝。应每季度检查一次，检查纵向裂缝的宽度、长度、位置、密度及发展程度等，必要时应拆除部分铺装层观测。当产生纵向裂缝时。应及时采取加固措施。

（3）桥面横向裂缝可每季度检查一次。在连续组合梁支座及其附近的桥面板，不应有裂缝和渗漏水。有裂缝和渗漏水部位，应重做防水和封闭裂缝。纵向钢筋失效引起的裂缝，应采取纵向受力加固措施。预应力混凝土桥面板预应力失效产生裂缝应立即修复加固。

（4）跨中区域桥面板环裂、压碎、磨损，应及时加固修复。

（5）钢-混凝土组合梁，应每季度检查一次支座及梁端区域，组合梁结合面不得有相对滑移和开裂；当梁端相对滑移时，应及时修复。

（6）钢梁与混凝土桥面板之间的剪力连接件应完好无损，不得有纵向滑移及掀起。从型钢板组合桥面板支撑处及板肋不得变形，板肋与连接件附近的混凝土不得有疲劳裂缝。

（7）应每年检查一次结构尺寸及线形，不得有超过规定的变形。可采取下列几种方法加固超标变形。

1）加铺或重铺钢筋混凝土桥面层，加铺时应验算增加的自重。

2）钢梁补强。

3）施加体外预应力。

八、吊桥和吊杆拱桥

（1）吊桥钢索不得锈蚀，应每季度检查一次主缆和吊杆的钢索防护，钢索应处于正常工作状态。

（2）吊桥的索洞门或锚锭的锚室应定期打开通风和做好排水，洞内应保持干燥，不得潮湿和积水。

（3）吊桥的索夹应每季度检查和保养一次，紧固螺栓不得松弛和锈蚀；在酷暑、严寒季节应加强检查和保养，及时拧紧螺栓。

（4）吊桥主缆各索股应受力均匀，索股摆动应一致。当吊杆明显摆动时，应调整索夹，并拧紧套筒螺帽。

（5）吊桥主缆应保持在设计时的正常位置，应每季度调整主缆长度。当发现锚锭拉杆处距离不够时，可在套筒与拉杆螺帽之间加垫圈，严禁截短钢索。

（6）吊桥的避雷装置应保持完好。避雷针接地线附近严禁堆放物品和修建任何设施。严禁挖掘地线的覆土，并应采取防冲刷措施。在雷雨季节前，避雷针和引下线及地线应检测。当防雷性能降低时，必须及时修理。

（7）索塔上的航空标灯和桥上照明设施应每天检查一次，及时更换损坏的灯泡。

（8）吊桥的主索鞍、散索鞍、主缆索股锚头和吊杆钱头及钢索出口密封处，应每年检查养护一次，应及时处理漏水、积水和脱漆、锈蚀。

（9）索塔的爬梯和工作电梯。应每季度检查保养一次。在上塔前应先检查其可靠性，严禁非检修人员登梯。爬梯宜每五年除锈涂漆养护一次。

（10）应定期检测拉索及阴尼垫圈式减振器，不得漏水，橡胶不得老化，必要时应更换。

（11）加劲梁的检查和养护要求，按其结构材料应符合钢筋混凝土、预应力混凝土桥或钢桥的有关规定。

（12）吊杆拱桥技术状况应符合下列规定。

1）吊杆以及吊杆与横梁节点区防腐油脂不得漏油、发酵、出现铁锈臭味，不得存水。

2）吊杆钢丝束受力应均匀，且不得锈蚀。

3）锚固区附近的混凝土不得有裂缝、腐蚀，混凝土表面不得有积水。

4）应每年检测一次桥面标高、拱肋轴线侧向偏离值、桥台沉降值。

（13）对套管或吊杆，应灌满防腐油脂；对挤塑式套管，应每年涂刷防锈材料，并应检查外包材料。对老化、脆裂及人为损伤，应采用玻璃丝布或其他防护材料包扎。

（14）吊杆拱桥的锚夹具应每季度检夹一次；当发现有松弛和锈蚀时，应及时维修。酷暑、严寒季节应加强检查和养护。

（15）吊杆拱桥的吊杆锚头及吊杆与横梁节点区密封处，运营第一年内应每半年检查一次，以后每一年检查一次；发现漏水、积水和脱漆、锈蚀者，应及时处理。

（16）对基础不均匀沉降引起的结构物附加内力，应按设计部门提出的时限进行检测调整，并应消除温差影响。

（17）运行后第一、二年内应每半年检查一次吊杆状况，以后每年检查一次；在损坏处做出标记，做好记录，及时处理。需要更换者，应进行力学分析，制定更换方案，报清有关主管部门批准后进行更换。

（18）应每年检查一次吊杆钢丝束阻尼垫圈式减振器的防水情况和橡胶老化变质情况，必要时应更换。

（19）纵横梁的检查和养护，根据其结构相料的不同应符合钢筋混凝土、预应力混凝土桥及钢桥的规定。

（20）柔性系杆的下承式拱桥的拱脚部分，中承式拱桥的边拱混凝土内预埋钢管和系杆拉索分束穿入预埋钢管的间隙应探加注满防腐油脂。

（21）刚性系杆的拉索全部外包钢管内应加注满防腐油脂，两端应采用不锈钢罩保护。

九、斜拉桥

（1）斜拉桥应定期进行动力特性、重要部位的内力、拉索索力、拉索探伤和静载的检测，时间间隔不得超过 7 年。检测报告应结合历年的各项检测结果综合分析。应通过结构监测，掌握桥梁在使用过程中结构构件的变化和力学性能及空间位移情况。

（2）斜拉桥运营技术状况可采用自动化监测系统。

（3）应设专职技术员、每天宜巡检 1～2 次，掌握运营状况，应设专职养护班维修养护。

（4）索塔上的航空标灯和桥上照明装置应正常工作。

（5）拉索的检查应符合下列规定。

1）拉索的防护应每天目测检查一次（可借助简单工具），对异常情况做好记录，进一步检查，并做出技术状况的评定。

2）必须每 3 年对拉索护层及钢丝侵蚀情况进行检测，可采用无损控伤或剥开已损坏的护层检查，并测量锈蚀钢丝的实际有效面积。

3）拉索索力必须每年进行一次测量，大桥竣工最后一次调索的索力应与设计索力进行比较，了解拉索索力变化状况及松弛现象。

4）必须经常观察拉索的振动情况，并作好风速、风向、雨量、拉索振动善的记录，并应检查拉索减振措施的有效性，对失效的减振奋装置应重新安装或更换。

5）拉索的检查和养护维修，应有详细的文字、图片或录像记录，并归档。

6）拉索梁端的护筒及护套不得有锈蚀、开裂、剥落、连接螺栓松动、崩断、护套与拉索的接合部护层的损伤和露丝。

（6）斜拉索锚固端的检查应符合下列规定。

1）塔端锚头、钢主梁端锚头必须每半年进行一次保养，对在钢梁外侧并有钢盖板罩的锚头应每3年进行一次保养。

2）锚具的锚杯及锚杯外梯形螺纹和螺母不得锈蚀和变形，锚板不得断裂；墩头应无异常。

3）锚固结构的支承垫块不得锈蚀、位移、变形；梁端锚箱不得锈蚀、变形；锚箱与主钢梁腹板连接的高强螺栓不得松动、锈蚀；塔端或混凝土梁端预埋承压钢板不得锈蚀、变形；钢板四周混凝土不得有裂缝、剥落、渗水等现象。

（7）斜拉索护层的检查应符合下列规定。

1）水泥奖护层应每半年检查一次，拉索表面不得有裂缝，塔端锚头处不得有水和水泥浆渗出。近梁端的拉索底部应正常。

2）防锈油膏应每半年检查一次并及时补充，套管不得老化、开裂。防锈油膏失效应及时更换。

（8）主塔混凝土有碳化和水渗入使混凝土产生钙化反应时，应在混凝土表面涂混凝土保护剂。

（9）锚箱裂缝应采用加强法及时处理。

（10）钢—混凝土组合梁的养护维修、检测应符合本章第7节要求。

（11）端横梁的养护应符合下列规定。

1）外力造成混凝土剥落与露筋时，应将钢筋的锈迹清除，并把松动保护层凿去后修补。

2）横梁箱内应通风，适时测量内外温差，温差不宜过大。对横梁箱体裂缝，必须查明原因后再做加固处理。

（12）当斜拉桥钢筋混凝土或预应力混凝土主梁的裂缝超过规定值或挠度超过设计规定的允许值或拉索索力偏离设计值较大时，应查明原因，通过计算进行加固和调整索力。

（13）拉索各部位的维修应符合下列规定。

1）当拉索PU护层撕破露出PE护层超过10%时，应进行修补。

2）拉索护层表面有裂缝，而表面干燥，内部无水渗出，钢丝未锈蚀，应将裂缝封闭；若钢丝已有锈蚀或表面潮湿，裂缝内有锈水渗出，应沿裂缝处剥开防护层，排出水分，露出钢丝，除锈并干燥后，再作防锈处理，修复防护层。

3）塔端钢承压板四周的混凝土松动、剥落、开裂，应先将松动的混凝土去除，检查损的范围，如内部钢筋锈蚀造成混凝土起壳剥落，应先对钢筋除锈，将损坏的混凝土部分凿去揩净再修补；锚杯和螺母上的梯形螺纹出现变形、裂缝时，需作进一步的探伤，测量索力及作技术鉴定。根据鉴定结果，进行维修。

（14）应经常检查支座处斜拉索及阻尼垫圈式减振器的防水情况和橡胶老化变质情况，必要时可更换。

（15）当一根拉索内已断裂的钢丝面积超过拉索钢丝总面积的 2% 时，或钢丝锈蚀造成该拉索钢丝总面积损失超过 10% 时，必须换索。

（16）设置在塔身与梁体之间的橡胶体横向限位装置应每年清除一次四周的污物，检查橡胶体的老化程度并做好记录，锈蚀的钢件应除锈后刷油漆。

（17）岸跨有辅墩的斜拉桥，每年至少对主塔与辅墩的沉降量与不均匀沉降量进行一次监测；当主塔与畏墩的沉降量与不均匀沉降量超过设计要求时，必须在原设计单位指导下进行辅墩支座调整。

（18）主桥线型每年测量一次，时间应在竣工测量日期的前后一周内，线型测量包括桥梁中心线和梁边线处的线型。主桥挠度每隔一年测 4 次，分别在春、夏、秋、冬时各测一次，每次测 24 小时。挠度测量时应记录当时的气温、风向、风速。每年在暴风雨时测一次主桥挠度。测时记录雨量、气温、风向、风速等。

（19）在特殊气候条件下，斜拉桥的通行限制应符合下列规定。

1）桥上应有效通信息显示屏。

2）雾天桥上行车时速宜符合表 5-8 的规定。

表 5-8　雾天桥上行车时速

能见度（m）	干燥路面（km/h）		潮湿路面（km/h）	
	直线	弯道	直线	弯道
80	60	40	55	35
50	40	30	35	25
30	20	20	25	15
20	15	15	10	10

（3）当风速大于 19m/s 时，大风雨中桥上行车时速且符合表 5-9 的规定。当风速大于 21m/s 时，严禁货运车上桥行驶。

表 5-9　大风雨中桥上行车时速

风速（m/s）	风中限速（km/h）	风雨中限速（km/h）
19	60	50
21	50	40
23	40	30
25	封桥禁行	封桥禁行

当斜拉索有明显振颤时，应安排值班人员到现场进行监视或录像，并做好记录。

（20）斜拉桥的避雷装置应保持完好，避雷针接地线附件严禁堆放物品和修建任何设施，严禁挖掘地线覆土。每年雨季前应检测其防雷性能，及时维护。

第四节　下部结构养护

一、墩台

1. 墩台保养、小修应符合下列规定

（1）墩台表面应保持清洁，并及时清除青苔、杂草、荆棘和污秽。

（2）当污工砌体表面部分严重风化和损坏时，应清除损坏部分后用原结构物相同材料补砌，应结合牢固，色泽和质地宜与原砌体一致。

（3）圬工砌体表面灰缝脱落时应重新勾缝。

（4）当混凝土表面发生侵蚀剥落、蜂窝麻面等病害时，应及时将周围凿毛洗净后做表面防护。

（5）当立交桥墩靠近机动车道时，宜在桥墩四周浇筑混凝土护墩。

2. 墩台的维修与加固应符合下列规定

（1）当表面风化剥落深度在 30mm 及以内时，应采用 M10 以上的水泥砂浆修补；当剥落深度超过 30mm，且损坏面积较大时，应增设钢筋网浇筑混凝土层，浇筑混凝土前应清除松浮部分，用水冲洗，并采用锚钉连接。

（2）墩台出现变形应查明原因，采取针对性措施进行加固。

（3）当墩台裂缝超过本规范表 5.2.2 或表 5.5.3 限值时、应查明原因，采取下列措施进行加固。

1）裂缝宽度小于规定限位时，应进行封闭处理。

2）裂缝宽度大于规定限值且小于 0.5mm 时，应灌浆；大于 0.5mm 的裂缝应修补。

3）当石砌圬工出现通缝和错缝时，应拆除部分石料，重新砌筑。

4）当活动支座失灵造成墩台拉裂时，应修复或更换支座，并维修裂缝。

5）基础不均匀沉降产生的自下而上的裂缝，应先加固基础，并应根据裂缝发展程度确定加固方法。

（4）桥台发生水平位移和倾斜，超过设计允许变形时，应分析原因，确定加固方案。

（5）桩或墩台的结构强度不足或桩柱有被碰撞折断等损坏应查明原因，进行加固处理。

（6）桥台锥坡及八字翼墙在洪水冲击或填土沉落的作用下容易产生变形和勾缝脱落。修复时应夯实填土，常水位以下应采用浆砌片（块）石，并勾缝。

3. 当连续梁桥墩台和拱桥的不均匀沉降值超过设计允许变形时，应查明原因，进行加固处理和调整高程。

二、基础

（1）桥梁的基础及地基应完整、稳定。

（2）基础及地基保养、小修应符合下列规定。

1）跨河桥梁上下游 50 ~ 500m 范围内的河床应稳定，并随时清理河床上的漂浮物和沉积物。不得在河床内建构筑物称挖砂、采石。

2）桥桩和桥梁浅从基础的边缘埋设的地下管线、各种窨井、地下构筑物，应经计算后采取加固措施，并应先加固、降水、再施工。

（3）基础的维修与加固应符合下列规定。

1）当基础局部被冲空时，应及时填补冲空部分。当水深大于 3m 时，除应及时填塞冲空部分，并应比从基础宽 0.2 ~ 0.4m。

2）基础周围冲空范围较大时，除填补基底被冲空部分外，并应在基础四周加砌防护设施。

3）严寒地区对浅桩冻拔或深桩环状冻裂，应在冰冻开始前进行保温防护。

4）为防止桥墩被流冰和漂浮物撞击，可在桥墩上游设置菱形破冰体。

5）当简支梁桥的墩台从基础均匀总沉降值大于 2.0sqrtL（cm）、相邻墩台均匀总沉降差位大于 1.0sqrtL（cm）或墩台顶面水平位移值大于 0.5sqrtL（cm）时，应及时对简支梁桥的墩台基础进行加固。

注：总沉降值和总沉降差值不包括施工中的沉陷。

L 为相邻墩台间报小跨径长度，以 m 计，跨径小于 25m 时仍以 25m 计。

第五节　城市桥梁抗震设施的养护

1. 桥梁杭震设施保养、小修应符合下列规定

（1）桥梁的抗震设施应每年进行一次检查和养护，使其各部件（或构件）保持清洁、干燥及完好。在震后、污期前后，应及树检查抗震设施的工作状态。

（2）当混凝土抗震设施出现裂缝、混凝土剥落及混凝土破碎等病害时，应及时进行养护、修补或更换。

（3）当抗震缓冲材料出现变形、损坏、腐蚀、老化等病害时，应及时进行维修或更换。

（4）抗震紧固件、连结件松动和残缺时，应及时紧固或补齐，并涂刷防锈涂层。

（5）型钢、钢板、钢筋制作的支撑、支架、拉杆、卡架等桥梁加固构件，应及时进行除锈和防腐处理，发现残缺损坏应及时进行维修和更换。

（6）桥梁横、纵向联结和限位的拉索，应完好、有效；高强钢丝绳、绳卡等应每2年进行一次涂油防锈处理，当发现松动时，应及时对高强钢比绳进行紧固。

2.增设防震设施　地震区的桥梁在修建时未考虑地震因素的桩柱、墩台及基础、应验算在地震作用下的拆断倾覆及抗滑的稳定性。不能满足要求时，应进行加固。上部结构未没置抗震设施的，应增设防震设施。

第六节　人行通道养护

（1）人行通道内铺砌和装饰应完整、清洁和美观。

（2）人行通道应每季度检查一次，主体结构不得漏水，混凝土裂缝不得大本规范限值，墙体、顶板表面不得腐蚀、剥落。

（3）对无装饰的墙身宜2～3年粉饰一次；装饰物应完好、牢固，装饰材料应采用阻燃材料。

（4）人行通道内电器、电路、控制设备应每月检查一次。所有电气设备必须安全、可靠、有效，严禁漏电和超负荷运行。照明灯具应完好、有效。

（5）自动滚梯应有专人操作，维修、保养，执行厂方规定的使用维护说明书和安全操作规定，每年应按规定进行安检，安检不合格的严禁使用，超过安检期未安检的应停止使用，严禁带病运转。

（6）抽水泵站的电机、水泵等机械设备应按照有关机械保修规范进行保养。

（7）人行通通内排水箭道应完好畅通。

（8）人行通道和及通道内应保持干燥、整洁、通风良好，不得有积水、积冰，通道口及梯道、坡道不得有积雪。

（9）人行通道口和梯道、坡道、扶手应完好、牢固，防滑条应完整、有效。坡道应平顺粗糙，不得有坑洞和油污等黏性易滑物质。

（10）人行通道结构不得敷没高压电缆、煤气管和其他可燃、易爆、有毒或有腐蚀性液（气）休管道。

第七节　隧道养护

1.隧道养护工作应包括洞身、洞门、路面和两端路堑、防护设施、排水设施、洞口减光设施以及通风、照明、标志、标线、监控、消防、防冻、消声等设施的检查、保养、维修和加固。

2.隧道内路面和人行道要求应符合同等级道路技术标准的规定。

3.隧道保养、小修应符合下列规定

（1）应及时清扫隧道内外的塌落物、降道口边仰坡上的危石、积雪、积水和挂冰。

（2）各种标志、标线及反光部位应每季度清扫、刷新、修理一次，不得有污染、缺损。

4.市内地下隧道保养周期不应大于3d；山岭隧道保养周期宜为1-2d；越江隧道应一天巡查1～2次，可建立监控系统。

5.隧道衬砌的养护应符合下列规定

（1）隧道衬砌不得有大于20mm的变形、开裂裂缝不得大于5mm，不得有渗漏。

（2）隧道衬砌已稳定的裂缝可封闭。

（3）衬砌变形、下沉、外倾，变质、腐蚀剥落严重、裂缝区域较大影响衬砌强度时，应进行加月。

（4）隧道内路面拱起、沉陷、错位、开裂，可采取下列加固措施：①因围岩侧压力过大使侧墙内移而引起路面拱起时，应加固；②路面局部沉陷，错位、严重碎裂时，应翻建。

（5）隧道衬砌局部突然坍塌时，应暂时封此交通，立即进行临时支护，随即重新衬砌施工。当坍穴过大时，应做回填设计后再施工。

6.无衬砌隧道的围岩养护应符合下列规定

（1）无衬砌隧道的围岩发生破碎、产生危石、渗漏时，应及时治理。

（2）治理围岩破碎和危石可采用下列措施：①危石应及时消除，对当除会牵动周围大片岩石时，可喷浆或压浆稳固；②对不宜清除的小面积破碎，可采取措施稳固；③破裂范围较大时，应加固；④对不能清除又无法压浆稳固的危石，应临时支撑。

（3）隧道内的孔洞、溶洞或裂缝均应封闭。有水的孔洞应预埋泄水孔、接引水管，将水从边沟排出。

7.隧道的防护应符合下列规定

（1）隧道外山坡岩石风化严重或有大于 $10cm^2$ 坑穴、溶洞、大于 20mm 裂缝时，可封闭裂缝，整修地表、稳固山坡。当地表岩石松散破碎时，可清除或固结。

（2）隧道洞口坍塌时，应整修或局部加固。

8.隧道排水应符合下列规定

（1）有坡度的隧道其上洞门外的水不得流入洞内。

（2）隧道山坡的地表水，不得渗入洞身。

（3）隧道内的防水层、排水设施必须完好、畅通、有效。

（4）隧道内渗水应及时堵漏。

（5）洞内发生涌水时，应立即处理。

（6）洞口内外排水系统应定期疏通，不得堵塞失效。

6.隧道内通风、照明、监控、消防、防冻、淡声设备的养护应符一合下列规定

（1）隧道应通风良好，应每天检测洞内一氧化碳气体含量，其容许浓度应小于下列标准值：①作人员休息室、工作室和控制室等为 24μ；②正常运营时，通道内为 150μ；③发生事故时，短时间（15min）内为 250μ。

（2）每天检测隧道内烟尘含量，其容许浓度应小于下列标准值：①长度大于1000m的通道为0.0075m（-1）；②长度小于1000m的通道为0.0090m^（-1）。

（3）隧道内的通风设备应按下列要求进行检修：①采用竖井、边窗通风时，井、窗应通风通畅；②各式通风机、管道、机电、动力设备等应完好、安全、有效，应每周检修一次，每季度进行一次全面检修。

（4）隧道内的照明应完好、有效，路面平均照度不得小于30lx；洞口照度不宜小于301x；照明器应防震、防水、防尘，并应每季度检修一次，每天检测一次并更换损坏的电器。

（5）长度大于1000m的隧道内安装的烟尘浓度测定仪、一氧化碳浓度测定仪、交通量测定装置、监视电视以及照明、通风、配电设备等自动控制设备和监视控制设备运转应完好有效，其保养维修应由专业人员按设备维修规定进行。

（6）长度大于1000m的隧道内设置的紧急电话、报警装置、排烟设备、消防给水管网及消防器材库等应完好有效。

（7）隧道内不得存放汽油、煤油、稀料等易燃物品。通道内严禁明火作业和取暖。紧急停车带、行车（人）横洞、避车洞及错车道不得堆放杂物。

（8）高寒冰冻江的隧道、洞口构造物应防冻保温，隧道内路面不得有冻结。

（9）隧道内消声设备应每月检查维修一次，应保持完好、有效，隧道内噪声不得高于所在城市规定的噪声值。

第八节　附属设施养护

一、排水设施

（1）桥面泄水孔应完好、畅通、有效。

（2）桥面泄水管、排水槽衍年雨季前应全面检查、疏通，跨河桥梁泄水管下端露出

不应少于 10cm，立交桥泄水管出口口宜高出地面 50 ～ 100cm 或直接接入雨水系统。

（3）交桥除泄水管排水外，其他地方不得往桥下排水，冬季北方立交桥不得有冰凌悬挂。

二、防护设施

（1）桥梁的防护栏杆、防护栅、防护栏、防护网、隔离带、防撞墩、防撞护栏、遮光板、绿色植物附离带等防护设施应完整、美观、有效，不得有断裂、松动、错位、缺件、剥落、锈蚀等损坏现象。

（2）防护设施应色彩鲜艳醒目不得污秽。桥内绿化不得腐蚀桥梁结构和影响桥梁安全，不得影响桥梁养护、检查和行车安全。

（3）遮光板及齐类指示标志应完整、有效、不得误挂和缺项，遮光板变形后应立即恢复。

（4）防撞墩、防撞栏杆不得缺损、变形；被撞损后，宜在 3 ～ 7d 内恢复。防撞墩、防撞栏杆养护应符合下列规定。

1）防撞墩混凝土裂缝大于 3mm 小于 5mm，可灌缝封闭。

2）表面露筋、钢筋未变形、拉断的，可做防腐处理后，用水泥砂浆修补。

3）防撞墩混凝土裂缝大于 5mm，可清除被撞坏的混凝土，重新浇筑混凝土。

4）严禁使用砖砌筑代替原结构；被毁钠结构，应原样恢复，严禁使用塑料管仿制。

（5）在高路堤、桥头、临河路堤、陡坡等桥区，应安放防护栏。防护栏应完整、美观、有效，缺损期不得超过 7d。

（6）快速路两侧应放置防护网，上跨快速路及铁路的天桥、有人行步道的立交桥两侧应设助护网，防护网应完整、美观、有效。损坏、变形修复期不得超过 7d。

三、挡墙、护坡

（1）挡墙应坚固、耐用、完好。挡墙应每季度检查一次，中雨以上降雨时巡检，挡墙倾斜超过 20mm 或鼓胀、位移，下沉超过 20mm 时，应进行维修加固。挡墙拆断应及时加固，开裂超过 10mm，应进行封闭。

（2）护坡应完好，下沉超过 30mm、残缺超过 $0.2m^2$，应及时维修。

四、人行天桥的附属物

（1）梯道防滑条应完好、有效，梯道雨季不应积水；坡道、梯道冬季不应结冰、积雪，铺装完好、牢固，不得有大于 $0.1m^2$ 坑洞、大于 10mm 的翘起或大于 $0.2m^2$ 空鼓

（2）栏杆应完好、清洁、直顺、坚固；严禁人群荷载超过设计标准。

（3）封闭式天桥应清洁、通风，封闭结构应完好。

（4）电动滚梯应按规范要求进行维修。

（5）天桥上方的架空线距桥面不满足安全距离时，桥上应设置安全护罩，护罩距桥面的距离不应小 2.5m。

五、声屏障、灯光装饰

（1）声屏障应干净、有效、完整。损坏、缺失应在一周内修补。

（2）声屏障应每季度冲洗一次，吸声孔不得堵塞。应每年补充和更换老化的填充物。

（3）新增设声屏障不得影响桥梁结构安全，并应安装牢固。

（4）桥梁安装灯光装饰，应设三道漏电保护装置，专人维护保养，开彩灯期间宜有专人值班，关闭彩灯后应拉闸断电。彩灯装饰应完整、美观，缺损应及时恢复。安装彩色灯光装饰不得影响桥梁结构的完整耐久性，不得影响桥梁养护维修。

六、调治构造物

（1）导流堤、梨形堤、丁坝、顺坝和格坝等调治构造物，应保持完好，引导水流应均匀、顺畅地通过桥孔。

（2）洪水前后应巡查并及时清除调治构造物上的漂浮物。

（3）在雨季前，调治构造物应检查维修一次，不得有大于 0.3m^2 空洞缺损、大于 20mm 开裂或大于 0.2m^2 塌陷和松散。

七、桥头搭板

桥头搭板应完好，桥头搭板下沉量不应大于本规范规定值，桥头搭板局部坑洞、松散面积不应大于本规范规定值。超过上述限值时应及时修补。

第九节　超重车辆过桥措施

（1）当车辆荷载超过轿梁限载的车辆通过桥梁时，应采取技术措施，由城市桥梁主管部门的专门技术人员组织指挥，并应详细记录存档。

（2）当车辆荷载超过桥梁限载的车辆通过桥梁时，应选用多轴多轮的运载车辆，并应选选取桥梁技术状况较好、加固工程费用较省的路线通过。

（3）当车辆荷载超过桥梁限载能力时，应由桥梁养护管理部门进行评估、加固。

（4）加固应由原桥梁设计单位验算和进行加固设计，并经养护管理单位审核后方可实施。

（5）当车辆荷载超过桥梁限载的车通过桥梁时，应符合下列规定。

1）应临时禁止其他车辆过桥。

2）车辆应沿桥梁的中心行驶，车速不得超过 5km/h。

3）车辆不得在桥上制动、变速、停留。

（6）当车辆荷载超过桥梁限载的车辆通过桥梁时，城市桥梁管理部门应检查，观察记录桥梁位移、变形、裂缝扩张。同时应选择不同桥型，进行挠度、应力、应变观测。

第六章　公路工程项目实验管理

第一节　公路项目实验

项目试验工作包括两个方面的内容，即试验技术工作和试验管理工作。

试验技术工作主要是指某个具体的试验项目，如何按有关操作规程进行测试，得出相应的检测数据，再进行计算、分析和评定，最后同有关标准、规范或设计文件进行比较，看是否满足要求。满足要求的为合格，否则为不合格。

试验管理工作是指对项目的总体试验技术工作，如何进行全方位的综合管理，明确项目试验室在公路工程施工过程中的各个阶段应做哪些工作，合理组织、安排试验技术工作，保证项目试验工作能满足施工生产进度的需要，并确保工程质量。

第二节　项目试验工作的目的和意义

项目试验工作是公路工程质量管理的一个重要组成部分，是工程质量科学管理的重要手段。客观、准确、及时的试验检测数据是公路工程实践的真实记录，是指导、控制和评定工程质量的科学依据。公路工程试验检测的目的和意义如下。

（1）用定量的方法，对各种原材料、成品或半成品，科学地鉴定其质量是否符合国家质量标准和设计文件的要求，做出接收或拒收的决定，保证工程所用材料都是合格产品，是控制施工质量的主要手段。

（2）对施工全过程，进行质量控制和检测试验，保证施工过程中的每个部位、每道工序的工程质量，均满足有关标准和设计文件的要求，是提高工程质量、创优质工程的重要保证。

（3）通过各种试验试配，经济合理地选用原材料，为企业取得良好的经济效益打下坚实的基础。

（4）对于新材料、新工艺、新技术，通过试验检测和研究，鉴定其是否符合国家标准和设计要求，为完善设计理论和施工工艺积累实践资料，为推广和发展新材料、新工艺、新技术做贡献。

（5）试验检测是评价工程质量缺陷、鉴定和预防工程质量事故的手段。通过试验检测，为质量缺陷或质量事故判定提供实测数据，以便准确判定其性质、范围和程度，合理评价事故损失，明确责任，从中总结经验教训。

（6）分项工程、分部工程、单位工程完成后，均要对其进行适当的抽检，以便进行质量等级的评定。

（7）为竣工验收提供完整的试验检测证据，保证向业主交付合格工程。

（8）试验检测工作集试验检测基本理论、测试操作技能和公路工程相关学科的基础知识于一体，是工程涉及参数、施工质量控制、工程验收评定、养护管理决策的主要依据。

第三节　项目试验工作的任务

（1）在选择料场和确定料源时，对未进场的原材料进行质量鉴定，根据原材料质量和经济合理的原则选定料源。

（2）对运往施工现场的原材料，按有关规定的频率进行质量鉴定。

（3）对外单位供应的构件、制品，在查验其出厂质检资料后，做适量的抽检验证。

（4）做各种混合料的配合比试配，在确保工程质量的前提下，经济合理地选用配合比。

（5）负责施工过程中的施工质量控制。

（6）负责推广、研究、应用新材料、新工艺、新技术，并用试验数据论证其可靠性。

（7）负责试验样品的有效期保存，以备必要时复查。

（8）负责项目所有试验资料的整理、报验、保管，以利于竣工资料的编制、归档。

（9）参加各级组织的质量检查，并提供相应的资料；参与质量事故的调查分析，配合做各种试验检测工作。

（10）对一些项目试验室无法检验的项目，负责联系、委托外单位进行试验。

（11）协助、配合监理工程师、业主和当地质量监督部门的抽检工作。

（12）做好分包工程的试验检测和质量管理工作。

第四节　项目试验工作的依据和评定标准

项目试验室必须配备与本工程相适应的有关技术标准、操作规程、施工规范及本工程的设计文件。它们是试验检测操作的依据和质量合格与否的评定依据。没有上述齐全的资料，项目的试验工作将无法正常开展，工程质量也无法得到保证。

一、试验检测的依据

主要是现行交通部部颁公路工程试验规程，同时也参照应用部分建设部部颁规程及部分国家标准试验方法。

（1）JTJ 051 公路土工试验规程。

（2）JTJ 052 公路工程沥青及沥青混合料试验规程。

（3）JTJ 053 公路工程水泥混凝土试验规程。

（2）JTJ 054 公路工程石料试验规程。

（5）JTJ 055 公路工程金属材料试验规程。

（6）JTJ 056 公路工程水质分析操作规程。

（7）JTJ 057 公路工程无机结合料稳定材料试验规程。

（8）JTJ 058 公路工程集料试验规程。

（9）JTJ 059 公路路基路面现场测试规程。

（10）JTJ 060 公路土工合成材料试验规程。

（11）JGJ 98 砌筑砂浆配合比设计规程。

（12）JGJ 55 普通混凝土配合比设计规程。

（13）JGJ 18 钢筋焊接及验收规程。

（12）GB/T 17671 水泥胶砂强度检验方法（ISO 法）。

（15）GB/T 1346 水泥标准稠度用水量、凝结时间、安定性检验方法。

（16）GB/T 50080 普通混凝土拌合物性能试验方法标准。

（17）GB/T 50081 普通混凝土力学性能试验方法标准。

（18）GB/T 228 金属材料室温拉伸试验方法。

（19）GB/T 232 金属材料弯曲试验方法。

二、试验检测的评定标准

包括交通部部颁质量检查评定标准和相关施工技术规范及有关施工技术规范及有关建筑材料的关键标准和本工程设计文件。

（1）本工程设计文件。

（2）JTG F80 公路工程质量检验评定标准。

（3）JTJ 033 公路路基施工技术规范。

（2）JTJ 041 公路桥涵施工技术规范。

（5）JTJ 017 公路软土地基路堤设计与施工技术规范。

（6）JTJ 034 公路路面基层施工技术规范。

（7）JTG F40 公路沥青路面施工技术规范。

（8）JTJ 016 公路粉煤灰路堤设计与施工技术规范。

（9）GBJ 107 混凝土强度检验评定标准。

（10）GBJ 97 水泥混凝土路面施工及验收规范。

（11）GB 50092 沥青路面施工及验收规范。。

（12）JTG F30 公路水泥混凝土路面施工技术规范。

（13）GB 50119 混凝土外加剂应用技术规范。

（12）GB 13013 钢筋混凝土用热轧光圆钢筋。

（15）GB 701 低碳钢热轧圆盘条。

（16）GB 1499 钢筋混凝土用热轧带肋钢筋。

（17）GB/T 5224 预应力混凝土用钢绞线。

（18）GB 175 硅酸盐水泥、普通硅酸盐水泥。

（19）GB 1344　矿渣硅酸盐水泥、火山灰质硅酸盐水泥及粉煤灰硅酸盐水泥。

（20）GB 12958 复合硅酸盐水泥。

（21）JGJ 52 普通混凝土用砂质量标准。

（22）JGJ 53 普通混凝土用碎石卵石质量标准。

（23）GB/T 14684 建筑用砂。

（22）GB/T 14684 建筑用卵石、碎石。

（25）SHO 522 道路石油沥青。

（26）GB 1594 建筑用石灰质量标准。

（27）GB 15180 重交通道路石油沥青。

（28）GBJ 1596 粉煤灰质量标准。

以上标准、规范、规程，随着科学技术的不断发展，新材料、新技术、新工艺的不断涌现，随时都可能修订。实际应用时，应及时采用最新版本。

第五节　项目试验室

项目试验室在项目总工程师的领导下开展试验检测工作，业务上受上级技术主管部门的领导，同时还要接受业主、地方质量监督部门和监理工程师的监督、检查。

1995 年，交通部颁布《公路工程施工监理规范》规定：监理单位建立监理工程师中心试验室，施工单位建立工地试验室和流动试验室。一般业主也建有中心试验室。为了区别监理和业主的中心试验室，也为了适应监理规范要求，一般工程项目试验室，应称之为××工程×合同段工地试验室。大型工程项目还应在各分部建立流动试验室。

项目试验室主任，对工程项目的试验技术工作和试验管理工作的好坏，起着决定性的作用。因为项目的试验工作，大都由他统筹安排，组织实施。

一、项目试验室主任的任职资格

项目试验室主任的任职资格，一般应具备以下几项。

（1）路桥专业大专（含）以上学历。

（2）工程师（含）以上技术职称或有丰富实践经验的试验技师。

（3）五年以上从事工地试验工作经历。

（4）持有交通部试验检测人员考试合格证。

二、项目试验室主任应具备的基本素质和能力

（一）政治思想素质

爱岗敬业，有强烈的职业责任感。严格按有关标准、规范、规程从业。为保证工程质量敢于坚持原则。

（二）技术业务素质

熟练掌握公路工程各种常规试验技术的操作要点，熟悉相关施工技术规范和标准，牢记施工设计图中有关的技术标准要求和工程数量，了解施工计划，提前安排相应的试验工作，不能影响施工进度，善于处理施工过程中可能出现的有关试验检测的疑难问题。不但要刻苦认真、精益求精地深入钻研试验测试技术，及时掌握新的检测仪器的使用方法，同时还必须注重在施工实践中不断总结试验管理方面的经验教训，进一步充实基本理论知识和提高自身的管理水平。

（三）组织协调能力

项目试验室主任的组织协调能力，主要表现在以下两个方面。

（1）因人、因时地合理安排试验室全体人员的试验工作，包括对流动试验室人员的工作安排，保证项目试验工作有条不紊地进行。

（2）正确处理好试验室同项目经理部各部门的关系。

（四）对外交往能力

项目试验室主任，如果只懂得试验检测技术，不善于对外交往，项目试验工作将不可能顺利进行。

（1）切实搞好同监理工程师的关系。

（2）正确处理和对待业主与地方质量监督部门的检查和抽检工作。

（3）正确处理同分包单位的关系。

（4）正确处理好同当地政府和当地群众的关系。

（5）具备一定的经济意识。

对试验室主任的素质要求应是一种综合素质。虽然项目其职位不高，但要成为一名合格的试验室主任，却要多年的实践积累，当然更需要各级领导的培养、鼓励和支持。

第六节　项目试验室人员配备

项目试验室的人员配备，以满足施工试验检测工作为标准。

一、工地试验室人员配备

以1亿元工程为基础安排人员，视工程量大小适当增减。

（1）试验室主任1人，大专及以上学历，工程师及以上职称或试验技师。

（2）试验技术员2人，中专及以上学历，技术员及以上职称。

（3）试验工3～4人，从事工地试验工作2年以上。

（4）临时工或民工2～3人。

二、流动试验室人员配备

（1）试验室负责人1人，中专及以上学历，技术员及以上职称。

（2）试验工2～3人，从事工地试验工作2年以上。

（3）临时工或民工3～4人。

试验人员的配备，可根据工程的进展及施工的不同阶段，作适当调整。

第七节　项目试验室的主要设备配置

项目试验室的主要仪器设备配置应以满足质量检验和施工控制为标准，参照下表。

表6-1　项目试验室的主要仪器设备配置标准

序号	设备名称	规格	数量		备注
			工地试验室	流动试验室	
1	压力试验机	200T	1台		
2	压力试验机	30T	1台		做水泥试验用
3	万能材料试验机	100T或60T	1台		应选低矮，便于搬运
4	水泥软练设备		1套		
5	混凝土拌合机	60L	1台		

序号	设备名称	规格	数量		备注
			工地试验室	流动试验室	
6	混凝土振动台	0.8m²	1台		
7	砂子标准筛	0.15～9.6mm	2套	1套	
8	石子标准筛	2.5～63mm	2套	1套	
9	土壤标准筛	0.074～60mm	2套	1套	
10	压碎值测定仪		1套		
11	电动振筛机		1台		
12	针片状规准仪		1套	1套	
13	混凝土坍落度筒	10*20*30cm	2套	3套	
14	砂浆稠度仪		1台		
15	电动击实仪		1台		
16	手动击实仪		1套		
17	电热干燥箱	30*35*35cm 40*55*55cm	2台	1台	
18	恒温恒湿箱		1台		
19	电动脱模器		1台		
20	手动脱模器		1套		
21	精密太平	万分之一	1台		
22	静水力学太平	5kg	1台		
23	分析天平	100g,500g,1000g	5架	3架	
24	台、案秤	10kg,100kg	3台	3台	
25	液塑限联合测定仪	100g	1台		
26	路面弯沉仪	3.6m（5.4m）	1套		
27	混凝土回弹仪	HT225型	1台		
28	容积升	1～50L	1套	1套	
29	石灰剂量测定设备	EDTA滴定	2套	1套	
30	动力触探仪	10kg	1套		
31	路面强度测定仪		1套		

（2）取土场土样做土工试验，试验项目包括天然含水量、液塑限、标准击实。

（3）南方地区过湿土较多，不能直接用于填筑路堤，一般掺入一定量的石灰以改良土性，这样试验项目就要相应增加。

（二）桥涵结构物工程

（1）试验室应配合材料部门，对设计文件中提供的砂石料场进行考察，并取样做常规检验，结果通知材料部门便于及时订货。

（2）砂子常规试验。

（3）石子常规试验。

（4）水泥常规试验。

（5）钢筋常规试验。

（6）外委项目须经监理工程师同意

（7）混凝土配合比试验。

（8）砂浆配合比试验。

（9）混凝土拌合水一般无须做特别检验，饮用水均可拌制混凝土。

（三）路面工程

1. 路面底基层、基层

（1）石料常规检验。

（2）水泥常规检验。

（3）土的液塑限试验。

（4）石灰的钙镁含量测定和 EDTA 滴定标准曲线以及未消解残渣含量试验。

（5）粉煤灰筛分、含水量及化学成分分析（外委）。

（6）灰土、二灰土、水泥稳定碎石等配合比标准击实及无侧限抗压强度检验。

2. 水泥混凝土路面

（1）砂子常规试验。

（2）石料常规检验。

（3）水泥常规检验。

（4）混凝土拌合水一般无须做特别检验，饮用水均可拌制混凝土。

（5）做混凝土配合比试验，测定密度、坍落度、抗压强度和抗折强度试验。

3. 沥青混凝土路面

（1）沥青三大指标试验，必要时做含蜡量、黏度及闪点试验。

（2）做砂、石、石屑、石粉等常规检验。

（3）沥青混合料组成设计。

第十一节　施工过程中的质量控制及试验管理

施工过程中的试验管理是试验管理工作的重点，只有控制好施工过程中每个环节的质量，才能保证整个工程质量。工程的最后质量，是过程质量的总体体现。施工过程控制，是试验人员的重要职责。在施工过程中，试验人员应做到四勤，即手勤、腿勤、口勤、笔勤。

一、路基工程

（一）土样物理检验

在施工过程中，对本工程段原地面土质应逐段补齐全部试验。常规试验包括含水量、液塑限、颗粒分析、标准击实等。

填筑路基用土的一般要求：不得使用淤泥、沼泽土、冻土、有机土，含草皮土、生活垃圾、树根和腐朽物质的土，液限大于 50%、塑性指数大于 26 的土，以及含水量超过规定的土。填方材料还应有一定的强度，具体见表 6-2。

表 6-2　路基填方材料最小强度和最大粒径

项目分类 （路面底面以下深度）		填料最小强度（CBR）（%）		填料最大粒径 （cm）
		高速公路及一级公路	二级及二级以下公路	
路堤	上路床（0-30cm）	8.0	6.0	10
	下路床（30-80cm）	5.0	2.0	10
	上路堤（80-150cm）	2.0	1	15
	下路堤（＞150cm）	1	2.0	15
零填及路堑路床（0-30cm）		8.0	6.0	10

注：（1）二级及二级以下公路做高级路面时，应按高速公路和一级公路的规定。
（2）表列强度按《公路土工试验规程》，采用对试样浸水 96h 的 CBR 试验方法进行测定。

（二）压实度检测

路基工程的施工质量控制，主要是路基压实度检测，应按下列程序进行。

（1）一段路基压实完成后，应由现场施工负责人通知（通知单）项目试验室。

（2）试验室按通知指定时间到指定地段按有关规定做压实度检测。

（3）试验室应将压实度检测结果通知（通知单）现场施工负责人。

施工现场负责人接到检测结果后，如不合格继续碾压或采取措施，自认合格后报试验室重新检测。如合格立即报监理工程师抽检，签认后可进行下一层施工。

《公路工程质量检验评定标准》（JTG F80-2004）规定按下表评定土方路基压实度。

表 6-3　路基压实度

填挖类型	路床顶面以下深度（m）	路基压实度（%）		
		高速公路、一级公路	二级公路	三、四级公路
零填及挖方	0-0.30			≥94
	0-0.80	≥96	≥95	-
填方	0-0.80	≥96	≥95	≥94
	0.80-1.50	≥94	≥94	≥93
	> 1.50	≥93	≥92	≥90

注：（1）表列数值以重型击实试验法为准。

（2）特别干旱或特别潮湿地区的路基压实度，表列数值可适当降低。

（3）三级公路修筑沥青或水泥混凝土路面时，其路基压实度应采用二级公路标准。

（三）路基顶面弯沉测定

在高等级公路设计中，对路基顶面都有回弹弯沉的要求，用以检验路基的整体承载能力。当路基施工完成后，一般都用贝克曼梁式弯沉仪来检测路基顶面的弯沉值。

（四）结构物台背回填

台背回填质量直接关系到工程竣工后行车的舒适和安全。在施工过程中，台背回填有一定难度，而规范对压实度要求又很高，高速公路、一级公路各部位都要求达到 95%，其他等级公路为 93%。检查程序原则上与路基压实度检查相同，只是检测频率大大高于路基，每 50m² 检查 1 点，不足的也得检查 1 点，每点都要合格。

二、桥涵工程

（一）原材料检验

原材料检验是试验室的一项经常性的检验内容，必须按各种材料规定的频率随时取样试验，因为材料的质量是在不断变化的。

（二）混凝土配合比试验

除开工前对基础混凝土和钻孔桩混凝土做配合比试验外，施工过程中，还要对本工程所需用的全部配合比逐一做配合比试验。随着工程进展，混凝土强度等级会越来越高，所以做配合比试验就要更精心。混凝土配合比试验一般要在使用前一个月就着手进行。为了争取时间，一般试验室配合比 7d 强度出来即可先报监理工程师，请他们做校验配合比。如果能争取监理工程师和项目试验室的配合比同步进行，可以减少配合比试配到报批监理工程师签认的时间，有利于工程顺利进行。

（三）混凝土施工的质量控制

如果没有严格的施工质量控制，再好的配合比也无法真正地用于工程。混凝土的施工质量控制是混凝土工程质量的关键。混凝土工程质量控制的环节很多，哪一环节出了问题，都可能影响工程质量。从原材料到配合比，再到混凝土搅拌运输、振捣、拆模、养生等一系列工作，都会对混凝土的工程质量产生一定的影响。下面仅就与试验有关的部分谈谈施工质量控制的程序和方法。

（1）混凝土工程施工应执行申请单和通知单制度，施工现场负责人在浇筑前1～2h（工程紧张至少0.5小时前）填写申请交试验室。

（2）试验室接到申请立即安排人现场取样，做砂石含水量测定，并根据此换算施工配合比，填写"混凝土配合比通知单"。

（3）通知单不能一送了之，应协助拌合站操作人员定量、检查出料情况，如不能满足设计和施工要求，可做适当调整。一般拌到3-5盘后，拌合料均匀、稳定，试验人员方可离开。

（4）当采用小型拌合机进行施工时，拌合前试验人员应核准并监督每车砂石料及水的称量，查看第一盘出料情况。

（5）一般在拌制第一盘混凝土时，都应适当减少部分石子用量，这是考虑拌合机要粘去部分砂浆，确保第一盘混凝土质量。

（6）试验人员要及时抽检混凝土的坍落度，每台班不得少于2次，以校验其稠度是否符合设计要求，并满足施工需要，还要做记录。

（7）试验人员应随时检查各种原材料是否同配合比制定材料相符。

（8）试验人员应经常检查各种原材料的计量准确性，偏差过大及时调整。

表6-3　混凝土施工配料允许偏差

材料类别	允许偏差（%）	
	现场拌制	预制场或搅拌站拌制
水泥、混合材料	±2	±1
粗、细集料	±3	±2
水、外加剂	±2	±1

（9）混凝土浇筑中断，或天热及运距远使稠度降低无法浇筑，此时切记不能随意加水来加大稠度，只能适当增加一些减水剂来调节稠度，满足施工需要。

（10）及时按规定留制试件，1组3块试件应取自同一盘有代表性的混凝土。试件应在浇筑地点或拌合地点分别随机制取，根据需要还要留足同条件养护试件。

（11）混凝土试件应按时编号、拆模，及时送标养室养护。

（12）大型工程或混凝土方量较大的工程，施工中应建立质量控制图来控制强度。一方面掌握强度的波动情况，还可以根据波动情况采取措施调整配合比，减少工程成本，增加企业收入。

（四）地基承载力检验

构造物设计上都对地基承载力有明确要求，这也是试验人员在施工过程中必须进行的一项试验检测工作。试验人员应积极配合现场施工人员，及时做好这项工作，并做好相应的记录。

（五）预应力混凝土孔道压浆的水泥净浆试验

水泥净浆一般选用 ≥42.5 级硅酸盐水泥或普通硅酸盐水泥，普通饮用水，适当掺加高效减水剂和微膨胀剂，如铝粉等。配合比通过试验确定，主要测定指标为抗压强度、泌水率、膨胀率和稠度。强度应符合设计规定且不低于 30MPa。

孔道压浆，每工作台班应留不少于 3 组 7.07cm 立方体试件。

（六）钻孔泥浆试验

施工过程中，试验人员应按工程需要及时进行钻孔泥浆的性能测定，并填写相关记录。

（七）钢筋焊接件的检验

1. 钢筋焊接　作业前必须进行试焊。

（1）考核焊工。

（2）考核钢筋的可焊性。

2. 闪光对焊　应按同一级别和直径、同一台班、同一焊工、同一焊接参数，焊完 300 个同类接头为一批，每批任选 3 根，截取抗拉试件 3 根、弯曲试件 3 根。抗拉强度不得小于该级别钢筋规定的抗拉强度。每批抽检 10%，并不少于 10 个，进行外观检查，不合格切除重焊。

3. 电弧焊　应以 300 个同类型接头为一批，每批切去 3 个接头做拉伸试验，其强度不得小于该级别钢筋规定的抗拉强度。

接头清渣后进行外观检查，应符合要求。

（八）浆砌工程的施工质量控制

1. 原材料试验

（1）浆砌石料应做抗压强度试验。

（2）浆砌砂浆所用水泥的技术要求及试验项目与混凝土工程一样。

（3）砂子宜采用中砂和粗砂，如用细砂应适当提高水泥用量。最大粒经：砌筑片石 ≯ 5mm；砌筑块石、粗料石 ≯ 2.5mm。

2. 砂浆配合比试验

3. 砌筑工程的施工控制

（1）发配合比单后应配合施工人员给每一盘砂浆的水泥、砂子定量。

（2）加水量多少应视稠度而定。

（3）经常深入工地检查配料情况及拌合物均匀性，并按规定留砂浆强度试件。每台班一般及次要砌筑物取 1 组，重要及主体砌筑物取 2 组，每组 6 个 7.07cm3 的试块。

三、路面工程

（一）基层、底基层

目前我国各地，特别是高速公路，大都采用石灰土、水泥土、二灰土、水泥碎石、二灰碎石等来做基层和底基层。

1. 原材料试验

（1）土：颗粒分析、液塑限、含水量。

（2）石灰：钙镁含量测定、未消化残渣含量。

（3）水泥：凝结时间、强度试验、安定性。

（4）粉煤灰：化学分析、细度、烧失量。

（5）碎石：筛分试验、压碎值试验、表观密度、堆积密度、针片状含量。

以上原材料最初均应做全面检验，施工过程应根据各自的频率及材料变化情况及时检验。

用做稳定层的上述材料的基本要求如下：1 土：用于水泥稳定土，塑性指数 < 12；用于石灰土，塑性指数宜为 15 ~ 20；用于二灰土，塑性指数为 12-20 的土。2 石灰：应用 Ⅲ 级以上的石灰，最好用消石灰粉或生石灰粉。3 水泥：应用低强度水泥，如 32.5 级，而且尽量选用终凝时间较长的水泥。4 粉煤灰：烧失量 ≯ 20%，二氧化硅、三氧化二铝、三氧化二铁的总量 ≥70%，湿粉煤灰含水量 ≤35%。5 碎石：级配应符合要求，最大粒经 ≯ 40mm，高速公路、一级公路压碎值 ≯ 30%，二级及二级以下公路的压碎值做基层时 ≯ 35%，做底基层时 ≯ 40%。

2. 混合料配合比试验（专题叙述）

3. 基层、底基层施工质量控制

（1）含灰量测定。一般用 EDTA 滴定法检查，参照表准曲线，确定样品实际含灰量。结果立即通知现场，便于及时补灰。每台班应进行一次含灰量的测定，至少做 6 个样品。

（2）留制抗压强度试件。当混合料拌合均匀含灰量测定后，应随机抽取多点试样，制备抗压强度试件。要注意保证试样的含水量，制件数量和配合比试验时相同。

（3）混合料含水量测定。当混合料拌合均匀后立即测定含水量。

（4）压实度检侧。一般在成型后的第 2 天或第 3 天进行检测，程序参照路基压实度检查程序，大都采用灌砂法。检测频率为每作业段或不超过 2000 ㎡检查 6 点，压实度标准见下表。

表6-4　基层、底基层压实度最低要求（%）

公路等级			高速公路和一级公路	二级及二级以下公路
水泥稳定类材料	基层	中粒土、粗粒土	98	97
		细粒土	98	93
	底基层	中粒土、粗粒土	97	95
		细粒土	95	93
石灰稳定类材料	基层	中粒土、粗粒土	-	97
		细粒土	-	93
	底基层	中粒土、粗粒土	97	95
		细粒土	95	93
二灰稳定类材料	基层	中粒土、粗粒土	98	97
		细粒土	98	93
	底基层	中粒土、粗粒土	97	95
		细粒土	95	93

注：（1）由于当前有多种能量大的压路机，宜提高1%-2%。

（2）摘自《公路路面基层施工技术规范》（JTJ034-2000）

（3）弯沉测定。基层、底基层施工完成后，都要进行弯沉测定。

（二）水泥混凝土路面

试验工作和质量控制工作与桥梁工程的混凝土一样。最大区别是水泥混凝土路面多了一项抗折强度技术指标，而且这项指标又是混凝土路面质量好坏的关键。在路面混凝土配合比设计时，按抗压强度设计，但以抗折强度作为检验强度。因此，在配合比设计及所用材料上，都有一些特殊要求。

（1）水泥应选用硅酸盐水泥或普通硅酸盐水泥，不低于42.5级，用量≮300kg/m³。

（2）砂子应用中、粗砂，尽量不用细砂。

（3）石料强度应不小于3级，饱水抗压强度与混凝土设计抗压强度比应不小于200%。

（4）混凝土坍落度应控制在1-2.5cm，水灰比不大于0.46，砂率不大于35%。在留制抗折小梁试件时，应特别注意振捣密实，尽量排出空气，减少蜂窝、气泡，因为试件中部1/3长度内，如有蜂窝（大于Φ7mm*2mm）试件作废。

（5）水泥混凝土路面设计资料中，一般只提抗折强度指标。规范中允许暂以抗压强度进行路面水泥混凝土的配合比设计，施工单位也习惯以抗压强度进行路面水泥混凝土的配合比设计。因此在混凝土配合比设计时，如无可靠资料，可参考下表进行试配。

表 6-5　混凝土抗折强度与抗压强度关系

混凝土 28d 抗折强度（MPa）	2.0	2.5	5.0	5.5
混凝土 28d 抗压强度（MPa）	25.0	30.0	35.0	40.0

2003 年颁布的《公路水泥混凝土路面施工技术规范》（JTG F30-2003）明确规定了路面混凝土配合比按弯拉强度设计计算，并规定：重要路面、桥面工程，应采用正交试验法进行配合比优选。

（6）每天或铺筑 200m³ 混凝土时，应留制 2 组试件；超过 200 m3 混凝土时，增留 1 组试件。

（三）沥青混凝土路面

目前我国高速公路、一级公路甚至很多二级公路大都采用沥青混凝土路面面层。这里仅介绍沥青混凝土路面施工过程中的试验工作及质量控制管理。

1. 原材料试验

（1）沥青：针入度、延度、软化点、黏度、沥青与矿料粘附性。

（2）粗集料：筛分、针片状、表观密度、堆积密度、含泥量、吸水率、压碎值、磨耗值、磨光值、含水量。

（3）细集料：（砂、石屑等）筛分、表观密度、堆积密度、含泥量、含水量。

（4）填料：（矿粉、粉煤灰等）筛分、表观密度、堆积密度、含水量。

以上原材料，最初均应进行全面检验，施工过程中，应根据规定频率及材料的变化情况及时抽检。

2. 沥青混凝土配合比（专题介绍）　沥青混凝土的配合比设计应根据实践经验和马歇尔试验结果，经试拌、试铺论证确定。沥青混凝土的配合比设计结果对路面使用性能、材料用量及工程造价有很大影响，是一项非常重要的工作。

沥青混凝土的配合比设计应按照《公路沥青路面施工技术规范》附录 B 进行。

3. 沥青混凝土施工过程的试验工作及质量控制

（1）测温。沥青及混合料在不同施工状态下的温度会直接影响沥青路面的施工质量。如果温度超过有关规定，将成为废料，会造成极大的浪费。因此施工时，及时检测温度并留下记录是十分必要的。对于沥青混合料的出厂温度和摊铺温度，每车必侧 1 次，碾压温度应随时测。

《公路沥青路面施工技术规范》（JTG F40-2004）规定热拌沥青混合料的施工温度按下表执行。

检测项目			检测频率
桥涵工程	钢筋焊接件		同级别和直径、同焊工、同焊接参数，300 个接头为一批，每批 3 个试件
	钻孔泥浆		每台班和清孔前必检 1 次，地质变化应随时检测
	孔道压浆强度		每台班制件不少于 3 组
	砂浆强度		每台班制件不少于 2 组（每组 6 个试件）
	台背回填压实度		每 50 ㎡检 1 点，不足也检 1 点
路面工程	基层、底基层	水泥石灰剂量	每 2000 ㎡测 1 次，至少 6 个样品，每台班至少一次
		含水量	每次碾压前测 1 次
		压实度	每作业段或不超过 2000 ㎡检查 6 点以上
		抗压强度	每 2000 ㎡，细粒土 6 个试件，中粒土 9 个试件，粗粒土 13 个试件
		弯沉值	每评定段（不超过 1km）每车道 40-50 个测点
		平整度	3m 直尺每 200m 测 2 处，连续 10 尺
		塑性指数	每 1000 ㎡检测 1 次，土质有变化应随时检测
	水泥混凝土路面	抗折强度	高速公路和一级公路每工作班制作 2-4 组。日进度＞1000m 取 4 组，日进度＞500m 取 3 组，日进度＜500m 取 2 组。其他公路每工作班制作 1～3 组。日进度＞1000m 取 3 组，日进度＞500m 取 2 组，日进度＜500m 取 1 组。
		坍落度	每台班至少 2 次
		平整度	用平整度仪，全线每车道连续测，每 100m 计算 σ、IRI
沥青路面	测温	出厂	每车不少于 1 次
		摊铺	每 100m 不少于 1 次
		碾压	随时检测
	矿料筛分		每日每台拌合机 1 次或 2 次
	油石比		每日每台拌合机 1 次或 2 次
	马歇尔试验		每日每台拌合机 1 次或 2 次
	压实度		每 2000 ㎡检测 1 次，1 次钻不少于一个孔
	平整度	标准差	平整度仪全线每车道连续测
		最大间隙	3m 直尺每 1km 测 10 处，连续 10 尺
	弯沉	贝克曼梁	全线连续检测每 20m1 点
		自动弯沉仪	全线连续检测每 5m1 点

1. 试验资料的管理

（1）试验室应设专职试验资料管理员，负责试验室全部资料的收集、保管、上报、下发等工作。

（2）试验资料应分类管理，分别放入文件盒，并在盒外贴上标签，便于存放和查阅，试验资料一般分类为：1 原材料试验资料，如砂、石、水泥、钢筋、钢绞线、土工、石灰、粉煤灰、沥青、石屑、石粉等，各设一个文件盒。对检测频率大的项目，如土工，可按液塑限、标准击实、颗粒分析等单独设盒。2 水泥混凝土配合比、砂浆配合比、沥青混凝土配合比、基层和底基层配合比、标准击实等标准试验资料应分别各装一个文件盒。3 一般大、中、小桥试验资料应分别一桥设一盒。4 对特大桥，如基础、钻孔桩、系梁、承台、墩身、墩台帽、盖梁、大梁等，可先按部位分盒，待整理竣工资料时再统一整理。5 涵洞、通道、路基、路面检测资料可按桩号 1km 设一个盒。

（3）试验资料应设专柜保管，可在柜门贴上标签，按原材料、路基、桥涵、路面等分类存放，防止丢失，便于查阅。

（4）试验资料在施工过程中，经常会分期、分批地上报监理工程师审批、签认。实践中有时会发生资料丢失现象，因此，项目试验室应建立试验资料报送台账。一方面避免丢失，另外可以随时查看上报资料的连续性，避免漏报。

（5）外委试验资料应设专盒保管，包括外委台账。

（6）任何人查阅资料后应自觉放回原处，以免弄乱和丢失。

（7）试验资料的借阅必须通过试验室主任批准，由项目试验室资料管理员进行登记。

2. 试验管理规章制度

3. 岗位职责

（1）项目试验室主任岗位职责

（2）试验技术员岗位职责

（3）试验员岗位职责

（4）试验资料管理员岗位职责

4. 试验仪器、设备管理制度

5. 技术性文件管理制度

6. 试验室安全管理制度

7. 标养室管理制度

8. 委托试验管理制度

第十五节　试验台账

试验台账是试验管理的一种有效手段，它对整个施工过程中项目经理部试验方面的质量控制、试验资料的管理有着重要作用。许多建设项目要求试验室建立相应的台账。

一、试验台账的作用

（1）试验仪器、设备台账是购置、调配、报废的依据，是仪器、设备管理的重要一环。

（2）计量仪器、设备台账是确保试验仪器、设备的计量量值准确性的重要一环，也是国家计量法规规定必须建立的台账。

（3）在施工过程中，项目试验室经常要给监理工程师、业主、中心试验室等单位报送有关试验资料。建账即可防止资料丢失，又可保证报送资料的连续性。

（4）各种原材料的试验台账不但可以简捷、直观地掌握、了解原材料的质量变动情况，而且可以随时检查各种原材料试验是否满足有关规定所要求的频率。

（5）施工过程中质量检测的试验项目，如路基、路面压实度检查和弯沉检测、水泥混凝土、砂浆、无机结合了得抗压强度检测以及石灰（水泥）剂量测定等，建立了试验台账可保证试验检测和试验资料的完整性。

二、常用试验台账及台账样表

1. 常用试验台账（见下表 6-10）

表 6-10　常用试验台账

序号	台帐名称	序号	台帐名称
1	试验仪器、设备台账	14	水泥混凝土配合比试验台账
2	试验计量仪器、设备台账	15	混凝土（砂浆）抗压强度试验台账
3	委托试验台账	16	混凝土抗折强度试验台账
4	实验资料报送台账	17	砂浆配合比试验台账
5	液塑限试验台账	18	石灰钙镁含量试验台账
6	标准击实试验台账	19	石灰标准曲线试验台账
7	路基（路面）压实度检验台账	20	石灰（水泥）剂量测定试验台账
8	路基（路面）弯沉检测试验台账	21	无机结合料击实试验台账
9	细集料试验台账	22	基层（底基层）配合比试验台账
10	粗集料台账	23	无机结合料抗压强度试验台账
11	水泥物理、力学性能试验台账	24	沥青试验台账
12	钢筋试验台账	25	沥青混凝土配合比试验台账
13	地基承载力检验台账	26	沥青混合料试验台账

2. 试验台账表样（略）

第十六节　试验数据的统计分析和处理方法

在公路工程施工过程中，不论是原材料还是施工中的质量控制检验，都会取得大量的数据。对这些数据进行科学地分析，可以更好地评价原材料和工程质量。在公路质量检验评定标准中，也分别提出了许多数理统计的特征值。因此，项目试验人员应具备数理统计的基本知识。在进行试验成果的分析整理时，必须坚持理论与实际统一的原则。以现场和工程具体条件为依据，以测试所得的实际数据为基础，以数理统计分析为手段，区别不同统计，针对不同要求采取不同方法。下面简要介绍常用数理统计方法和数据处理方法。

一、平均值

1.算术平均值　这是最常用的一种方法，用于了解一批数据的平均水平，度量这些数据的中间位置，其计算公式为：

$$\overline{X} = (X_1 + X_2 + X_3 + \ldots + X_n)/n = \sum X/n$$

式中：$\overline{X}$—算术平均值；

$X_1, X_2, X_3, \ldots X_n$—各试验数据值；

$\sum X$—各试验数据值的总和；

n—试验数据个数。

2.均方根平均值　均方根平均值对数据的大小跳动反应较为灵敏，其计算公式为：

$$S = \sqrt{\frac{X_1^2 + X_2^2 + \ldots + X_n^2}{n}} = \sqrt{\frac{\sum X_n^2}{n}}$$

式中：S—均方根平均值；

$X_1, X_2, X_3, \ldots X_n$—各试验数据值；

$\sum X_n^2$—各试验数据值的总和；

n—试验数据个数。

3.加权平均值　加权平均值是各试验数据和它的对应数的算术平均值。其计算公式为：

$$m = \frac{X_1 g_1 + X_2 g_2 + \ldots + X_n g_n}{g_1 + g_2 + \ldots + g_n} = \frac{\sum Xg}{\sum g}$$

式中：m—加权平均值；

$X_1, X_2, X_3, \ldots X_n$—各试验数据值；

$g_1, g_2, \ldots g_n$—和试验数据对应数；

$\sum Xg$—各试验数据值和它对应数乘积的总和；

$\sum g$ —各对应数的总和。

加权平均值也可以随机的试验数据值与其对应各值概率的乘积之和来计算，其公式为：

$$m = X_1 g_2 + X_2 g_2 + \ldots + X_n g_n$$

式中： m —加权平均值；

$X_1, X_2, X_3, \ldots X_n$ —各试验数据值；

$g_1, g_2, \ldots g_n$ —和试验数据对应各值的概率。

二、误差计算

1. 范围误差　　范围误差也叫极差，是试验数据中最大值和最小值之差。常用于测定数值的离散程度，可了解数据的波动范围和波动程度，但易受异常值影响，不能表示频数的分布情况。

2. 算术平均误差　　算术平均误差计算公式为：

$$\delta = \frac{\left| X_1 - \overline{X} \right| + \left| X_2 - \overline{X} \right| + \ldots + \left| X_n - \overline{X} \right|}{n}$$

式中： δ —算术平均值误差；

$\overline{X}$ —试验数据的算术平均值；

$X_1, X_2, X_3, \ldots X_n$ —各试验数据值；

n —试验数据个数；

| | —绝对值。

3. 标准差（均方根差、均方差）　　只知道数据的平均水平是不够的，要了解数据的波动情况及带来的危险性，标准差（均方根差、均方差）是衡量波动性（离散性大小）的重要指标。其值越大，说明波动离散越大。

试验数据的平均值与每个试验数据值之差称为离差；离差平方和的平均值称为均方（又称方差）；均方的平方根称为均方根差，简称均方差或标准差。

标准差的计算公式为：

$$S = \sqrt{\frac{\left(X_1 - \overline{X}^2 \right) + \left(X_2 - \overline{X}^2 \right) + \ldots + \left(X_n - \overline{X}^2 \right)}{n-1}} = \sqrt{\frac{\sum \left(X_i - \overline{X}^2 \right)}{n-1}}$$

式中： S —标准差（均方根差、均方差）；

$X_1, X_2, X_3, \ldots X_n$ —各试验数据值；

$\overline{X}$ —试验数据的算术平均值；

n —试验数据个数。

三、变异系数

标准差是表示绝对波动大小的指标，当测量较大的量值时，绝对误差一般较大；测量值较小的量值时，绝对误差一般较小。因此要考虑相对波动的大小（相对离散程度），即用平均值的百分率来表示标准差，即变异系数越小，表示测定值离散程度越小，变异系数越大，表示测定值离散程度越大，其计算公式为：

$$C_V = \left(S / \overline{X} \right) \times 100$$

式中：C_V—变异系数，%；

S—标准差；

$\overline{X}$—试验数据的算术平均值。

由变异系数可以看出标准偏差所表示不出来的数据波动情况。

四、可疑数据的取舍

在一组条件完全相同的重复试验中，当发现有某个过大或过小的可疑数据时，应按数理统计的方法给以鉴别，并决定取舍。常用方法有三倍标准差法、格拉布斯法和肖维纳法。三倍标准差法最简单，试验数据取舍大都采用三倍标准差法。三倍标准差法的准则是 $\left| X_i - \overline{X} \right| > 3\delta$ 舍弃。在《公路工程质量检验评定标准》中，对路基、路面弯沉测定计算有此明确要求，对其他数据，不得随意取舍。

五、数字修约规则

根据《数值修约规则》（GB8170-87），实验数据修约时，应按下列规则进行。

（1）在拟舍弃的数字中，保留数后第一个数小于 5 时舍去。

（2）在拟舍弃的数字中，保留数后第一个数大于 5 时则进一。

（3）在拟舍弃的数字中，保留数后第一个数等于 5，5 后面数字不全部为零时，则进一。

（4）在拟舍弃的数字中，保留数后第一个数等于 5，5 后面无数字或全部为零时，保留数的末位数字为奇数则进 1；为偶数则舍弃。

（5）所拟舍弃的数字若为 2 位以上，不得连续进行多次修约。

（6）0.5 单位修约试验数据中，有的规范或规程要求小数点后保留 0 或 5，则修约规则为：将拟修约的数值乘以 2，在指定位数上依上述规则修约，所得数值再除以 2。

六、保证率

保证率是指达到设计要求的数据占试验检测总数的比率。即要求合格率必须达到设计要求的概率。根据正态分布曲线特征，保证率与保证率系数见下表。

表 6-11 保证率与保证率系数

保证率系数	0.1	0.2	0.3	0.4	0.5	0.6	0.7	0.8	0.9	1.0
保证率（%）	52.0	57.9	61.8	65.5	69.2	72.6	75.8	78.8	81.6	82.1
保证率系数	1.1	1.2	1.3	1.4	1.5	1.6	1.7	1.8	1.9	2.0
保证率（%）	86.4	88.5	90.3	91.9	93.8	92.5	96.4	97.1	97.7	
保证率系数	2.1	2.2	2.3	2.4	2.5	2.6	2.7	2.8	2.9	1
保证率（%）	98.2	98.6	98.9	99.2	99.4	99.5	99.7	99.7	99.8	99.9

当保证率为整数百分率时，保证率系数可用插入法确定。常用保证率有：保证率 85%，保证率系数为 1.04；保证率 90%，保证率系数为 1.282；保证率 95%，保证率系数为 1.645。

第七章 重点试验项目试验方法

公路工程项目设计的试验项目很多，但大多数项目根据试验规程比较容易做。本章主要介绍对工程质量影响重大的，而且初学试验人员较难掌握的钢材试验、水泥混凝土配合比试验和沥青混合料配合比试验。

第一节 钢材试验

钢是以铁为主要元素，含碳量一般在 2% 以下，并含有其他元素的材料。建筑钢材品种繁多，对公路工程而言，主要用到的是钢筋和钢绞线。

一、钢筋的定义和性能

（一）钢筋的定义

1. 钢筋混凝土用热轧光圆钢筋　经热轧成型病自然冷却的成品、横截面为圆形且表面光滑的钢筋混凝土配筋用钢材称为钢筋混凝土用热轧光圆钢筋。

2. 钢筋混凝土用热轧带肋钢筋　钢筋混凝土用热轧带肋钢筋是指钢筋混凝土配筋用的直条或盘条钢材。通常带有两道纵肋和沿长度方向均匀分布的横肋。规格用公称直径的毫米数表示，公称直径相当于截面相等的光圆钢筋的公称直径。公称直径为 8-50mm，推荐采用 8mm、10mm、12mm、16mm、20mm、25mm、32mm、40mm。

带肋钢筋由于表面带肋的作用，和混凝土有较大的黏结力，因而能很好地承受外力的作用。钢筋广泛地用于各种建筑结构，几乎所有的公路工程混凝土结构中都有应用，特别是大、中桥梁。

3. 预应力混凝土用钢绞线　预应力混凝土用钢绞线，简称预应力钢绞线。钢绞线有用 2 根、3 根钢丝捻制的，用得最多的是由 7 根圆形断面钢丝捻制而成，做预应力混凝土配筋用的钢绞线。与其他钢筋混凝土配筋材料相比，具有强度高、柔性好、质量稳定、成盘供应、不须接头等优点，适用于大型建筑、公路或铁路桥梁等大跨径预应力混凝土构件。

（二）钢筋的使用性能

钢筋的使用性能是指能够保证钢筋制成成品正常使用的能力，如物理性能、力学性能和化学性能等。

1. 物理性能 是指钢筋本质不发生变化而表现的性能。如密度、熔点、导电性、导热性、磁性等。

2. 力学性能 钢筋在外力作用下所表现出的各种特性。如强度、硬度、弹性、塑性、韧性等。

3. 化学性能 主要指其化学稳定性，即承受各种加工制造工艺且不产生疵病或废品而应具有的性能。

（三）钢筋的工艺性能

钢筋在加工过程中，能承受各种加工制造工艺而不产生疵病或废品应具有的性能。

1. 冷弯性 钢筋在常温下能承受弯曲而不破裂的能力。一般用弯曲角度或弯心直径 d 对钢筋直径 a 的比值来表示。弯曲角度越大或弯心直径 D 对钢筋直径 a 的比值越小，钢筋的冷弯性能愈好。

2. 焊接性（可焊性） 是指钢筋适应常用焊接方法和焊接工艺的能力。焊接性好的钢筋，易于用常用的焊接方法和焊接工艺焊接；焊接性能差的钢筋须用特殊的焊接方法和焊接工艺。一般根据焊接时产生裂纹的敏感性及焊缝区力学性能的变化来判断。

二、钢筋的分类

（一）按生产工艺分类

1. 热轧钢筋 热轧钢筋是将钢锭或连铸坯在高温时用轧钢机轧制，而不再经过任何处理的钢筋。

2. 冷拉钢筋 冷拉钢筋是将热轧钢筋在常温下拉到屈服点以上、极限强度以下的一定强度，卸荷后可使原钢筋的屈服点、极限强度和硬度都得到提高。冷拉工艺一般可在工地进行。

3. 冷拔低碳钢丝 将 $\Phi 6mm \sim 10mm$ 的热轧光圆钢筋，在常温下通过拔丝模具多次强力冷拔卸荷后，使原钢筋直径减小，塑性降低，极限强度大为提高，称其为冷拔低碳钢丝。冷拔工艺一般在厂内进行，工地具有设备条件时也可进行冷拔。

2. 热处理钢筋 将热轧螺纹钢筋，经淬火和回火的调质热处理而成。经过热处理后的钢筋改变了其内部组织，提高了刚才的抗拉强度并改善了其性能，可使热轧普通钢筋的抗拉强度提高到预应力筋所需要的抗拉强度。

5. 碳素钢丝 通称高强钢筋丝，由含碳量 0.25% ~ 0.6%、含磷及硫量少于 0.05% 的优质碳素钢制成，分矫直回火和冷拉两种，直径为 3 ~ 5mm。

6. 刻痕钢丝 由碳素钢丝经压痕机轧制而成，工厂只供应低温回火处理的刻痕钢丝，规格以未压痕前的直径表示。

7.钢绞线 一般由 7 根 Φ2.5mm ~ Φ5mm 碳素钢丝编绞而成，成股直径为 9 ~ 15mm。

（二）按化学成分分分类

1.碳素钢筋 含碳量低于 0.25% 的称为低碳钢钢筋，如Ⅰ级钢筋；当含碳量为 0.25% ~ 0.6% 时，称为中碳钢钢筋，如原Ⅱ级钢筋；当含碳量为 0.60% ~ 1.4% 时，称为高碳钢钢筋，如碳素钢丝。

2.普通低合金钢钢筋 是在低碳钢钢筋中，提高合金元素硅、锰的含量（硅最多可含 1.8%，锰最高可含 1.6%）或另含钒、钛、铌元素等，而使轧制的钢筋强度高且综合性能好。其主要牌号有 20 锰硅和 20 锰铌的 HRB400 钢筋。

（三）按使用性能和力学性能分类

1.普通钢筋 又做非预应力钢筋使用，其力学性能、工艺性能（弯曲性能）应符合表 7-1 的规定（钢筋牌号是按屈服点最小值来划分的）。

2.预应力混凝土用钢材 目前使用的有热处理钢筋、娇直回火钢丝、冷拉钢丝、刻痕钢丝、钢绞线等，使用最多的是钢绞线。

表 7-1 钢筋力学性能、工艺性能（弯曲性能）

表面形状	牌号	公称直径（mm）	屈服点 σS（MPa）	抗拉强度 σb（MPa）	伸长率 δS（%）	冷 弯	
			不小于			弯心直径 d	弯曲角度
光圆	R235	8-20	235	370	25	a	180°
带肋	HRB335	6-25 28-50	335	490	16	3a 4a	180°
	HRB400	6-25 28-50	400	570	14	4a 5a	180°
	HRB500	6-25 28-50	500	630	12	6a 7a	180°
光圆盘条	Q215		215	375	27		180°
	Q235		235	410	23	0.5a	180°

（四）按轧制外形分类

可分为光面圆钢筋（圆钢丝）、变形钢筋、刻痕钢丝。《钢筋混凝土用热轧带肋钢筋》（GB1499-1998）的新标准中，带肋钢筋的外形只有月牙形。

（五）按供应形式分

可分为盘圆钢筋（直径 6 ~ 10mm）和直条钢筋（长度 6 ~ 12m）。

（六）按直径大小分

可分为钢丝（直径 3 ~ 5mm）、细钢筋（直径 6 ~ 10mm）、中粗钢筋（直径 12 ~ 20mm）和粗钢筋（直径大于 20mm）。

（七）低碳钢热轧圆盘条按用途分

可分为 L- 供拉丝用盘条、J- 供建筑和其他一般用途的盘条。

三、钢筋的鉴别

钢筋的品种很多，在运输、保管中稍有疏忽就可能使外形相似的钢筋品种混淆，造成使用中的混乱，严重的可能造成工程质量事故。

（1）圆钢筋和带肋钢筋是很好区别的，主要是不同牌号的带肋钢筋，从外形上不好区别。

（2）钢筋出厂时，厂家都应提交质量证明书。

（3）正规的工地钢筋加工场应建立"钢筋下料日记"，记录每天工程用料的情况，包括日期、工程使用部位、用料品种规格和数量（包括钢筋根数、总长及重量）、生产厂家等。如果钢筋混淆，可从"钢筋下料日记"上进行查对分析。

（4）带肋钢筋在其表面上轧有钢筋牌号，HRB335 的钢筋上轧有"2"字；HRB400 的钢筋上轧有"3"字；HRB500 的钢筋上轧有"4"字，并有厂名的汉语拼音字头，直径（mm）数也用阿拉伯数字轧在钢筋上。

（5）对直径不大于 10mm 的钢筋，一般不在钢筋上轧制标志，而是采用挂牌的方法。标牌上一般应标有厂名（或商标）、规格、牌号等。

（6）钢筋还可采用简易试验进行鉴别。方法是将被检查钢筋在砂轮上打出火花，与牌号已明确的钢筋火花的形状、流线、颜色等进行对比，来确定被检查钢筋的品种。

四、钢筋的检验

钢筋进场时应具有出厂质量证明书或试验报告，每捆（盘）钢筋均应有标牌，并应按批号及直径分批验收。验收内容包括查对标牌、外观检查，并按《公路桥涵施工技术规范》的有关规定，抽取试样进行力学性能复验和可焊性试验。

（一）钢筋混凝土用热轧钢筋的检查

1. 外观检查　钢筋端头切的正直；表面不得有裂缝、结疤和折叠；表面允许有凸块，但不得超过带肋钢筋横肋的高度；其他缺陷深度和高度不得大于所在部位尺寸的允许偏差。

2. 力学性能试验　盘条钢筋和涵洞用热轧钢筋具有出厂质量证明时，使用前可不做力学性能试验。无质量证明文件和使用中有怀疑时，应做拉力、冷弯试验，需焊接做可焊性试验。大、中、小桥所用热轧钢筋，除有质量证明书外，其中 ≥12mm 的钢筋应做力学性能和可焊性试验。

力学性能试验须分批进行，以同一厂家、同一炉号、同一直径的钢筋为一批，每批不大于 60t；每批钢筋任选 2 根的端部各取一组试件，每组一个拉力试件、一个冷弯试件、一个可焊接试件。试验后如有一个项目不合格，则另取两倍数量试件做第二次试验，如有一个不合格，则该批钢筋为不合格。

（二）预应力混凝土用钢绞线的检验

预应力混凝土用钢绞线验收时，应按批进行，每批由同一牌号、同一规格、同一生产工艺捻制的钢绞线组成。每批质量不大于 60t。

1. 外观检查　从每批钢绞线中选取 3 盘，进行表面质量、直径偏差和捻距检查。一批少于 3 盘，逐盘检查。捻距为直径的 12 ~ 16 倍，捻的紧不松散，一般左捻（S）。每盘应为一整根，其长度不小于200m。表面不得有油渍等降低黏结力的物质。不得有接头、折断、横裂和相互交叉。

2. 力学性能试验　从外观检查合格的 3 盘钢绞线的端部正常部位个截取 1 根时间进行拉力试验和松弛试验。如有一项不合格时，则不合格盘不予验收。再从未试验过的钢绞线中双倍数量取样进行该不合格项复检。如仍有一项不合格，则该批钢绞线为不合格。

五、钢筋的接头

（一）钢筋接头的种类
钢筋的接头分焊接接头和绑轧接头两类。

（二）钢筋绑轧接头的技术要求
（1）钢筋绑轧接头是通过钢筋与混凝土的黏结力而传递应力的，所以，两根钢筋必须有一定的搭接长度（见表 7-2）。

表 7-2　受拉钢筋绑扎接头的搭接长度

钢筋类型	混凝土强度等级		
	C20	C25	≥C25
R235	35d	30d	25d
HRB335	40d	40d	35d
HRB400	55d	50d	45d

（2）受拉区的 R235 光圆钢筋绑轧接头的末端应做弯钩，HRB335、HRB400 带肋钢筋的绑扎接头末端可不做弯钩。

（3）直径 ≤12mm 的受压 R235 光源钢筋的末端和轴心受压构件中任意直径的受力钢

筋的末端可不做弯钩，但搭接长度不应小于钢筋直径的 30 倍。

（4）钢筋搭接处，应在中心和两端用铁丝扎牢。

（三）钢筋焊接头的技术要求

（1）钢筋的纵向焊接应采用闪光对焊，当缺乏闪光对焊条件时，可采用电弧焊。

（2）钢筋的交叉连接，宜采用电阻电焊，不宜用手工电弧焊。

（3）钢筋和钢板的 T 形连接，宜采用埋弧压力焊或电弧焊。

（4）现场竖向或斜向钢筋的焊接，宜采用电渣压力焊。

（四）闪光对焊

闪光对焊是利用电阻热使接触点金属熔化，产生强烈飞溅，形成闪光，迅速施加顶锻力完成的一种压焊方法。

（五）电弧焊（搭接焊）

电弧焊是以焊条作为一极，钢筋为另一极，利用焊接电流，通过产生的电弧热，进行焊接的一种熔焊方法。

六、钢筋试验

钢筋试验包括拉伸试验和冷弯试验。

（一）钢筋的拉伸试验

《金属材料温拉伸试验方法》（GB228）适用于所有钢铁和有色金属材料的拉伸试验，包括棒材、型材、板（带）材、管材、线材、铸件和锻压件，所以试验方法看起来比较繁杂，故本节将用较通俗、简洁、实用的方法对钢筋的拉伸试验程序、试验要点、注意事项作详细介绍。

1. 试验目的　检测钢筋原材料的屈服点、抗拉强度和伸长率。以评定钢筋力学性能指标是否符合标准要求。

2. 性能指标解释（图 7-1）

（1）屈服点：①钢筋拉伸过程中，荷载不增加而试样仍继续发生变形屈服时的应力。② $\sigma S = PS$（钢筋屈服时荷载）/F0（试样原横截面积）（MPa）

（2）抗拉强度：①钢筋拉伸时，在断裂前所承受的最大应力称为抗拉强度。② $\sigma S = Pb$（拉断前最大荷载）/F0（试样原横截面积）（MPa）

（3）伸长率：①钢筋试样拉断后，其标距部分增加的长度与原标距长度的百分比。② δ =[L1（拉断后标距长度 mm）-L0（试样原标距长度 mm）/L0（试样原标长度 mm）]*100%。

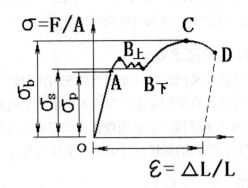

图 7-1

3. 试验仪器

（1）万能试验机。

（2）量具，如游标卡尺或螺旋千分尺、钢尺（200—500mm）。

（3）打标距用的划线机或带色涂料、快干墨水、小冲孔钻头。

2. 试验程序、试验要点及注意事项

（1）钢筋试件的长度。一般为 10d+200mm。

（2）钢筋试件做拉力试验前，应对试样做外观检查，有下列缺陷之一者，该试件不得用于试验。①表面有显著横向刀痕或机械损伤；②有明显变形或淬火裂纹；③表面有肉眼可见的冶金缺陷。

（3）量测钢筋直径。

（4）打标距。打标距是为量测和计算伸长率。

（5）选度盘。

（6）安装、检查自动描绘系统。

（7）夹持试件。

（8）正式送油做拉伸试验。送油时一定要注意加荷速度，拉伸速度规定如下。①屈服前，应力增加速度为 10MPa/s；②屈服后，应力增加速度为 10 ~ 30MPa/s。

（9）观察屈服点负荷。

（10）抗拉强度的测定。

（11）量测伸长率。

（12）钢筋断裂形式的判断。

（13）试验结果的处理。根据性能指标解释的公式，分别计算出钢筋的屈服点、抗拉强度和伸长率。

试验中如出现下列情况之一，试验结果无效。①试样在标距外断裂；②由于试验操作不当，如试样夹偏而造成性能指标不符合规定要求；③试验后，试样出现两个以上缩颈；④试验中记录有误或设备仪器发生故障，影响结果的准确性。

遇有试验结果作废时，应补做试验。

（二）钢筋的冷弯试验

本节依据《金属材料弯曲试验方法》（GB/T232—1999），对钢筋冷弯试验作简要介绍。

1. 试验目的　钢筋在低温状态下进行弯曲试验，以表示其承受弯曲的能力。钢筋的冷弯试验是建筑钢材的主要工艺试验，用以测定钢筋在冷加工时承受变形的能力，借以了解受试钢筋对某种工艺加工适合的程度。钢材含碳、磷量较高，或曾经进行过不正常的热处理，冷弯试验往往不合格，所以建筑钢材常做此试验，用以评定钢筋质量是否合格。钢筋电焊街头的可靠性也常用此试验来检验。

2. 试验设备　弯曲试验可在压力机械或万能试验机上进行。试验机应具备下列装置：

（1）应有足够硬度的支承辊，其长度应大于试样的直径，支辊间的距离可以调节。

（2）应具有不同直径的弯心压头，其宽度应大于试样直径，并有足够的硬度。

3. 试件长度　做冷弯试验的钢筋长度应为 [1.55*（弯心直径＋钢筋直径）+140]mm（试样中间 1/3 范围内不得有凿冲等工具刻痕及压痕）。

4. 试验程序、试验要点及注意事项（按在万能机上作说明）

（1）按照有关标准，选定合适的弯心直径压头。

（2）调整两支承辊间的距离，其距离为（弯心直径+3 倍钢筋直径）± 0.5*（钢筋直径），应该注意支承辊的距离是指两支承辊之间的圆边的距离。

（3）根据《钢筋混凝土用热轧带肋钢筋》（GB1490—1998）和《钢筋混凝土用轧光圆钢筋》（GB13013—91）的规定，钢筋冷弯角度均为180°。

（4）将试验钢筋置于两支承辊上，注意试件两端多出两支承辊外的距离，应基本相等，而且试件应放在两支承辊中间的位置上。

（5）开动万能机电动机，使弯心压头轻轻接触试件，然后均匀平稳地对试件施压，直到试件达到规定的弯曲角度时停机。

（6）然后回油，使试台下降，取下试件。应注意，取试件时，最好戴上手套，因为钢筋经冷弯试验后，受拉部分温度会升高，以免烫手。

（7）试验过程中，除测力计操作人员外，其他人员应远离试验区域，以免试件突然断裂后弹出伤人。

（8）弯曲试验一般应在 10 ~ 35C° 室温范围内进行。

（9）试验结果的评定。

弯曲试验后，按下列标准检查试件弯曲的外表面，进行结果评定。①完好，试件弯曲处的外表面金属基本上无肉眼可见的因弯曲变形产生的缺陷时，称为完好；②微裂纹，式样弯曲外表金属基本上出现的细小裂纹，其长度不大于 2mm，宽度不大于 0.2mm 时，称为微裂纹；③裂纹，式样弯曲外表金属基本上出现开裂，其长度大于 2mm，而小于或等于 5mm，宽度大于 0.2mm，而小于或等于 0.5mm，时，称为裂纹；④裂缝，式样弯曲外表面金属基体上出现明显开裂，其长度大于 5mm，宽度大于 0.5mm 时，称为裂缝；⑤裂断，式样弯曲外表面金属基本上出现明显开裂，其深度超过试样直径的 1/3 时，称为裂断。

在微裂纹、裂纹、裂缝中规定的长度和宽度，只要有一项达到某规定范围，即应按该级评定。根据上述检验结果，式样无裂纹、裂缝或裂断，则评定式样合格。

（三）钢筋焊接件的试验

1. 对焊钢筋和电弧焊钢筋的拉力试验

（1）对焊钢筋和电弧焊钢筋的拉力试验基本操作程序同钢筋原材料的拉伸试验，只是不需打标距测伸长率，也不必测定屈服点。

（2）焊接钢筋做拉力试验前，应先检查两根钢筋的轴线是否顺直，一定注意夹持试件时要垂直，不得偏心受拉。否则，试验时焊缝可能会被撕开。

（3）焊接钢筋由于焊工水平不一，很可能出现突然断裂的现象，因此试验时应注意安全，除测力计操作员外，其他人员应远离试验区域。

（4）试验中，当发现原材料有缩颈现象且拉力也达到原材要求时，说明焊口没问题，即可关机停止试验，不必拉断。

（5）钢筋闪光对焊接头、电弧焊接头拉伸试验结果应符合下列要求。13 个热轧钢筋接头试件的抗拉强度均不得小于该批钢筋规定的抗拉强度；HRB400 钢筋接头试件的抗拉强度均不得小于 570N/mm2；2 至少应有 2 个试件断于焊缝之外，并应呈延性断裂。

当达到上述两项要求时，应评定该批接头为抗拉强度合格。

当试验结果有 2 个试件抗拉强度小于规定的钢筋抗拉强度，或 3 个试件均在焊缝或热影响区发生脆性断裂时，则一次判定该接头为不合格品。

当试验结果有 1 个试件的抗拉强度小于规定值，或 2 个试件在焊缝或热影响区发生脆性断裂，其抗拉强度均小于钢筋规定的 1.1 倍时，应进行复验。

复验时，应再切取 6 个试件。复验结果，当仍有 1 个试件的抗拉强度小于规定值，或有 3 个试件断于焊缝或热影响区，呈脆性断裂，其抗拉强度小于钢筋规定抗拉强度的 1.1 倍时，应判定该批接头为不合格品。

注意，当接头试件虽断于焊缝或热影响区且呈脆性断裂，但其抗拉强度大于或等于规定钢筋抗拉强度的 1.1 倍时，可按断于焊缝或热影响区之外，呈延性断裂对待。焊接钢筋的热影响区可参考下列要求确定。

闪光对焊接头为 0.7d，电弧焊接头为 6 ～ 10mm。

以上摘自《钢筋焊接及验收规程》（JGJ18-2003）。

2. 对焊钢筋的弯曲试验

（1）对焊钢筋做冷弯试验前，必须将受压面的毛刺和镦粗变形部分打平，与母材外表齐平。

（2）做弯曲试验时，焊缝应处于弯曲中心点，弯心直径和弯曲角度应符合表 7-3。

表 7-3　接头弯曲试验指标

钢筋牌号	弯心直径	弯曲角度
HPB235	2d	90°
HRB335	4d	90°
HRB400　RRB400	5d	90°
HRB500	7d	90°

注：1d 为钢筋直径；2 直径大于 25mm 的钢筋焊接接头，弯心直径应增加 1d。

当试验结果弯至 90°，有 2 个或 3 个试件外侧（含焊缝和热影响区）未发生破裂，应评定该批接头弯曲试验合格。

当 3 个试件均发生破裂，则一次性判定该接头为不合格品。

当有 2 个试件发生破裂，应进行复验。

复验时，应再切取 6 个试件。复验结果，当有 3 个试件发生破裂时，应判定该批接头为不合格品。

注意，当试件外侧横向裂纹宽度达到 0.5mm 时，应认定已经破裂。

以上摘自《钢筋焊接及验收规程》（JGJ18-2003）。

（3）试验操作程序和注意事项与钢筋原材料试验相同。

第二节　水泥混凝土

水泥混凝土是建筑工程中用途最广、用量最大的建筑材料。

一、混凝土的定义

混凝土是指由水泥、石灰、石膏类无机交结料与水或沥青、树脂等有机交结料的胶状物与集料按一定比例拌和，并在一定的条件下硬化而成的人造石材。

水泥混凝土是由水泥，水及砂石集料配制而成的，其中水泥和水是具有活性的组成成分，起胶凝作用，集料起骨架和填充作用。水泥与水发生反应后形成坚固的水泥石，将集料颗粒牢固地黏结成整体，使混凝土具有一定的强度。

二、混凝土的分类

混凝土有各种分类方法。一般按其所用胶结料、集料、用途及施工工艺等进行分类。

1. 按胶结材料　水泥、沥青、硅酸盐、聚合物、硫黄等。

2. 按表观密度（集料）　重（>2600）、普通（2500～2000）、轻（<1950）等。

3. 按施工工艺　普通现浇、泵送、喷射、真空脱水、碾压、热拌等。

4. 按用途　防水、防射线、耐酸、装饰、耐火等。

5. 按掺料　粉煤灰、硅灰、磨细矿渣、纤维混凝土等。

6. 按强度　低强（<30MPa）、中强（30～60MPa）、高强（≥60MPa）。

7. 按水泥用量　贫（<170kg）和富（≥230kg）。

三、混凝土的性能

1. 和易性　为满足施工需要，混凝土拌和物应具有要求的流动性或塑性，才能方便施工，一般用坍落度或工作度表示。

2. 沁水性　为保证施工要求的和易性而多加的拌和水，在浇筑振捣后常上浮于混凝土表面或滞留于粗集料与钢筋的下面，经蒸发后形成空隙，消弱水泥浆与集料或钢筋的黏结力，导致混凝土强度降低。可通过调整配合比设计及掺外加剂等方法来减少其沁水性，提高其保水性。

3. 强度　是混凝土的主要物理力学性能，又分为抗压强度、抗拉强度等。其中，抗压强度是表示混凝土强度等级的主要指标。混凝土强度随龄期而增长。

2. 收缩　混凝土在硬化过程中，由于胶体干燥、水分蒸发而引起体积收缩称为干缩。一般混凝土的干缩值为（3-12）*10-4。如果结构受到约束，则干缩会引起混凝土开裂。

5. 徐变　徐变是混凝土在一定荷载的长期作用下，随着时间的延长增加的变形。

6. 抗渗性　混凝土抵抗水、油等液体压力作用的性能称为抗渗性。抗渗性与混凝土的内部孔隙特征、大小及数量有关。因此，提高混凝土的密实性就可以提高其抗渗性。这对水工混凝土、防水混凝土来说，是十分重要的。

7. 抗冻性　抗冻性是评价混凝土耐久性的重要指标。它表示混凝土抵抗冻融循环作用的能力。一般来说，致密或掺有引气剂的混凝土抗冻性能较好。

除上述性能之外，还有混凝土的密度、导热系数、硬化性能、抗腐蚀性能等。

四、混凝土配合比设计

混凝土配合比设计是公路工程施工中最常规的试验项目之一，许多人都做过。有的人认为，混凝土配合比设计，只要按设计规程进行就可以了，没什么了不起。其实，有些人只是简单、机械地按设计规程进行配合比设计，对配合比设计中的一些细节、深层次的问题并不十分了解。混凝土配合比设计是一个较为复杂的过程，它要经过设计计算、试拌、校正、养生、施压、调整等多个环节。每个环节都有相应的规范、标准要求，哪一个环节出了差错，对混凝土配合比都有影响。因此，要设计出一个好的配合比，并不是一件很容易的事。

下面就混凝土配合的设计原则及注意事项，作详细介绍。

（一）混凝土配合比的设计原则

混凝土配合比的设计原则有以下 4 条。也就是说一个优质的混凝土配合比，必须满足以下 4 项基本要求。

1.必须满足设计要求的混凝土强度　混凝土强度是混凝土配合比设计中最主要的技术指标，任何配合比设计，首先必须满足设计要求的混凝土强度。应该特别指出的是，这里所讲的设计要求的混凝土强度，不是设计图上的混凝土强度等级，如 C30、C40，而是为保证施工后的混凝土达到设计强度等级，而在混凝土强度等级上增加了一定富余量的混凝土强度，在混凝土配合比设计中，称混凝土配制强度，或称试配强度。

为什么要采用试配强度？

众所周知，混凝土是一种不匀质的材料。这是由于水泥、砂、石质量波动较大，混凝土施工工艺条件千差万别，如配料称量的误差、拌和时间的长短不一、集料含水的变化，以及运输条件和天气的变化等因素造成的。即使是采用相同的原材料和相同的配合比配制的混凝土，其强度也会在一定的范围内波动，不可能完全相同。所以，如果按设计要求的强度等级进行混凝土的配合比设计，那么在现场取样的混凝土强度试验结果中，强度能达到设计要求的样品数量大约只占 50%，这是任何验收规范都不允许的。因此，在混凝土配合比设计时，必须在设计强度等级上增加一定的富余量，才能保证施工后的混凝土绝大部分满足设计要求。这个富余量的大小是根据施工管理质量的优劣来确定的。施工管理水平高，质量控制好，混凝土强度波动范围小，混凝土强度均方差值就小，混凝土配合比设计时所增加的富余就小，企业的经济效益就高。反之，有的施工企业，不注重混凝土施工质量的控制，不是因混凝土强度达不到设计要求，造成返工，就是担心混凝土强度达不到设计要求，而层层加大保险系数，无限制地加大水泥用量，使施工混凝土强度超过设计要求，致使混凝土强度波动很大，造成极大的浪费。

随着混凝土技术的不断发展，高等级混凝土的产量在逐年增加，而高强混凝土的标准也在逐年提高。目前我国多数专家将高强度混凝土定位在 C50、C60 上，而 C50、C60 混凝土也在大量被采用。所以，生产这么高强度的混凝土，将验收强度的保证率定为 95% 是非常必要的，否则，后果不堪设想。

随着混凝土验收强度保证率的提高，混凝土试配强度也相应提高了。其公式为 $Rp=R+tS$。由于保证率改为 95%，其保证率系数为 1.645，故上式可直接写成 $Rp=R+1.645S$。这就是目前我国采用试配强度公式的来历。

2.必须满足和易性要求　和易性是指混凝土从拌和开始，满足运输、浇灌、捣实等施工操作的性能。

和易性是保证工程质量和便于施工的重要条件。和易性好，能使混凝土在运输过程中不易离析（水泥、砂、石和水互相分离），而且便于浇筑；和易性不好的混凝土，施工比较困难，混凝土的密实程度难以保证，对混凝土工程的质量影响很大。因此，混凝土配合比设计时，应根据下列两个因素来选择和易性：

建筑物的截面大小和钢筋的稠密程度。

施工时所采用的浇筑、运输、振实方法。

如果建筑物的截面狭窄而且复杂，混凝土稠度过小，不利于浇筑，则需要流动性较大的混凝土才能完全浇筑密实。如果钢筋布置稠密，则增加了浇筑的困难，因此也需要混凝土具有较大的流动性。

混凝土施工中所采用的浇筑、运输、振捣方法不同，对混凝土的稠度要求也不同，如机械拌和与人工拌和、小推车运输和罐车运输、机械振捣和人工振捣等，一般前者要求混凝土流动性较小，后者要求混凝土流动性相对较大，才能方便施工。

混凝土的和易性是一项综合的技术性质，包括三方面，即流动性、粘聚性和保水性。流动性是指混凝土混合物在自重或施工振捣作用下，能产生流动并均匀密实地填满模板的性能。粘聚性是指混凝土拌和物在施工过程中其组成材料之间具有一定的黏聚力，不致产生分层和离析现象。保水性是指混凝土拌和物在施工过程中，具有一定的保水能力，不致产生严重的沁水现象。因此，混凝土配合比设计时，不能只考虑其流动性，只要坍落度能满足要求就行了。粘聚性和保水性不好的混凝土，也将影响到混凝土工程的质量，特别是混凝土的外观质量。混凝土的流动性在质量指标中有明确要求，如坍落度或工作度要达到多少，而粘聚性和保水性在质量指标中没有具体的数据要求，要靠目测、观察。粘聚性的检查方法，是在做坍落度试验后，用振捣棒在已坍落的混凝土锥体一侧轻打后锥体渐渐下沉，表示粘聚性良好；如果锥体突然倒塌、部分崩裂或发生石子离析现象，即表示粘聚性不好。保水性是根据混凝土拌和物中稀浆析出的程度来评定的。在做坍落度试验时，当坍落度筒提起后，如有较多稀浆从底部析出，而混凝土试体则因失浆而骨料外露，则表示混凝土拌和物的保水性能不好；如果坍落筒提起后，无稀浆或仅有少量稀浆自底部析出，而锥体混凝土试体含浆饱满，则表示混凝土拌和物保水性良好。

3. 必须满足耐久性的要求　混凝土的耐久性，是指混凝土能经得起长久使用，就是说混凝土工程的寿命要长，能够耐磨损、耐火、抗冻、抗渗、抗化学侵蚀等。配合比设计时，必须要考虑这些要求。

对有特殊耐久性要求的混凝土，如海工混凝土、水工混凝土、道路混凝土、严寒地区的混凝土和其他连续或频繁地与水接触的混凝土（桥梁墩台、隧道支衬、储水（油）池、挡土墙）等，除满足设计要求的混凝土抗压强度外，还必须满足抗冻、抗渗、抗化学侵蚀等技术指标的要求。对所有的混凝土，在相关规范中，根据混凝土所处环境条件，都有水灰比允许值的要求，这也是为保证混凝土耐久性所必需的。所以，配合比设计时一定要注意这一点。

另外，在《公路桥涵施工技术规范》中，对混凝土掺入外加剂还作了下述规定：

（1）在钢筋混凝土中，不得掺用氯化钙、氯化钠等氯盐。

（2）位于温暖或严寒地区、无侵蚀性物质影响及与土质接触的钢筋混凝土构件，混凝土中的氯离子含量不宜超过水泥用量的0.3%；位于严寒和海水区域、受侵蚀环境的桥涵，氯离子含量不宜超过水泥用量的0.15%。从各种组成材料引入的氯离子含量（折合氯盐含量）如大于上述数值，应采取有效的防锈措施（如掺入阻绣剂、增加保护层厚度、提高混凝土密实性等）。当采用洁净水和无氯骨料时，氯离子含量可主要以外加剂或混合材料的氯离子含量控制。

（3）无筋混凝土的氯化钙或氯化钠掺量以干质量计，不得超过水泥用量的3%。

（4）掺入加气剂的混凝土含气量宜为3.5% ~ 5.5%。

（5）对由外加剂带入混凝土的碱含量应进行控制。1m3混凝土的总含碱量，对一般桥涵不宜大于1kg/ m³；对特殊大桥、大桥和重要桥梁不宜大于1.8kg/ m³；当处于受严重侵蚀的环境，不得使用有碱活性反映的骨料。

以上规定，也是为了保证混凝土的耐久性，在配合比设计应用外加剂时，应当注意。

4. 必须满足经济上合理的要求　一个好的配合比，不仅要确保工程质量，满足施工需要，而且要尽量节约成本，合理地利用当地材料。配合比设计时，应本着节约工程成本，为企业创利的精神去做。

混凝土配合比的经济性，是配合比设计时必须着重考虑的一个问题。

在混凝土的基本材料组成中，水泥的价格最贵。因此，在满足对混凝土质量

要求的前提下，单位体积混凝土的水泥用量愈少愈经济。水泥用量小，不仅是一个经济问题，而且还具有技术上的优点。例如，对于大体积混凝土，水泥用量小，可以减少由于水化热过大引起裂缝的危险性；在结构混凝土中，水泥用量的增大会导致干缩的增大和开裂。

混凝土混合料的需水量主要取决于集料的品种、最大粒径和级配。在保持水灰比不变得情况下，需水量愈大，水泥用量也必然愈大。

要考虑混凝土配合比的经济性，在配合比设计时应注意下面几个问题：①选择集料时，应考虑就地取材。②尽量选用最大的石子粒径。③选择最佳的集料级配。④选择最佳含砂率。⑤集料的表面状态、形状等对和易性的影响很大。用卵石配制的混凝土，和易性较用碎石配制的好。因此，采用前者可节约水泥。⑥尽量掺用合适的外加剂。掺用外加剂不但可以改变混凝土的某些性能，方便施工，而且可以大大节约水泥，这已被许多工程实践所证实。一般来说，节约水泥的费用都要比购买外加剂的费用要大。做配合比设计试配时，可进行技术和经济效益的对比试算。⑦尽量选用最小的单位用水量。混凝土在满足施工和易性的前提下，如果水泥用量维持不变，用水量越少，水灰比越小，混凝土强度越高；如果水灰比维持不变，用水量越少，水泥用量就越小，同时混凝土的体积变化也就越小。因此，应尽量减少单位用水量。⑧在条件允许的前提下，应在混凝土中尽量掺用外掺料，如粉煤灰。不但可以节约水泥，而且可以改善混凝土的和易性，减少水化热，降低出现干缩裂缝的可能性。在水下混凝土和大体积混凝土施工中，尤其应考虑掺用粉煤灰。

混凝土的经济性，不仅与原材料有关，而且与设备、劳动力、现场施工管理有关。这

些问题不是配合比设计所能解决的。但是，如果混凝土的和易性与施工设备不相适应，则会大大影响生产费用。如果在生产过程中质量控制不严，即使混凝土的和易性很好，也会引起混凝土强度达不到设计要求，亦即不能保证质量，甚至返工，这是最不经济的。

（二）混凝土配合比设计依据

因为交通部没有颁布专门的配合比设计规程，在《公路桥涵施工技术规范》中指定采用《普通混凝土配合比设计规程》（JGJ55）（以下简称规程）进行配合比设计，因此，这个规程就是我们进行混凝土配合比设计的依据。但是应当特别注意的是，规程是建设部颁布的，里面的许多指标、规定是针对建筑行业提出的，而我们公路行业是按公路工程施工技术规范和验收标准进行施工和验收的。因此，规程中的计算公式、设计方法和步骤可以照章使用，但对一些技术指标及特殊混凝土的要求，应按公路施工技术规范的要求执行。以下几点，在配合比设计时应当注意。

关于混凝土的配制强度。

混凝土的配制强度，可根据本单位历史平均强度标准差，按式（7-1）确定：

$$f_{cu,t} = f_{cu,k} + 1.645\sigma \qquad (7\text{-}1)$$

式中：$f_{cu,t}$——混凝土配制强度，MPa；

$f_{cu,k}$——混凝土设计强度等级，MPa；

σ—本单位历史混凝土强度平均标准差，MPa。

当混凝土强度等级为 C20 或 C25 时，如本单位历史平均强度标准差 $\sigma < 2.5$ MPa，取 $\sigma =2.5$ MPa；当混凝土强度等级高于 C25 时，如本单位历史平均强度标准差 $\sigma < 1$ MPa，取 $\sigma =1$ MPa。

当施工单位没有近期的同一品种混凝土强度资料时，其混凝土的强度标准差可按下表取用。

表 7-4　σ 值（MPa）

混凝土强度等级	≤20	25-35	> 35
σ	2.0	5.0	6.0

混凝土的最大水灰比和最小水泥用量

规程中"混凝土的最大水灰比和最小水泥用量"表，适用于房屋建筑行业。

公路工程混凝土施工，应按表 7-5 查对。

表7-5 混凝土最大水灰比和最小水泥用量

混凝土结构所处的环境	无筋混凝土		钢筋混凝土	
	最大水灰比	最小水泥用量（kg/m³）	最大水灰比	最小水泥用量（kg/m³）
温暖或寒冷地区，无侵蚀物质影响，与土直接接触	0.60	250	0.55	275
严寒地区或使用除冰盐的桥涵	0.55	275	0.50	300
受侵蚀物质影响	0.45	300	0.40	325

3. 配制水下混凝土，应按下列规定执行

（1）可采用火山灰水泥、粉煤灰水泥，普通硅酸盐水泥或硅酸盐水泥，使用矿渣水泥时应采取防离析措施。水泥的初凝时间不宜早于2.5h，水泥强度等级不宜低于42.5。

（2）粗集料宜优先用卵石，如用碎石宜适当增加混凝土配合比的含砂率。

（3）集料的最大粒径不应大于导管内径的1/6-1/8和钢筋最小净距的1/4。同时不应大于40mm。

（4）混凝土配合比的含砂率宜采用0.4-0.5，水灰比宜采用0.5-0.6。有可靠的试验依据时，含砂率和水灰比可酌情增大或减少。

（5）混凝土拌和物应有良好的和易性，在运输和灌注过程中，应无显著离析、沁水现象。灌注时应保持足够的流动性，其坍落度宜为180-220mm。混凝土拌和物中宜掺用外加剂、粉煤灰等材料。

（6）1m3水下混凝土的水泥用量不宜少于350kg。当掺有减水剂或粉煤灰时，可不少于300kg。

（7）对沿海地区（包括油盐、碱腐蚀地下水的地区）应配制防腐蚀混凝土。

4. 配制泵送混凝土 可按规程中泵送混凝土的规定执行，混凝土拌和物的坍落度宜为80～180mm。

5. 配制高强度混凝土（C50—C80），应按下列规定执行

（1）配制高强度混凝土，宜选用高强度水泥，水泥强度等级不得低于42.5，可采用硅酸盐水泥或普通水泥。

（2）配制用的细骨料，除应满足细集料的一般规定外，尚应满足如下要求：宜使用级配良好的中砂，细度模数不小于2.60，含泥量应小于2%。

（3）粗骨料除应满足一般规定外，尚应满足如下要求。应使用质地坚硬、级配良好的碎石，骨料的抗压强度应比所配制的混凝土强度高50%以上，含泥量应小于0.5%，针片状颗粒含量应小于5%，骨料的最大粒径宜小于25mm。配制高强度混凝土必须使用高

效减水剂，宜采用后掺法，并根据不同的要求，辅以助剂配制，其掺量根据试验确定，外加剂的性能必须符合有关标准的规定。配制时宜外掺的混合料为磨细粉煤灰、沸石粉、硅粉。高强混凝土中的氯离子含量，对位于温暖或寒冷地区、无侵蚀物质影响及与土直接接触的桥梁，不应超过水泥重量的 0.2%；对位于严寒和海水区域、受侵蚀环境的桥涵，不应超过水泥重量的 0.1%。当处于受严重侵蚀的环境时，不得使用有碱活性反应的骨料。

（7）当无可靠的强度统计数据及标准差数值时，混凝土的施工配制强度，对于 C50—C60 级混凝土，应不低于强度等级的 1.15 倍，对于 C70—C80 级混凝土，应不低于强度等级的 1.12 倍。

（8）所用水胶比（水与胶结料的重量比，后者包括水泥及混合材料的重量），宜控制在 0.24-0.38。

（9）水泥重量不宜超过 500kg/m³，水泥与混合材料的总量不超过 550 ~ 600kg/cm³，粉煤灰掺量不宜超过胶结料重量的 30%，沸石粉不宜超过 10%，硅粉不宜超过 8% ~ 10%。

（10）混凝土的砂率宜控制在 28% ~ 34%。

（11）高强度混凝土设计配合比确定后，应用该配合比进行重复试验验证，其平均强度不应低于配制强度。

6. 对有抗冻、抗渗要求和大体混凝土　可参照规程的有关规定执行。

三、混凝土配合比设计条件

混凝土配合比设计前必须具备下列条件，即必须掌握下列资料，才能进行。这也是配合比的设计前提。

1. 混凝土强度等级　这是配合比设计的首要条件，也是配合比计算的重要依据。

2. 工程部位和施工方法　这是配合比确定坍落度必须考虑的主要方面。不同的工程部位、不同配筋对混凝土的稠度有不同要求。普通混凝土浇筑入模时的坍落度见表 7-6。不同的施工机械对稠度有不同要求。泵送混凝土塌落最小为 80mm，一般为 90 ~ 120mm 为宜，罐车运输的混凝土坍落度最小为 70mm，一般为 70 ~ 90mm。

表 7-6　混凝土浇筑入模时的坍落度

结构类型	坍落度（mm）（振动器振实）
小型预制块及便于浇筑、振动的结构	0 ~ 20
桥涵基础、墩台等无筋或少筋的结构	10 ~ 30
普通配筋率的钢筋混凝土结构	30 ~ 50
配筋较密、断面较小的钢筋混凝土结构	50 ~ 70
配筋极密、断面高而窄的钢筋混凝土结构	70 ~ 90

3. 原材料的选择和试验资料　混凝土配合比设计之前，必须对所用原材料进行适当的

选择并逐一做常规检验，以保证用于配合比试验的原材料都是合格产品，否则，所做配合比设计将毫无意义。

（1）水泥：所用水泥应符合现行国家标准，并附有厂家的水泥品质试验资料。进场后，还应有自检资料。水泥试验资料，在混凝土配合比设计中应用时，有一个较难处理的问题，在水灰比计算公式中，有一个水泥28d抗压强度实测值，这是一个很好准确确定的值。

一般情况下，工地每一批水泥，都要及时取样做水泥质量鉴定，而混凝土配合比试验大都同步进行，这就无法得到这批水泥的实测28d强度。水泥厂家的质检资料，也只提供3d强度。然而，混凝土配合比又不能等到水泥28d实测强度出来后再做。大家知道，水泥的最佳使用期是出厂后3个月之内，如果等水泥强度检验1个月，配合比试验再1个月，就只剩下1个月的时间了，假如应用及时还好说，要是碰上连阴天，不能施工或水泥保管不好而结块，这批水泥要么降级使用，要么作废，这将造成极大的浪费。

那么。怎样解决这个问题呢？

首先，要求施工单位善于积累资料，从自测或送外检的多次水泥检验中，统计计算出各种水泥的28d强度富余系数；或者在设备、人员、时间充裕时，做一些水泥早期强度试验，用早期强度来推定28d水泥强度。实际上，以上两条对施工单位来说，都不是很容易做到的。一方因施工单位流动性大，今年在这里施工，明年改换了工地，所用水泥及厂家可能就全变了。原来统计的水泥28d强度富余系数就用不上了；另一方面，施工单位的试验室人员、设备配备，大都以满足施工未限，不可能有很多时间去做水泥早期强度测定。

关于水泥28d强度富余系数，以前在一些规范、规程中曾提出，在无本单位、本地区实际统计资料时，推荐富余系数为1.13，这也是有关科研单位对全国几十家水泥厂家出产的水泥进行统计分析后得出的一个平均值。

水泥的选用，应根据混凝土结构物所处的环境条件及特殊要求，选择不同的水泥品种，这对方便施工及保证工程质量都是相当重要的，具体可参考表7-7。

表 7-7　常用水泥的选用

砼工程特点及环境条件			优先选用	可以选用	不宜选用
普通砼	1	一般气候环境的砼	普通水泥	矿渣水泥、火山灰水泥 粉煤灰水泥、复合水泥	
	2	干燥气候环境的砼	普通水泥	矿渣水泥	火山灰水泥 粉煤灰水泥
	3	高湿环境或长期处于水中的砼	矿渣水泥、火山灰水泥 粉煤灰水泥、复合水泥	普通水泥	
	4	厚大体积的砼	矿渣水泥、火山灰水泥 粉煤灰水泥、复合水泥		硅酸盐水泥
有特殊要求的砼	1	要求快硬、高强（>40）的砼	硅酸盐水泥	普通水泥	矿渣水泥 火山灰水泥 粉煤灰水泥 复合水泥
	2	严寒露天的砼、寒冷地区水位升降范围的砼	普通水泥	矿渣水泥（>32.5）	火山灰水泥 粉煤灰水泥
	3	严寒地区水位升降范围的砼	普通水泥（>42.5）		矿渣水泥 火山灰水泥 粉煤灰水泥 复合水泥
	4	有抗渗要求的砼	普通水泥 火山灰水泥		矿渣水泥
	5	有耐磨性要求的砼	硅酸盐水泥 普通水泥	矿渣水泥（>32.5）	火山灰水泥 粉煤灰水泥
	6	受侵蚀的砼	矿渣水泥、火山灰水泥 粉煤灰水泥、复合水泥		硅酸盐水泥

另外，选用水泥时，不单要考虑水泥品种，同时还要考虑水泥强度等级与混凝土强度等级的匹配性，就是说即不用高强度水泥配制低强度混凝土，也不能用低强度水泥配制高强度混凝土。

如果用高强度水泥配制低强度混凝土水灰比一般都较大，单方水泥用量较少，往往混凝土拌和物的和易性较差，不利于施工运输、振捣、成型。为了改善和易性而增加水泥用量，必然会出现 28d 强度超标很高的现象，这在经济上也是极不合理的。

如果用低强度水泥配制高强度混凝土，水灰比较小，单方水泥用量将大幅度提高，将大大提高混凝土的水化热，由于水泥用量的增大，也大大增加了混凝土早期开裂的可能性，经济上也不划算。

水泥强度与混凝土强度的配制一般在 0.81 ~ 1.31 之间，最佳匹配为 0.93 ~ 1.17 之间。鉴于新标准水泥强度较原标准普遍提高了一个强度等级的情况，建议混凝土与水泥强度按下列配置：

C10、C15、C20、C25、C30 的混凝土，用 32.5 级水泥（32.5 级是新标准中的最佳强度等级）；C35、C40 用 32.5 级、42.5 级水泥；C45 用 42.5 级水泥；C55 用 52.5 级水泥；C60 用 62.5 级水泥。

在配合比设计中还有一个水泥技术指标要参与计算，那就是水泥的表现密度。这项试验一般不做，大都直接采用 $3.10g/cm^3$。

（2）细集料：细集料的各项技术指标应满足有关标准的要求。

细集料应采用级配良好、质地坚硬、颗粒洁净、粒径小于 5mm 的河砂，河砂不易得到时，也可用山砂或硬质岩石加工的机制砂。细集料不宜采用海砂。砂的筛分应符合有关规定，并尽量采用细度模数为 2.3-1 的中砂。细度模数主要反映全部颗粒的粗、细程度，不完全反映颗粒的级配情况，配制混凝土时应同时考虑砂的细度模数和级配情况。

在配合比设计中，要用到砂子的表观密度，这个指标在《普通混凝土用砂质量标准》中是没有的，应按试验规程认真地做，以利于配合比的设计计算。

（3）粗集料：粗集料的各项技术指标应满足有关标准的要求。

粗集料采用质地坚硬的卵石或碎石，其级配可采用连续级配或连续级配与单粒级配配合使用，级配应符合要求。当使用两种以上单粒级石子配合时，应多做几种不同掺量的石子堆积密度进行对比，选用堆积密度最大的掺配比例，用于工程施工中。因为堆积密度越大，说明石子的空隙率越小，需用于填充空隙的水泥浆就越小，这样既可以节约水泥，又能保证混凝土有最大密度，强度也就越高。粗集料最大粒径应按混凝土结构情况及施工方法选取，但最大粒径不得超过结构最小边尺寸的 1/4 和钢筋最小净距的 3/4；在两层密布钢筋结构中，不得超过钢筋最小净距的 1/2，同时最大粒径不得超过 100mm。泵送混凝土的粗集料最大粒径除符合上述规定外，对碎石不宜超过输送管径的 1/3；对于卵石不宜超过输送管径的 2/5，同时应符合混凝土泵车制造厂的规定。

在满足上述要求的前提下，石子的最大粒径应尽量选择最大。混凝土中石子的粒径越大，空隙率和总表面积就越小，为达到同一坍落度所需的水泥浆就越少。同时，由于石子的强度远比水泥石高，混凝土的强度也会相应增高，水泥用量也可以减少。

（4）拌和用水的水应符合下列要求。1 水中不应含有影响水泥正常凝结与硬化的有害杂质、油脂、糖类及游离酸类等。2 污水、PH 值小于 5 的酸性水及含硫酸盐量超过水质量 $0.27mg/cm^3$ 的水不得使用。3 不得用海水拌制混凝土。4 供饮用的水，一般能满足上述条件，使用时可不经试验。

（5）外加剂：应根据工程特点和使用目的，通过技术经济比较，选择合适的外加剂品种，其掺量通过试验确定。所用外加剂，必须符合现行《混凝土外加剂》（GB8076—1997）的规定。

目前，混凝土外加剂 80% 以上为减水剂系列，如普通减水剂、高效减水剂缓凝减水剂、早强减水剂、引气减水剂等等。因此，在掺和外加剂的混凝土配合比设计时，不能简单地依据外加剂说明书中提出的减水率进行配合比设计，必须事先检测外加剂的实际减水率，便于配合比各种原材料用量的计算准确性。

在外加剂的产品说明书中，一般都有一个推荐掺量。当混凝土配合比设计计算出基准混凝土配合比后，用基准混凝土配合比按推荐掺量的中值，称取约 10L 混凝土料试拌，基准混凝土所计算的用水量不必全部加入，以满足设计要求的坍落度为限，最后确定实际加水量，再以此加水量来换算减水剂的实际减水率，并据此减水率来重新计算掺加外加剂的混凝土配合比。

例如，按普通混凝土配合比设计规程计算出的 C30 混凝土基准配合比如下。

$1m^3$ 混凝土水泥用量为 387kg，水 180Kg，砂 621kg，石 1262kg。坍落度要求为 30 ~ 50mm。拟掺某种减水剂，推荐掺量中值为 0.5%。

试拌 10L 混凝土用料，水泥 3.87kg，水 1.80kg，砂 6.21kg，石 12.62kg，外加剂 19.35g。

实测坍落度为 45mm，满足设计要求。实际用水 1.60kg，则实际减水率为（1.8-1.6）/1.8=11.1%，最后再根据实测减水率 11.1%，重新计算掺和外加剂的混凝土配合比。

（6）外掺合材料：混合材料包括粉煤灰、火山灰质材料、粒化高炉渣等，应由生产单位专门加工，进行产品检验并出具产品合格证书。目前混凝土中外掺混合材料用得较多的是粉煤灰，其技术条件应符合现行《用于水泥和混凝土中的粉煤灰》（GBJ1596）标准规定。

粉煤灰是从燃煤粉的电厂锅炉烟气中收集到的细粉末，其颗粒多数呈球形，表面光滑，色灰或浑灰。粉煤灰的表观密度为 1.95 ~ 2.40g/cm³，松散堆积密度为 550 ~ 800kg/m³。

我国于 1979 年制定了《用于水泥和混凝土中粉煤灰》的质量标准。1990 年又颁布了《粉煤灰混凝土应用技术》（GBJ146—90），规定了粉煤灰的分级技术标准，见表 7-8。

表 7-8　粉煤灰的分级及其品质标准

序言	质量指标	粉煤灰级别		
		Ⅰ	Ⅱ	Ⅲ
1	细度（45μm 方孔筛的筛余量 %）	≤12	≤20	≤45
2	烧失量 %	≤5	≤8	≤15
3	需水量比 %	≤95	≤105	≤115
4	SO3 含量 %	≤3	≤3	≤3

粉煤灰依其颗粒细度分为原状灰和磨细灰；依其排放方式分为赶排灰和湿排灰。由于粉煤灰的品质因煤的品种、燃烧条件不同而有很大差异，因此使用时必须十分注意其品质波动情况，并随时抽样检验。此外，干粉煤灰容易吸潮，在储运过程中必须予以注意，以

免影响正常使用。

不同等级的粉煤灰，有不同的适用范围，见表 7-9。

表 7-9　不同等级粉煤灰的适用范围

粉煤灰等级	适用范围
Ⅰ级	钢筋混凝土结构及跨度小于 6m 的预应力混凝土结构
Ⅱ级	普通钢筋混凝土和无筋混凝土结构
Ⅲ级	建筑砂浆及 C15 以下的无筋混凝土

配制泵送混凝土、大体积混凝土、抗深防水混凝土、蒸羊混凝土、轻集料混凝土、地下工程混凝土、压浆混凝土、水下混凝土、碾压混凝土、隧道衬砌混凝土、抗软水侵蚀或需要抑制碱-集料反应的混凝土时，宜掺用粉煤灰。

粉煤灰不得用于下列公路混凝土工程：有提前通车要求的混凝土；要求提前张拉或放张的预应力钢筋混凝土结构；长时间养生，温、湿度条件无保障，易干缩开裂的薄壁混凝土结构，如桥面铺装、薄壁墩等；低温施工时，易温缩开裂的混凝土结构，负温室过 7d 内达不到抗冻临界强度的一般混凝土结构及表面混凝土结构。

1）粉煤灰掺和料对混凝土性能的影响如下。

对混凝土拌和物性能的影响。

以粉煤灰取代部分水泥或细集料，能在保持混凝土原有和易性的条件下，减少用水量。一般来说，粉煤灰愈细，其减水效果愈好。如果掺和粉煤灰而不减少用水量，则可改善混凝土的和易性，并能减少混凝土的沁水率，防止离析。因而，粉煤灰掺和料更适合于压浆混凝土和泵送混凝土。

2）对混凝土强度、耐久性等物理性能的影响。

以粉煤灰取代部分水泥时，混凝土的早期强度可能稍有降低，但后期强度则与基准混凝土相等或略高。水泥用量不变，以粉煤灰取代部分细集料，混凝土的早期强度及后期强度均有提高。由于以粉煤灰取代水泥或细集料能减少混凝土的用水量，降低水灰比，因此能提高混凝土的密实性及抗渗性。粉煤灰还能减少混凝土的水化热，防止大体积混凝土开裂。粉煤灰对混凝土的抗冻性和钢筋防锈略有不利影响，使用时应注意。

（四）混凝土配合比设计计算、试拌、调整步骤

1. 配合比设计前的准备工作　必须详尽地了解强度等级、强度标准差、使用环境条件、施工工艺及各原材料的品种类型和物理力学性质等。

2. 实验室配合比的设计过程

（1）计算配合比的确定

1）确定配制强度（$f_{cu,t}$）

$$f_{cu,t} = f_{cu,k} + 1.645\sigma$$

2）确定水灰比（W/C）

$$\frac{W}{C} = \frac{Af_{ce}}{f_{cu,t} + ABf_{ce}}$$

混凝土最大水灰比和最小水泥用量限值见表7-5。

3）确定1m³混凝土的用水量（W_0）：查规程的混凝土单位用水量表（kg/m³）。

4）确定1m³混凝土的水泥用量（C_0）

$$C_0 = \frac{W_0}{W/C}$$

5）确定砂率（S_0）：查规程的混凝土砂率选用表。

6）确定1m³混凝土的砂、石用量（S_0、G_0）：计算砂、石用量的方法有重量法和体积法两种。

采用重量法时，按下式计算：

$$\left.\begin{aligned} C_0 + W_0 + S_0 + G_0 &= \rho_0 \\ S_P = \frac{S_0}{S_0 + G_0} &\times 100\% \end{aligned}\right\}$$

式中：ρ_0—混凝土拌合物的假定表观密度，kg/m³ 可根据骨科的表观密度、粒径及混凝土强度等级，在 2400 ~ 2450kg/m³ 范围内选定。

解联立两式，即可求出 S_0、G_0。

采用体积法时，按下式计算：

$$\left.\begin{aligned} \frac{C_0}{\rho_c} + \frac{W_0}{\rho_W} + \frac{S_0}{\rho_{0S}} + \frac{G_0}{\rho_{0G}} + 0.01\alpha &= 1 \\ S_P = \frac{S_0}{S_0 + G_0} &\times 100\% \end{aligned}\right\}$$

式中：ρ_c、ρ_w—分别为水泥、水的密度，g/cm3；

ρ_{0S}、ρ_{0G}—分别为砂、石的表观密度，kg／m3；

α—混凝土含气量百分数，在不使用引气型外加剂时，可选取 $\alpha = 1$。

解联立两式，即可求出 S_0、G_0。

（2）基准配合比的确定：先按计算配合比进行试拌，检查该混凝土拌合物的和易性是否符合要求。调整和易性后提出的配合比，即是可供混凝土强度试验用的基准配合比。

（3）实验室配合比的确定：基准配合比虽满足了和易性要求，但是否满足强度要求尚未可知。检验强度时至少用三个不同的配合比，制作强度试件时，应检验和易性和表观密度。每个配合比至少按标准方法制作一组试件，标准养护28d试压。接着通过将所测混凝土强度与相应的灰水比作图或计算，求出混凝土配制强度（f_{cu}）相对应的灰水比。最后按以下法则确定1m³各材料用量：用水量（W_b）—应取基准配合比中的用水量，并根据制作强度试件时测得的坍落度或维勃稠度调整。水泥用量（C_b）——以用水量乘以选定的灰水比计算确定。粗、细骨料用量（G_b、S_b）——应取基准配合比中的粗、细骨料用量，并按选定的灰水比调整。

至此得到的配合比，还应根据实测的混凝土拌合物的表观密度（$\rho_{c,t}$）作校正，以确定 $1m^3$ 混凝土拌合物的各材料用量。为此，先按下式计算出混凝土拌合物的计算表观密度（$\rho_{c,c}$）：

$$\rho_{c,c} = C_b + W_b + S_b + G_b$$

再计算出校正系数（δ）：

$$\delta = \frac{\rho_{c,t}}{\rho_{c,c}}$$

最后，按下式计算出实验室配合比（每 $1m^3$ 混凝土各材料用量）：

$$\left.\begin{aligned} C_{sh} &= C_b \bullet \delta \\ W_{sh} &= W_b \bullet \delta \\ S_{sh} &= S_b \bullet \delta \\ G_{sh} &= G_b \bullet \delta \end{aligned}\right\}$$

3.混凝土的施工配合比　设施工配合比 $1m^3$ 混凝土各材料用量为 C'、S'、G'、W'（kg），又设砂含水率为 $a\%$，石子的含水率为 $b\%$，则有：

$$\left.\begin{aligned} C' &= C_{sh} \\ S' &= S_{sh}(1 + a\%) \\ G' &= G_{sh}(1 + b\%) \\ W' &= W_{sh} - S_{sh} \bullet a\% - G_{sh} \bullet b\% \end{aligned}\right\}$$

五、混凝土试验

混凝土的实验项目很多，有些是规范有要求时才做，有些是项目实验室一般不具有相关设备，必须委托外单位做，而项目实验所能做的常规实验项目主要有坍落度实验、毛体积密度实验、抗压强度实验、抗折强度实验等。本节只对这几项实验的操作要点及注意事项作简要介绍。

（一）混凝土拌和物坍落度实验

1.概述　混凝土拌和物的和易性，通常采用测定混凝土拌和物的流动性，辅以直观经验评估粘聚性和保水性来确定和易性。测定混凝土拌和物的流动性大小，用"坍落度"或"维勃稠度"指标表示。由于公路工程施工大都用塑性混凝土，因此本节只对坍落度试验作简要介绍。

坍落度测定混凝土拌和物的流动性，适用于坍落度为 10 ～ 220mm 的塑性混凝土和流动性混凝土，骨料最大粒径不应大于 40mm。骨料粒径大于 40mm 的混凝土，允许用加大坍落度筒，但应予以说明。

根据最新国家标准《普通混凝土拌和物性能试验法标准》（GB/T50080—2002）的要求，当混凝土拌和物的坍落度大于 220mm 时，应测量混凝土扩展后最终的最大直径和最小直径，在这两个直径之差小于 50mm 条件下，用其算术平均值作为坍落度扩展度值，否则，此次试验无效。

2. 试验目的　测定混凝土拌和物的流动性，以判定是否符合混凝土配合比设计的要求，以方便施工。

3. 试验方法　用上口 Φ100mm、下口 Φ200mm、高 Φ300mm 的截头圆锥筒测定。详细试验方法见《公路工程水泥混凝土试验规程》（JTJ053—T0511—94 的"混凝土拌和物坍落度试验"。

4. 试验要点及注意事项

（1）试验前必须将坍落度筒内外用水冲洗，放在不吸水的刚性平板上，平板面积不得小于 600mm × 600mm。

（2）两脚应踏实紧坍落度筒的脚板，使坍落度筒在装料时保持固定的位置。两脚在提起坍落度前，不得有松动。

（3）往筒内装时，一定要注意填料高度，每次约装 1/3。

（4）插捣完毕，两脚移开踏板前，两手必须按住坍落度筒的两把手。然后清除坍落筒周边的拌和物。

（5）提起坍落筒时，不可用力过猛，以免碰撞混凝土锥体，应垂直平稳。

（6）从开始装料到提起坍落度筒的整个过程，应不断地进行，并应在 150S 内完成。

（7）量测坍落度，应以混凝土顶面中心的垂直距离为准，不应量测顶面倾斜的弧立最高点，特点是当顶端面孤立点为弧石时。

（8）测完坍落度后，应观察、评定混凝土的粘聚性。

（9）试验结果以两次测定的平均值作为测定值，单位为 mm，结果表达修约至 5mm。

（二）混凝土拌和物毛体积密度试验

1. 试验目的　测定混凝土拌和物捣实后的毛体积密度，为修正、校对混凝土配合比计算中的材料用量提供依据。

2. 试验方法　用容量筒配以捣实的方法测定。有的单位图省事，直接用混凝土试模测混凝土拌和物的毛体积密度，这种操作是不准确的，即使是新试模，出厂时也有误差，其体积也不标准。如果用旧试模，由于组装时不注意拧紧螺丝，造成试模不密封，振捣后容易漏浆，所测结果就更不准确，因此，应尽量避免用混凝土试模来测定混凝土拌和物的毛体积密度。

振实方法应根据坍落度大小来选定，其分界线为 70mm，即坍落度大于 70mm 时，用捣实法；坍落度小于 70mm 时，应用振动台振实。详细试验方法见《公路工程水泥混凝土试验规程》。

3. 试验要点及注意事项

（1）容量筒的大小应根据集料的最大粒径来选定。一般要求容量筒的内径大于最大粒径的 4 倍。

（2）试验前应用湿布将容量筒内外擦拭干净。

（3）装料层数、插捣次数及捣实方式应按规定进行。

（4）称重前，应仔细擦净容量筒外部的水泥浆。

（5）容量筒的容积应经常予以校正，校正方法如下。

将干净的容量筒和玻璃板合并称其质量，再将容量筒加满水，盖上玻璃板，勿使筒内存有气泡，擦干外部水分，称出水的质量，既为容量筒的容积。

（6）试验结果应以两次测定的平均值作为测定值。试样不得重复使用。

（三）混凝土抗压强度试验

1. 概述　混凝土抗压强度是指在外力作用下，单位面积上能够承受的压力，既抵抗压力破坏的能力。抗压强度在建筑工程中一般分为立方体抗压强度和棱柱体抗压强度。

所谓立方体抗压强度，是指按规定制作边长为本 150mm 的标准立方体试件，在标准养护条件下 [根据最新国家标准《普通混凝土力学性能试验方法标准》（GB/T50081—2002）的要求，标养条件为温度 200C ± 20C。，且相对湿度 > 95% 的标养室，或在温度为 200C ± 20C 的不流动的 Ca（OH）$_2$ 饱和溶液中养护]，经 28d 养护，采用标准试验方法测得的混凝土极限抗压强度，以此来确定混凝土的强度等级。

所谓棱柱体抗压强度，是在钢筋混凝土结构计算中，根据结构实际情况，计算轴心受压构件时，常以棱柱体抗压强度作为依据，因为它接近于混凝土构件的实际受力状态。棱柱体抗压强度的标准试验方法是制成 150mm × 150mm × 300mm 的直角棱柱体标准试件，在标准养护条件下，所测得的抗压强度。

由于立方体试件受压时上、下受到的摩擦力比棱柱体标准试件要大，所以立方体强度要高于棱柱体强度。经试验分析，棱柱体抗压强度 =0.67 ×（立方体抗压强度）（此式在 10 ~ 55MPa 时比较适用）。工地试验一般只做混凝土立方体抗压强度试验。

影响混凝土抗压强度的主要因素有以下几条。

（1）水泥强度和水灰比是影响: 水泥强度和水灰比是影响混凝土抗压强度的主要因素，因为混凝土抗压强度主要取决于水泥凝胶与骨料间的黏结力。水泥强度高、水灰比小，则混凝土抗压强度高；水灰比小，则混凝土抗压强度高；水灰比大、用水量多，则混凝土密实度差，抗压强度低。因为水泥水化时，需要的结合水大约为水泥用量的 20% ~ 25%，为了满足施工时的流动性，要多加 40% ~ 75% 的水。这些多余的游离水，在水泥硬化时逐渐蒸发，在混凝土中留下许多微小的孔隙，因此使混凝土密实度差、抗压度降低。

（2）粗骨料的影响：一般情况下，粗骨料的强度比水泥石强度和水泥与骨料间的黏结力要高。因此，粗骨料强度对混凝土强度不会有大的影响。但是粗骨料如果含有大量软弱颗粒、针片状颗粒，含泥量、泥块含量、有机质含量、硫化物及硫酸盐含量等超标，则对混凝土强度会产生不良影响。因此对上述有害成分的含量都应严格控制在标准范围内。另外，粗骨料的表面特征也会影响混凝土的抗压强度。表面粗糙、多棱角的碎石与水泥石的黏结力比表面光滑的卵石要高 10% 左右。因此，在水泥强度等级和水灰比相同的情况下，碎石混凝土抗压强度要高于卵石混凝土的强度。

（3）混凝土硬化时间（即龄期）的影响：混凝土强度随龄期的增长而逐渐提高，在正常使用环境和养护条件下，混凝土早期强度（3 ~ 7d），发展较快，28d 可达到设计强度等级规定的数值，此后强度发展逐渐缓慢，甚至百年不衰。

（4）温度、湿度的影响：混凝土的强度发展在一定的温度、湿度条件下，由于水泥的逐渐水化而逐渐增长。在 4 ~ 40℃ 范围内，随着温度的增高，水泥水化越快，抗压强度增长越高。反之，随着温度的降低，水泥水化速度减慢，混凝土强度发展也就越迟缓。当温度低于 0℃ 时，水泥水化基本停止，并且因水结冰，体积膨胀约 9%，而使混凝土强度降低，严重时会导致更大的破坏。

另外，混凝土在硬化过程中，由于水泥化的需要，必须保持一定时间的潮湿，如果环境干燥、湿度不够（正常水泥水化要求 90% 以上的相对湿度环境），导致失水，使混凝土结构疏松，产生干缩裂缝，严重影响强度和耐久性。因此，要求混凝土在浇筑后 12h 内进行覆盖，具有一定强度后应注意浇水养护。混凝土浇水养护日期，如采用硅酸盐水泥、普通水泥、矿渣水泥，不少于 7 昼夜；掺用缓凝剂或有抗渗要求的混凝土，不得少于 14 昼夜；如平均气温低于 5℃ 时，不宜浇水养护，应涂刷薄膜养护液或采用其他养护措施，以防止混凝土内水分蒸发。

2. 试验目的　测定混凝土立方体的抗压强度，以检查材料质量，确定、校核混凝土配合比，进而控制施工质量，确保混凝土的强度等级，以此作为评定混凝土品质的主要指标和依据。

3. 试验方法　采用制作试件，标准养护，到龄期试压的方法测定混凝土的立方体抗压强度。详细试验方法见《公路工程水泥混凝土试验规程》（JTJ053—94）中 T0517—94 的"混凝土抗压强度试验"。

4. 试验要点及注意事项

（1）试拌配合比所用材料的温度必须与室温相同，严禁用刚晒干的砂石料拌制混凝土，应待其温度降至室后再进行试拌。

（2）采用人工拌和混凝土时（包括试验室拌配合比和小型工程工地人工拌和）干料拌和均匀，不得少于 4 遍，加水后的反复翻拌不得少于 6 遍。

（3）从工地现场取样的混凝土，同一组混凝土拌和物的取样应从同一盘混凝土或同一车混凝土中取得。取样数量应多于试验所需量的 1.5 倍，且不少于 20L。制作试件前，必须用人工翻拌 3 次以上，务必使拌和物均匀一致，才能装模成型。成型方式应与施工混凝土成型方式相同。

（4）试模内表面应刨光、磨光，内部尺寸允许偏差为边长不超过 ±1mm，直角不超过 0.50C。

（5）人工成型试件时，切记一定要用镘刀沿试模内壁插捣数次，以防试件出现麻面。成型试件的初次抹平应略高出试模，待收浆后再细致抹平。试件表面与试模边缘的高低差不得超过 0.5mm。

（6）试件养护可参照标养室管理制度。

（7）试件试压前应保持试件的原有湿度，擦干试件表面并量测尺寸，如果实测尺寸与公称尺寸之差不超过 1mm，可按公称尺寸计算受压面积，如果试件尺寸超过规定值，计算抗压强度时，应按实测尺寸计算受压面积。

（8）压力试验机或万能试验机，一般都有 2 ~ 3 个刻度盘。试压前应根据不同的混凝土强度，仔细选用不同的刻度盘，其量程应能使试件的预期破坏荷载值不小于全量程的 20%，也不大于全量程的 80%，以保证试验的精度。

（9）试压时，试件一定要放在压力机中心，其偏位不得大于 5mm，以免试件偏差心受压影响测量值的准确性。试压时一定要按规定的速度加压。（混凝土强度等级小于 C30 时，加荷速度为每秒 0.3 ~ 0.5MPa；混凝土强度等级 ≥C30 且小于 C60 时，加荷速度为每秒钟 0.5 ~ 0.8MPa；混凝土强度等级 ≥C60 时，加荷速度为每秒 0.8 ~ 1.0MPa）. 当试件接近破坏而开始迅速变形或刻度指针开始回走时，应立即调小送油阀，以免崩裂。

（10）混凝土强度等级 ≥C60 时，试压前，试件周围应设防崩裂网罩，以保证安全。

5. 水泥混凝土抗压强度评定

（1）评定水泥混凝土的抗压强度，应以标准养护 28d 龄期的试件为准。试件边长为 15cm 的立方体。试件 3 个为一组，制取组数应符合下列规定。①不同强度等级及不同配合比的混凝土，应在浇筑地点或拌和地点分别随机制取试件。②浇筑一般体积的结构物（如基础、墩台等）时，每一单元结构物应制取 2 组。③连续浇筑大体积结构时，每 80 ~ 2003m 或每一单元结构物应制取 2 组。④上部结构，主要构件长 16m 以下，应制取 1 组；16 ~ 30m 制取 2 组；31 ~ 50m 制取 3 组；50m 以上者不少于 5 组。小型构件每批或每工作台班至少应制取 2 组。⑤每根钻孔桩至少应制取 2 组；桩长 20m 以上者不少于 3 组；桩径大、浇筑时间长时，不少于 4 组；如换工作班时，每工作应制取 2 组。⑥构筑物（小桥涵、挡土墙）每座每处或工作班制取不少于 2 组；当原材料和配合比相同，并由同一拌和机拌制时，可几处或几座合并制件 2 组。⑦应根据施工需要，另制几组与结构物同条件养护的试件，作为拆模、吊装、预应力张拉承受荷载等施工阶段的强度依据。

（2）水泥混凝土抗压强度的合格标准

1）试件 ≥10 组时，应以数理统计的方法按下述条件评定

$$\overline{R_n} - K_1 S_n \geq 0.9R$$

$$R_{min} \geq K_2 R$$

试中： n —同批混凝试件组数；

$\overline{R_n}$ —同批 N 组试件强度的平均值 ,MPa；

R —混凝土设计强度等级 MPa；

S_n —同批 n 组试件强度的标准差， MPa, 当 $S_n < 0.06R$, 取 $S_n < 0.06R$；

R_{min} — n 组试件中低一组的强度值；

K_1 、 K_2 —合格判定系数，见表 7-9。

表 7-9　 K_1 、 K_2 值

n	10-14	15-24	≥25
K_1	1.7	1.65	1.60
K_2	0.9	0.85	

2）试件少于 10 组时，可用非统计方法按下述条件进行评定：

$$\overline{R_n} \geq 1.15 \ R$$

$$R_{min} \geq 0.95 \ R$$

3）实测项目中，水泥混凝土抗压强度评为不合格时，相应分项工程为不合格。

以上摘自《公路工程质量检验评定标准》（JTC F80-2004）附录 D。

（四）混凝土抗折强度试验

混凝土抗折强度是指材料或构件在承受弯曲时，达到破裂前单位面积上的最大应力。它是水泥混凝土路面的必试项目，也是评定其工程质量的重要指标。

1. 试验目的　测定混凝土的抗折强度为水泥混凝土路面设计提供设计参数，为检查路面、机场混凝土质量和确定抗折弹性模量试验加荷标准提供依据。

2. 试验方法　用 150mm × 150 mm × 550 mm 的标准小梁试件，在专用的抗折试验装置（即三分点处双点加荷和三点自由支程式混凝土抗折强度试验装置）上测定。详细试验方法见《公路工程水泥混凝土试验规程》（JTJ053-94）中 T0520-94 的"混凝土抗折（抗弯拉）强度试验"。

3. 试验要点及注意事项

（1）抗折强度试验，必须在专用的标准抗折试验装置上进行。

（2）压力试验机相应选用小吨位的，以保证测值精度。其量值范围在 50 ~ 300kN 为宜。

（3）试验前应仔细检查小梁试件，当试件中部 1/3 长度受拉区内有直径大于 5mm、深度超过 2mm 的蜂窝孔洞时，该试件应作废。因此，在制作抗折试件时，一定要注意充

分振实，并细致插捣试模内壁，尽量避免试件出现蜂窝。另外，留制试件时，每组最好做4个小梁试件，以备万一有1个试件作废，可保证试验顺利进行。

（4）试验前还要认真量测，并在试件上画上标准尺寸，以利于做抗折试验时各支点在规定的范围承受应力。

（5）试压初始，应缓缓施加一初始荷载，约1KN，再仔细检查各支点是否全部与试件均衡接触，确认无误后，再按规定速度施压，直至试件破坏。当混凝土强度等级＜C30时，加荷速度为每秒0.02～0.05MPa；混凝土强度等级≥C30且小于C60时，加荷速度为每秒0.05～0.08MPa，混凝土强度等级≥C60时，加荷速度为每秒0.08～0.10MPa。

（6）试件折断面在两个加荷点之间，其抗折强度按试验规程中的计算公式，确定测值。3个试件中，若有1个折断面位于2个集中荷载之外，则混凝土抗折强度值按另2个试件的试验结果计算。若这2个测值的差值不大于其较小值的15%时，则该组试件的抗折强度值按这2个测值的平均值计算，否则该组试件的试验无效。若有2个试件的下边缘断裂位置位于2个集中荷载作用线之外，则该组试件试验无效。断面位置应在试件断块短边一侧的底面中轴线上量得。

4. 水泥混凝土弯拉（抗折）强度评定

（1）混凝土弯拉强度试验方法应使用标准小梁法或钻芯劈裂法，试件使用标准方法制作，标准养护时间为28d，按规定频率制件：高速公路和一级公路每工作班制作2-4组；日进度，＞1000m取4组，＞500m取3组，＜500m取2组。其他公路每工作班制作1-3组；日进度，＞1000m取3组，＞500m取2组，＜500m取1组。每组3个试件的平均值作为一个统计数据。

（2）混凝土弯拉强度的合格标准

1）试件组数大于10时，平均弯拉强度合格判断式为：

$$f_{cs} > f_r + k\sigma$$

式中：f_{cs}—混凝土合格判定平均弯拉强度，MPa；

f_r—设计弯拉强度标准值，MPa；

k—合格判定系数，见表7-9；

σ—抗折强度标准差，MPa。

当试件组数为11-19组时，允许有一组最小弯拉强度小于0.85 f_r，但不得小于0.80 f_r。当试件组数大于20组时，其他公路允许有一组最小弯拉强度小于0.80 f_r，但不得小于0.75 f_r；高速公路和一级公路均不得小于0.85 f_r。

2）试件组数等于或少于10组时，试件平均强度不得小于1.10 f_r，任一组强度均不得小于0.85 f_r。

3）当标准小梁合格判定平均弯拉强度 f_{cs} 和最小弯拉强度 f_{min} 中有一个不符合上述要求时，应在不合格路段每公里每车道钻取3个以上不小于150mm的芯样，实测劈裂强度，通过各自工程的经验统计公式换算弯拉强度，其合格判定，平均弯拉强度 f_{cs} 和最小值 f_{min} 必须合格，否则应返工重铺。

4）实测项目中，水泥混凝土弯拉强度评为不合格时，相应分项工程评为不合格。

以上评定标准摘自《公路工程质量检验评定标准》（JTG（F80-2004）附录C。

第三节　沥青混合料

一、沥青混合料的定义

沥青混合料是由矿料与沥青拌和而成的混合料的总称。

1. 沥青混凝土混合料　是由适当比例的粗集料、细集料及填料组成的符合规定级配的矿料与沥青拌和而成的符合技术标准的沥青混合料。（采用方孔筛时，以 AC 表示，采用圆孔筛时，用 LH 表示），简称为沥青混凝土。

2. 沥青碎石混合料（简称 AM）　是由适当比例的粗集料、细集料及填料（或不加填料）与沥青拌和的沥青混合料。

二、沥青混合料的分类

1. 按结合料分类

（1）石油沥青混合料，以石油沥青为结合料的沥青混合料（包括黏稠石油沥青、乳化石油沥青及液体石油沥青）。

（2）煤沥青混合料，以煤沥青为结合料的沥青混合料。

2. 按施工温度分类　按沥青混合料拌制和摊铺温度分为以下两种。

（1）热拌铺沥青混合料，简称热拌沥青混合料。沥青与矿料在热态拌和、热态铺筑的混合料。

（2）常温沥青混合料，以乳化沥青或稀释沥青与矿料，在常温状态下拌制、铺筑的混合料。

3. 按矿质集料级配类型分类

（1）连续级沥青混合料，沥青混合料中的矿料是按级配原则，从大到小各级粒径都有，按比例相互搭配组成的混合料，称为连续级配混合料。

（2）间断级配沥青混合料，连续级配沥青混合料矿料中，缺少1个或2个档次粒径的沥青混合料称为间断级配沥青混合料。

4. 按混合料密实度分类

（1）密级配沥青混凝土混合料，按密实级配原则设计的连续型密级配沥青混合料，但其粒径递减系数较小，剩余空隙率小于 10%。密级配沥青混凝土混合料，按其剩余空隙率又可分为以下两种。①Ⅰ型沥青混凝土混合料，剩余空隙率 3%-6%（城市道路为 2% ~ 6%）；②Ⅱ型沥青混凝土混合料，剩余空隙率 4% ~ 10%。

（2）开级配沥青混凝土混合料，按级配原则设计的连续型级配混合料，但其粒径递减系数较大，剩余空隙率大于 15%。

也有将剩余空隙率介于密级配和开级配之间的（既剩余空隙率 10% ~ 15%）混合料称为半开级配沥青混合料。

5. 按最大粒径分类　按沥青混凝土混合料的集料最大粒径可分为下列 4 类。

（1）粗粒式沥青混合料，集料最大粒径等于或大于 26.5mm（圆孔筛 30mm）的沥青混合料。

（2）中粒式沥青混合料，集料最大粒径为 16mm 或 19mm（圆孔筛 20 或 25mm）的沥青混合料。

（3）细粒式沥青混合料，集料最大粒径为 9.5mm 或 13.2mm（圆孔筛 10 或 15mm）的沥青混合料．

（4）砂粒式沥青混合料，集料最大粒径等于或小于 2.75mm（圆孔筛 5mm）的沥青混合料。沥青碎石混合料除上述 4 类外，尚有特粗式沥青碎石混合料，集料最大粒径 37.5mm（圆孔筛 40mm）以上。

6. 按其强度构成可分为嵌挤型和级配型两大类　嵌挤型沥青混合料的强度是以矿料之间的嵌挤力和内摩阻力为主，沥青的黏结作用为辅而成，沥青碎石就属于此类。这类混合料是以颗粒较粗、尺寸均匀的矿料构成骨架，沥青结合料填充其空隙，并把矿料黏结成整体。这类混合料的强度受自然因素的影响较小。

按密实级配原则构成的沥青混合料的结构强度，是以沥青与矿料之间的黏结力为主、矿料的嵌挤力和内摩阻力为辅而构成的，沥青混凝土属于此类。这类混合料的强度受温度影响较大，其结构通常可按下列三种方式组成。

（1）悬浮密实结构。当采用连续型密级配矿质混合料与沥青组成的沥青混合料时，按粒子干涉理论，为避免次级集料对前级集料密排的干涉，前级集料之间必须留出比次级集料粒径稍大的空隙共次级集料排布。按此组成的沥青混合料，经过多级密垛，虽然可以获得很大的密实度，但是各级集料均为次级集料所隔开，不能直接靠拢而形成骨架，有如悬浮于低，因此高次级集料及沥青胶浆之间。这种结构的沥青混合料，虽然具有较高的黏聚力，但摩阻角较低，温度稳定性较差。

（2）骨架空隙结构。当采用连续型开级配矿质混合料与沥青组成的沥青混合料时，由于这种矿质混合料递减系数较大，粗集料所占的比例较高，细集料则很少，甚至没有。按此组成的沥青混合料，粗集料可以互相靠拢形成骨架；但由于细料数量过少，不足以填满粗集料之间的空隙，因此形成骨架空隙结构。这种结构的沥青混合料具有较高的内摩阻角，温度稳定性较好，但黏聚力较低。

（3）密实骨架结构。当采用间断型密级配矿质混合料与沥青组成的沥青混合料时，由于这种矿质混合料断去了中间尺寸粒径的集料，既有较多数量的粗集料可形成空间骨架，同时又有相当数量的细集料可填密骨架的空隙，因此形成密实骨架结构。这种结构的沥青混合料不仅具有较高的黏聚力，而且具有较高的内摩阻角。

三、沥青混合料的技术性质和技术标准

（一）沥青混合料的技术性质

沥青混合料载路面中直接承受车辆荷载作用，首先应具备一定的力学强度；除了交通的作用外，还受到各种自然因素的影响，因此还必须具备有抵抗自然因素作用的耐久性；现代交通的作用下，为保证行车安全舒适，还需要具备特殊表面性（即抗滑性）；最后为方便施工，还应具备施工的和易性。现就这几方面分述如下。

1.高温稳定性　沥青混合料高温性，是指沥青混合料在夏季高温（通常为60℃）条件下，经车辆荷载长期重复作用后，不产生车辙和波浪等病害的性能。

目前，我国采用马歇尔试验的稳定度河流值来评价沥青混合料的高温稳定性。

提高高温稳定性，可采用提高黏结力和内摩阻力的方法。在沥青混合料中，增加粗矿料含量，使粗矿料形成空间骨架结构，从而提高沥青混合料的内摩阻力。适当地提高沥青材料的黏稠度，控制沥青与矿料的比例（油石比），严格控制沥青用量，采用具有活性的矿粉，以改善沥青与矿料的相互作用，就能提高沥青混合料的黏结力。此外，在沥青中掺入天然橡胶、合成橡胶、、聚异丁烯、聚乙烯等聚合物，改善基质沥青的性能（称改性沥青），也能获得较好的高温稳定性。

2.低温抗裂性　沥青混合料，不仅应具备高温的稳定性，同时还要具有低温的抗裂性，以保证路面在冬季低温时不产生裂缝。

随着温度的降低，沥青的黏滞度增高，强度增大，但变形能力降低，并出现脆性破坏。气温下降，特别是在集聚下降时，沥青层受基层的约束而不能收缩，产生很大的温度应力，若累计温度应力超过沥青混合料的极限抗拉强度，路面便产生开裂。

影响低温开裂的因素很多，主要因素是沥青混合料所用沥青的性质、当地的气温状况、路基的类型和路面结构基层间结合状态。

沥青混合料低温抗裂性要求的指标正处于研究阶段，尚未列入技术标准。

3.耐久性　沥青混合料在路面中长期受自然因素的作用，要保证路面具有较长的使用年限，就必须具备较好的耐久性。耐久性差的沥青混合料，常会引起路面过早出现裂缝、沥青膜剥落、松散等病害。影响沥青混合料耐久性的主要因素有沥青性质、矿料的矿物成分、沥青混合料的组成结构（残留空隙、沥青填隙率）等。

现行规范为马歇尔试验法后，采用空隙率（或饱水率）、饱和度（即沥青填隙率）和残留稳定度等指标来表示耐久性。《工程建设标准强制性条文》（公路工程部分）（2002

的规定，沥青混合料水稳定性指标，应符合表 7-10 规定。

表 7-10 沥青混合料水稳定性指标

年降雨量（mm）	＞1000	500-1000	250-500	＜250
沥青与石料的粘附性（级）不低于	4 级	4 级	3 级	3 级
浸水马歇尔试验（48h）残留稳定度（%）不低于	75	70	65	60

2.抗滑性　随着现代高速公路的发展，对沥青混合料路面的抗滑性提出了更高的要求。抗滑性与矿质集料的微表面性质、混合料的级配组成以及沥青用量等因素有关。

为保证长期高速行车的安全，配料时要特别注意粗集料的耐磨光性（磨光性），应选择硬质有棱角的集料。硬质集料往往属于酸性集料，与沥青的粘附性差，可采用软质和硬质复合集料和掺加抗剥离剂等措施。

沥青用量对抗滑性的影响非常敏感，沥青用量超过最佳用量的 0.5%，即可使抗滑系数明显降低。如果混合料稳定性不好，路面易出现车辙和泛油现象，也会导致抗滑性下降。含蜡量对抗滑性有明显影响，《重交通道路石油沥青技术要求》提出，含蜡量 $\not> 3\%$。

5.抗疲劳性　抗疲劳性是混合料抵抗荷载重复作用的能力。从组成设计方面考虑，影响抗疲劳性年的主要因素有沥青的质量和含量、混合料的空隙率、矿料的性质和级配。研究表明，最佳的疲劳寿命存在一个最佳的沥青含量，这个含量要比马歇尔稳定度所确定的最佳沥青含量稍大。混合料的疲劳寿命随空隙率的降低而显著增长，密级配混合料比开级配混合料有较长的疲劳寿命。

6.工作度（施工和易性）　工作度是指沥青混合料摊铺和碾压工作的难易程度。影响沥青混合料和易性的因素很多，主要是当地气温、施工条件及混合料性质等。生产上对沥青混合料的工艺性能大都凭目测鉴定，测定方法处于研究阶段。

（二）沥青混合料的技术标准

我国原行业标准《公路沥青路面施工技术规范》（JTJ032—94）对热拌沥青混合料马歇尔试验技术标准有明确规定（见表 7-11）。

表 7-11　热拌沥青混合料马歇尔技术标准

项目	沥青混合料类型	高速、一级公路	其他公路	行人道路
击 实 次 数 （次）	沥青混凝土 沥青碎石、抗滑表层	两面各 75 两面各 50	两面各 50 两面各 50	两面各 35 两面各 35
技术指标　1. 稳定度 MS （Kn）	I 型沥青混凝土 II 型沥青混凝土、抗滑表层	>7.5 >5.0	>5.0 >2.0	〉3.8 -
2. 流值 FL （0.1mm）	I 型沥青混凝土 II 型沥青混凝土、抗滑表层	20 ~ 40 20 ~ 40	20 ~ 45 20 ~ 45	2 ~ 5
3. 空隙率 VV （%）	I 型沥青混凝土 II 型沥青混凝土、抗滑表层 沥青碎石	3 ~ 6 4 ~ 10 >10	3 ~ 6 4 ~ 10 >10	2 ~ 5
2. 沥青饱和度 VFA （%）	I 型沥青混凝土 II 型沥青混凝土、抗滑表层	70 ~ 85 60 ~ 75	70 ~ 85 60 ~ 75	75 ~ 90
5. 残留稳定度 MS/0 （%）	I 型沥青混凝土 II 型沥青混凝土、抗滑表层	>75 >70	>75 >70	>75 >75

注：（1）粗粒式沥青混凝土的稳定度可降低 1kN。

（2）I 型细粒式混凝土的空隙率可放宽至 2% ~ 6%。

（3）沥青混凝土混合料的矿料间隙率（VMA）宜符合下表要求。

集料最大粒径（mm）	37.5	31.5	26.5	19.0	13.2	9.5	2.75
VMA，不小于（%）	12	12.3	13	14	15	16	18

第四节　沥青混合料组成材料的技术要求

沥青混合料的技术性质决定于组成材料的性质、组成配合的比例和混合料的制备工艺等因素。为保证沥青混合料的技术性质，必须正确选择符合质量要求的组成材料。

（一）沥青

拌制沥青混合料用沥青材料的技术性质，随气候条件、交通性质、沥青混合料的类型和施工条件等因素而异。通常较热的气候区，较繁重的交通，细粒式或砂粒式的混合料则应采用稠度较高的沥青；反之，则采用稠度较低的沥青。在其他配料条件相同的情况下，较黏稠的沥青配制的混合料具有较高的力学强度和稳定性，但如稠度过高，则沥青混合料的低温变形能力较差，沥青路面容易产生裂缝。反之，在其他配料条件相同的条件下，采用稠度较低的沥青，虽然配制的混合料在低温时具有较好的变形能力，但是夏季高温时往往稳定性不足而使路面产生推挤现象。

高速公路、一级公路沥青路面，应采用符合《重交通量道路用石油沥青技术要求》规定。对于其他道路用沥青混合料的沥青，应符合《道路用石油沥青技术要求》规定。煤沥青不得用于面层热拌沥青混合料。

沥青路面面层用的沥青标号，宜根据气候条件，施工季节、路面类型、施工方法和矿料类型等按表7-12选用。其他各层的沥青可采用相同的标号，也可采用不同的标号。通常是面层的上层宜用较稠的沥青，下层或连接层宜用较稀的沥青。对于渠化交通的道路，宜采用较稠的沥青。当沥青标号不符合使用的要求时，可采用不同标号的沥青掺配，但掺配后的技术指标应符合要求。

表 7-12 各类沥青路面沥青标号的选用

气候分区	最低月平均气温（℃）	沥青种类	沥青标号	
			沥青碎石	沥青混凝土
寒区	低于 -10	石油沥青	AH-90，AH-110，AH-130，A-100，A-140	AH-90，AH-110，AH-130，A100，A-140
		煤沥青	T-6，T-7	T-7，T-8
温区	0 ~ -10	石油沥青	AH-90，AH-110，A-100，A-140	AH-70，AH-90，A-60，A-100
		煤沥青	T-7，T-8	T-7，T-8
热区	高于 0	石油沥青	AH-50，AH-70，AH-90，A-100，A-60	AH-50，AH-70，A-60，A-100
		煤沥青	T-7，T-8	T-8，T-9

（二）粗集料

1. 沥青混合料用粗集料，可以采用碎石、破碎砾石和矿渣等。粗集料应由具有生产许可证的采石场生产。

2. 粗集料的粒径规格，应按表7-13规定选用。可以掺配达到级配要求。

3. 沥青混合料用粗集料应该洁净、干燥、无风化、不含杂质。在力学性质方面，压碎值和洛杉矶磨耗率应符合相应道路等级的要求（如表7-14）。

4. 粗集料应具有良好的颗粒形状，用于道路沥青面层的碎石，不宜采用鄂式机加工。

5. 路面抗滑层粗集料，应选用坚硬、耐磨、抗冲击性好的碎石或破碎砾石，不得使用筛选砾石、矿渣及软质集料。

6. 检经验属于酸性岩石的石料如花岗岩、石英岩等用于高速公路、一级公路时，宜使用针入度较小的沥青，并采用下列抗剥离措施。

1）用干燥的生石灰或消石灰粉、水泥作为填料的一部分，其用量宜为矿料总量的1%～2%。

2）在沥青中掺加剥离剂。

3）将粗集料用石灰浆处理后使用。

表7-13　沥青面层的粗集料规格

规格	公称粒径（mm）	通过下列筛孔（方孔筛）的质量百分率（%）								
		37.5	31.5	26.5	19	13.2	9.5	2.75	2.36	0.6
S6	15～30					0～15	-	0～5		
S7	10～30				-		0～15	0～5		
S8	15～25			-	-	0～15		0～5		
S9	10～20	100	90～10			-	0～15	0～5	0～5	
S10	10～15	100	90～10		95～100	95～100	0～15	0～5	0～5	0～5
S11	5～15		100	95～100	95～100	95～100	40～70	0～15	0～15	0～5
S12	5～10			100	100	95～100	95～100	0～10	0～25	
S13	3～10				100	100	95～100	40～70		
S14	3～5						100	55～100		

表7-14　沥青混合料用粗集料技术要求

指　标	高速公路一级公路	其他公路	指　标	高速公路一级公路	其他公路
石料压碎值（%）≯	28	30	细长扁平颗粒含量（%）≯	15	20
洛杉矶磨耗损失（%）≯	30	40	泥土含量＜0.075mm（%）≯	1	1
视密度（t/m3）≮	2.50	2.45	软石含量（%）≯	5	5
吸水率（%）≯	2.0	1	石料磨光值≮（BPN）	42	实测
对沥青的粘附性≮	4级	3级	冲击值（%）≯	28	实测
坚固性（%）≯	12	—	砾石破碎面积（%）≮	抗90；50	40

注：（1）坚固性试验根据需要进行。

（2）用于高速公路、一级公路、城市快速路、主干路时，多孔玄武岩的视密度可放宽至2.45t/mm³，吸水率可放宽至3%，但须得到主管部门的批准。

（3）石料磨光值是为抗滑表层需要而试验的指标，道端磨耗损失及石料冲击值根据需要进行。

（4）钢渣浸水后的膨胀率应不大于2%。

（三）细集料

（1）沥青混合料的细集料，可以采用天然砂、人工砂或石屑。规格应符合表7-16、7-17。当一种细集料不能满足级配要求时，可采用两种或两种以上的细集料掺合使用。

（2）细集料应洁净、干燥、无风化不含杂质，并有适当的级配范围。对细集料质量的技术要求（见表7-15）。

表 7-15　沥青混合料用细集料技术要求

指　　　标	高速公路、一级公路	其他公路
视密度 不小于（t/m）	2.50	2.45
坚固性（＞0.3mm3 部分）不大于（%）	12	—
砂当量 不小于（%）	50	40

注：（1）坚固性试验根据需要进行。

（2）当进行砂当量试验有困难时，也可用水洗法测定小于 0.075mm 部分含量（仅适用于天然砂），对高速公路、一级公路要求不大于 3%，对其他公路要求不大于 5%。

（3）热拌沥青混合料的细集料宜采用优质的天然砂或机制砂，在缺砂地区，也可使用石屑，但用于高速公路、一级公路、城市快速路、主干路沥青混凝土面层及抗滑表层的石屑用量宜不超过天然砂及机制砂的用量。

（4）细集料应与沥青有良好的黏结能力，高速公路、一级公路沥青面层使用与沥青黏结性能差的天然砂及用花岗岩、石英岩等酸性岩石破碎的人工砂或石屑时，应采用前述粗集料的抗剥离措施。

表 7-16　沥青面层的天然砂规格

分　　类		粗　砂	中　砂	细　沙
通过各筛孔的质量 百分率（%）	筛孔尺寸（mm）			
	9.5	100	100	100
	2.75	90 ~ 100	90 ~ 100	90 ~ 100
	2.36	65 ~ 95	75 ~ 100	85 ~ 100
	1.18	35 ~ 65	50 ~ 90	75 ~ 100
	0.6	15 ~ 29	30 ~ 59	60 ~ 84
	0.3	5 ~ 20	8 ~ 30	15 ~ 45
	0.15	0 ~ 10	0 ~ 10	0 ~ 10
	0.075	0 ~ 5	0 ~ 5	0 ~ 5
细度模数 Mx		3.7 ~ 3.1	1 ~ 2.3	3.2 ~ 16

表 7-17　沥青面层的石霄规格

规格	公称粒径 （mm）	通过下列筛孔（方孔筛）的质量百分率（%）					
		9.5	2.75	2.36	0.6	0.3	0.075
S15	0 ~ 5	100	85 ~ 100	40 ~ 70	-	-	0 ~ 15
S16	0 ~ 3		100	85 ~ 100	20 ~ 50	-	0 ~ 15

（四）填料

（1）沥青混合料的天料宜采用石灰岩或岩浆中的强基性岩石等憎水性石料磨细得到的矿粉。原石料中泥土杂质应除净。矿粉要求干燥、洁净，其质量应符合表 7-18 的技术要求，当采用水泥、粉煤灰作填料时，其用量不宜超过矿料总量的 2%。

表7-18　沥青混合料用矿粉质量技术要求表

指　标		高速公路、一级公路	其他公路
视密度　不小于（t/m）		2.50	2.45
含水量　不大于（%）		1	1
粒度范围	＜0.6mm（%）	100	100
	＜0.15（%）	90～100	90～100
	＜0.075（%）	75～100	70～100
外　观		无团粒结块	
亲水系数		＜1	

（2）粉煤灰作为填料使用时，烧失量应小于12%，塑性指数应小于4%，其余质量要求与矿粉相同。粉煤灰的用量不宜超过填料总量的50%，并应经试验确认与沥青有良好的粘附性，沥青混合料的水稳性能满足要求。高速公路、一级公路面层不宜采用粉煤灰做填料。

（3）拌和机采用干法除尘，石粉尘可作为矿粉的一部分回收使用，湿法除尘、石粉尘回收使用时应经干燥粉尘处理，且不得含有杂质。回收粉尘的用量不得超过填料总量的50%，掺有粉尘石填料的塑性指数不得大于4%，其余质量要求与矿粉相同。

第五节　热拌沥青混合料配合比设计

沥青混合料配合比设计包括：实验室内目标配合比设计、生产配合比设计和生产配合比验证三个阶段，各阶段的试验步骤及试验内容汇总见表7-19。

从表中可以看出，生产配合比的设计是要在现场反复调试冷料仓进料速度，以达到供料均衡；生产配合比验证阶段是要通过现场做试验段进行试拌、试铺，再进行调整。考虑各项目经理部工程量大小、机械设备的差异，故不便对这两个阶段做具体讲述。本节主要介绍目标配合比设计的依据、设计试验步骤及设计试验实例。

一、设计总目标

高等级公路路面面层，为汽车提供安全、经济、舒适的服务，并直接承受汽车荷载的作用和自然因素的影响。因此，路面面层混合料的组成设计必须考虑温度稳定性、耐久性、抗滑性、抗疲劳特性及工作度等问题。沥青混合料组成设计的主要任务是选择合适的材料、确定各种粒径矿料和沥青的配比。设计总目标是确定混合料的最佳组成，使之满足设计规定的路用性能要求，而且经济合理。但由于沥青混合料是一种措施可变的相互矛盾的体系，当高温稳定性满足要求时，可能出现低温稳定性问题；而当采用一定措施满足低温稳定性时，却有可能对疲劳不利。而目前又难以建立一个统一的全面地指标体系，来解决各种矛盾交叉的问题。因此，混合料组成设计中，应结合当地具体情况，抓住主要矛盾，求得相对比较合理的"配方"。高等级公路沥青混凝土混合料配合比设计的各个阶段均以马歇尔试验为主，并通过车辙试验进行高温稳定性检验。沥青碎石混合料的配合比设计，应根据以往的经验，经过试拌、试铺论证决定，马歇尔试验结果仅供参考。

表 7-19　沥青混凝土的配合比设计试验步骤汇总

设计阶段	试验内容	试验目的	试验方法
目标配合比	计算各种矿料的用量比例	为拌合机提供冷料仓的供料比例	用计算机或图解法
	确定沥青用量	为马歇尔试验提供配料比例	根据经验值估计中值，按 0.5% 间隔选 5 个不同沥青用量
	进行马歇尔试验	检验各项技术指标是否符合设计要求	按试验规程操作
生产配合比	取二次筛分后进入各热料仓的矿料进行筛分	以确定各热料仓的材料比例	反复调整冷料仓进料比例，以达到均衡供料
	用目标配合比沥青用量及 ±0.3% 等 3 个沥青用量试拌	确定生产配合比的最佳沥青用量	准确的按 3 个不同沥青用量投料
	进行马歇尔试验	检验各项技术指标是否符合设计要求	按试验规程操作
生产配合比验证	按生产配合比进行试拌、试铺	检验生产配合比是否满足设计要求	检查拌合机控制室各热料仓供料比例
	用拌合料及路上钻芯试样进行马歇尔试验	检验生产配合比是否满足设计要求，由此确定生产用的标准配合比	按试验规程操作
	取拌合料做矿料筛分	用以检验拌合机各种材料计量的准确性，并检验 0.075、2.36、2.75mm 筛孔的通过百分率是否接近要求级配的中值	按试验规程操作

二、设计依据

目前，公路工程沥青路面的沥青混合料配合比设计的唯一依据是《公路沥青路面施工技术规范》（JTG F40-2004）中附录 B 提供的"热拌沥青混合料配合比设计方法"。

三、设计条件

沥青混合料配合比设计之前，必须具备下列条件和相应资料，才能进行配合比设计。

（1）沥青混合料的原材料，包括沥青、粗细集料、填料等，必须按相关规范进行常规试验检测，各项质量技术要求必须合格，否则不得进行配合比设计。对粗集料、细集料、填料进行筛分，得出各种矿料的筛分曲线，并测定它们及沥青的相对密度。

（2）根据不同地区道路等级及所处层位的功能性要求，从表 7-20、7-21 选择适用的沥青混合料类型（有的在路面设计文件中直接给出了沥青混合料类型）。

表 7-20　热拌沥青混合料种类

混合料类别	方孔筛系列		
	沥青混凝土	沥青碎石	最大集料粒径（mm）
特粗式	-	AM-40	37.5
粗粒式	AC-30	AM-30	31.5
	AC-25	AM-25	26.5
中粒式	AC-20	AM-20	19.0
	AC-16	AM-16	16.0
细粒式	AC-13	AM-13	13.2
	AC-10	AM-10	9.5
砂粒式	AC-5	AM-5	2.75
抗滑表层	AK-13		13.2
	AK-16		16

表 7-21　沥青路面各层适用的沥青混合料类型

结构	高速公路、一级公路		其他等级公路	
	三层式沥青混凝土路面	两层式沥青混凝土路面	沥青混凝土路面	沥青碎石路面
上面层	AC-13　AC-16 AC-20	AC-13 AC-16	AC-13 AC-16	AC-13
中面层	AC-20　AC-25			
下面层	AC-25 AC-30	AC-20 AC-25 AC-30	AC-20　AC-25 AC-30　AM-25 AM-30	AM-25 AM-30

（3）选择好合适的矿料最大粒径，各国对沥青混合料的最大粒径（d）同路面结构层（h）的关系均有规定，一般均规定为 0.5 倍以下。根据我国近 20 年在承建高等级公路的观察和摸索，认为最大粒径以控制在摊铺厚度（h）的 1/2.5-1/3 范围内最为理想。当矿料最大粒径 ≥1/2 层厚时，摊铺时粗、细集料容易离析，粒径越大离析越严重，摊铺后结构层表面很容易产生渗水麻坑；当矿料最大粒径 ≤1/3 时，结构层的抗高温稳定性、矿料间的嵌锁性能、抗变形能力都不如前者，同时在碾压过程中不易稳定，沥青混合料容易推移和产生微细扒纹等。因此建议两者关系按表 7-22 配合为好。

表 7-22　矿料最大粒径与结构层设计厚度配合关系

结构层设计厚度（mm）	矿料最大粒径	结构层设计厚度（mm）	矿料最大粒径
7	AC-30	4	AC-16
6	AC-25	3	AC-13
5	AC-20		

（四）设计步骤

目标配合比设计步骤，可按下图的沥青混凝土目标配合比流程图进行。

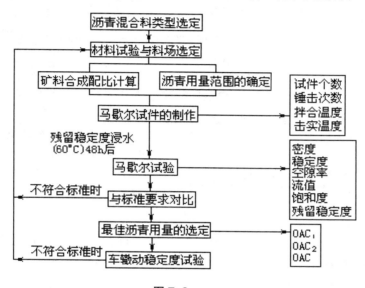

图 7-2

1. 确定矿料的级配范围（即级配曲线）　混合料矿料配合比组成设计的目的，是要选配一个既能保证具有足够密实度又能保证稳定性，并且有较高内摩阻力的矿料级配范围。可以根据级配理论计算出需要的矿料级配范围，但是为了应用已有的研究成果和实践经验，通常是采用规范推荐的矿质混合料级配范围来确定。《公路沥青路面施工技术规范》（JTJ032-94）规定的级配范围见表 7-23。

实际施工时，人工轧制的各种矿料的级配很难完全符合某一级配的范围，必须采用两种以上的矿料配合起来才能符合级配的要求，这就需要求算各种矿料所占的不同比例。矿料配比确定的方法有试算法、正规方程法、图解法、借助计算机试配计算等。

试算法只适用于 2-3 种矿料组成计算，而且速度较慢；正规方程法和计算机法均须配备计算机。下面介绍简单适用的图解法确定各种矿料组成配比的原理及步骤。

首先在方格纸上划一矩形图，左侧纵轴表示矿料筛分通过率（右侧纵轴自然就表示累计筛余），横轴表示筛孔孔径，左下角至右上角的对角线表示矿料的标准级配曲线，亦即拟选定的矿料级配曲线。根据拟定的级配，取与各筛孔对应通过率范围的中值，分别由左侧纵轴引水平线与对角线相交，再从交点引垂线与下横轴相交，下横轴上的各交点即表示相应通过率的筛孔尺寸。有了筛孔尺寸位置后，即可将各组成矿料（如碎石、砂、石屑、矿粉等）的级配曲线分别绘于图中。然后根据相邻两条级配曲线所处位置的特点，分别划垂线。该垂线在对角线上的角度与横洲之间的纵坐标距离或交点间纵坐标距离分别表示各种矿料的配比，如下图所示。

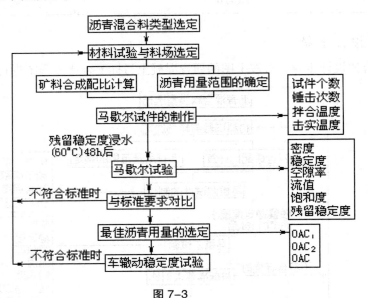

图 7-3

图中各曲线由右到左，按组成矿料级配由粗到细的顺序排列，且任何相邻两曲线的相对位置不外乎图中所示的三种情况，即首尾相接、首尾搭接和首尾分离，排列情况不同，则决定配比时所画的垂线位置亦不同。可以看出首尾分离两料料配合后是间断级配，一般沥青混合料不采用这种级配，遇到这种情况时，应当考虑变更材料，否则配不出连续级配来。

必须指出，用上述图解法求得各种矿料配比后，还要根据各矿料的筛分资料及配比计算混合料的级配组成，然后与标准级配对照，一般还须做适当调整，尽量使设计的级配组成接近标准级配范围的中值。不论用什么方法选定的合成级配，均应符合下列要求：① 0.075、2.36、2.75mm 筛孔在内的较多筛孔通过率接近设计级配范围中值。②交通量大、重载公路宜偏向级配范围的（粗）下限；相反宜偏（细）上限。③合成级配曲线应接近连续或有合理的间断级配，线条园顺，不得犬牙交错。

表7-23　沥青混合料矿料级配及沥青用量范围

		级配类型	通过下列筛孔（方孔筛，mm）的质量百分比（%）															沥青用量（%）
			51	37.5	31.5	26.5	19.0	16.0	13.2	9.5	2.75	2.36	1.18	0.6	0.3	0.15	0.075	
沥青混凝土	粗粒	AC-30I		100	90-100	79-92	66-82	59-77	52-72	43-63	32-52	25-42	18-32	13-25	8-18	5-13	3-7	2.0-6.0
		II		100	90-100	65-85	52-70	45-65	38-58	30-50	18-38	12-28	8-20	4-14	3-11	2-7	1-5	1-5.0
		AC-25I			100	95-100	75-90	62-80	53-73	43-63	32-52	25-42	18-32	13-25	8-18	5-13	3-7	2.0-6.0
		II			100	90-100	65-85	52-70	42-62	32-52	20-40	13-30	9-23	6-16	4-12	3-8	2-5	1-5.0
	中粒	AC-20I					95-100	75-90	62-80	52-72	38-58	28-46	20-34	15-27	10-20	6-14	4-8	2.0-6.0
		II				100	90-100	65-85	52-70	40-60	26-45	16-33	11-25	7-18	4-13	3-9	2-5	3.5-5.5
		AC-16I					100	95-100	75-90	58-78	42-63	32-50	22-37	16-28	11-21	7-15	4-8	2.0-6.0
		II					100	90-100	65-85	50-70	30-50	18-35	12-26	7-19	4-14	3-9	2-5	3.5-5.5
	细粒	AC-13I						100	95-100	70-88	48-68	36-53	24-41	18-30	12-22	8-16	4-8	2.5-6.5
		II						100	90-100	60-80	34-52	22-38	14-28	8-20	5-14	3-10	2-6	2.0-6.0
		AC-10I							100	95-100	55-75	38-58	26-43	17-33	10-24	6-16	4-9	5.0-7.0

| 类型 | 级配类型 | 通过下列筛孔（方孔，mm）的质量百分比（%） | | | | | | | | | | | | | | | 沥青用量（%） |
		51	37.5	31.5	26.5	19.0	16.0	13.2	9.5	2.75	2.36	1.18	0.6	0.3	0.15	0.075	
沥青混凝土	粗粒 Ⅱ							100	90-100	40-60	24-42	15-30	9-22	6-15	4-10	2-6	2.5-6.5
	砂粒 AC-5Ⅰ								100	95-100	55-75	35-55	20-40	12-28	7-18	5-10	6.0-8.0
沥青碎石	特粗 AM-40	100	90-100	50-80	40-65	30-54	25-30	20-45	13-38	5-25	2-15	0-10	0-8	0-6	0-5	0-4	2.5-2.0
	AM-30		100	90-100	50-80	38-65	32-57	25-50	17-42	8-30	2-20	0-15	0-10	0-8	0-5	0-4	2.5-2.0
	粗粒 AM-25			100	90-100	50-80	43-73	38-65	25-55	10-32	2-20	0-14	0-10	0-8	0-6	0-5	1-2.5
	AM-20				100	90-100	60-85	50-75	40-65	15-40	5-22	2-16	0-10	0-8	0-8	0-5	1-2.5
	中粒 AM-16					100	90-100	60-85	45-68	18-24	6-25	3-18	1-14	0-10	0-8	0-5	1-2.5
	AM-13						100	90-100	50-80	20-45	8-28	4-20	2-16	0-10	0-8	0-6	1-2.5
	细粒 AM-10							100	85-100	35-65	10-35	5-22	2-16	0-12	0-9	0-6	1-2.5
抗滑表层	AK-13A						100	90-100	60-80	30-53	20-40	15-30	10-23	7-18	5-12	4-8	3.5-5.5
	AK-13B						100	85-100	50-70	18-40	10-30	8-22	5-15	3-12	3-9	2-6	3.5-5.5
	AK-16					100	90-100	60-82	45-70	25-45	15-35	10-25	8-18	6-13	4-10	3-7	3.5-5.5

2.确定沥青最佳用量　沥青最佳用量可以采用各种理论或半理论半经验公式计算，但是由于实际材料性质的差异，计算公式具有很大的局限性，只能用于粗略估计沥青用量。而且由于沥青用量对沥青混合料，特别是密实型沥青混合料的技术性质影响很大，因此，

沥青用量一般均需通过试验确定。我国现行施工技术规范规定，沥青混合料的最佳沥青用量采用马歇尔试验法确定。该方法是首先从表 7-22 所列的沥青范围或已有经验初步估计沥青用量，以估计值为中值，以 0.5% 间隔上下变化沥青用量，制备马歇尔试件不少于 5 组，然后在规定的温度及试验时间内用马歇尔试验仪测定其稳定度、流值、密度、并计算空隙率、饱和度、矿料间隙率。根据试验和计算所得的结果分别绘制沥青用量同密度、稳定度、流值、空隙率与饱和度的关系曲线，然后从其公共的沥青范围中确定沥青用量，再通过水稳定性检验和抗车辙能力检验，最后确定沥青最佳用量。具体做法按下列步骤进行。

（1）制备试样：①按确定的矿质混合料配合比，计算各种矿料的用量。②根据表 7-22 所推荐的沥青用量范围或经验，估计适宜的沥青用量为中值，按 0.5% 间隔变化，取 5 个不同沥青用量，拌制沥青混合料。③根据规定的击实次数成型马歇尔试件。

（2）测定物理指标：①视密度。由马歇尔试件的空中质量、水中质量、表干质量求得。②理论密度。由组成沥青混合料中各种材料用量和视密度计算而得。③空隙率。由混合料的视密度和理论密度计算得到。④沥青体积百分率。沥青体积与试件总体积的百分率。⑤矿料间隙率。试件内矿料部分以外的体积占试件总体积的百分率，即试件空隙率与沥青体积百分率之和。⑥沥青饱和度。试件沥青体积占矿料间隙率部分体积百分率。

（3）测定力学指标：①马歇尔稳定度。标准试件在 60℃ 的条件下保温 30 ~ 40min，然后置试件于马歇尔稳定度仪上，以 50mm/min ± 5mm/min 的变形速度加荷，直至试件破坏时的最大荷载（kN），称为马歇尔稳定度，简称 MS。②在测稳定度的同时，测定试件的流动变形，当达到最大荷载的瞬间，试件所产生的垂直流动变形值（0.1mm）称为流值，简称 FL。③稳定度与流值的比值表示沥青的视劲度，称为马歇尔模数。

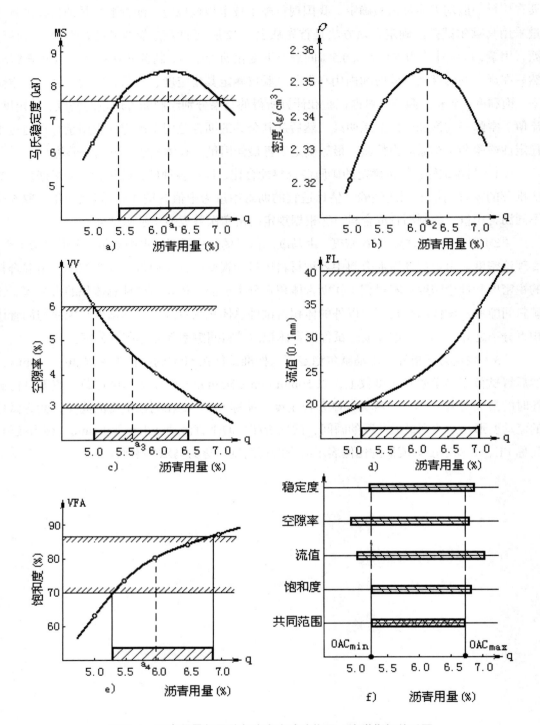

图 7-4　沥青用量与马歇尔稳定度试验物理 - 力学指标关系图

（4）马歇尔试验结果分析：①绘制沥青用量与物理 - 力学指标关系图（图 7-4）。②根据稳定度、密度最大峰值和空隙率、饱和度要求范围中值，确定最佳沥青用量初始值 OAC1。即 OAC1=（a1+a2+a3+a4）/4。③根据符合各项技术指标的沥青用量范围，确定沥青最佳用量初始值 OAC2。即 OAC2=（OACmin+ OACmax）/2。④根据 OAC1 和 OAC2 综合确定沥青最佳用量 OAC。按 OAC1 在图中求取相应的各项指标值，检查其是否符合表 7-11 规定的马歇尔设计配合比技术标准，同时检查矿料间隙率（VMA）是否符合要求，如能符合时，由 OAC1 和 OAC2 综合决定最佳沥青用量 OAC。如不符合，应调整级配，重新进行配合比设计马歇尔试验，直至各项指标均能符合要求为止。⑤根据气候条件和交通特性，调整最佳沥青用量。一般可取 OAC1 和 OAC2 的中值作为最佳沥青用量 OAC。热区道路以及车辆渠化交通的高速公路、一级公路有可能造成较大车辙的情况时，可以在中限值 OAC2 与下限值 OACmin 范围内决定，但一般不宜小于中限值 OAC2 的 0.5%。寒区公路以及其他等级公路最佳用量可在中限值 OAC2 与上限值 OACmax 范围内决定，但一般不宜大于中限值 OAC2 的 0.3%。⑥水稳定性检验。按最佳沥青用量 OAC 制作马歇尔试件，进行浸水马歇尔试验（或真空饱水马歇尔试验），检验其残留稳定度是否合格，这也是热拌沥青混合料技术标准中的一项指标。如最佳沥青用量 OAC 与两个初始值 OAC1 和 OAC2 相差甚大时，宜将 OAC 与 OAC1 或 OAC2 分别制作试件进行残留稳定度试验，如不符合要求，应重新进行配合比设计。现行规范规定 I 型沥青混凝土不低于 75%，II 型沥青混凝土不低于 70%。如校核不合格，应进行配合比设计。水稳定性检验不合格也可以采用掺抗剥离剂的方法来提高水稳定性。⑦抗车辙能力检验。现行规范规定高速公路和一级公路沥青路面的上、中面层的沥青混凝土混合料，配合比设计时应进行抗车辙能力检验。在温度 60℃，轮压 0.7MPa 条件下进行车辙试验的东稳定度，对高速公路应不小于 800 次/mm，对一级公路应不小于 600 次/mm。

按最佳沥青用量 OAC 制作车辙试验试件，当最佳沥青用量 OAC 与两个初始值 OAC1 和 OAC2 相差甚大时，宜将 OAC 与 OAC1 或 OAC2 分别制作试件进行车辙试验。根据试验结果对 OAC 作适当调整，如不符合要求，应重新进行配合比设计。

采用马歇尔各项技术指标选定最佳沥青用量，只能说明沥青含量能够满足裹覆矿料比面积的需要，并不能代表沥青混合料配合比最佳。沥青混合料的好坏，很重要的指标是沥青混合料的整体性、高温稳定性、抗低温开裂性。我国国土辽阔，不同地区应该采用不同的抗高温稳定性指标。按规程要求，不同地区分别按 45℃、60℃、70℃做车辙试验为好。

影响沥青混合料高温稳定性的因素，不仅是沥青用量，更重要的是与矿料级配的粗细程度有关。因此，在沥青混凝土配合比设计过程中，高温稳定性要引起足够的重视。应经过反复调整及综合以上试验结果，并参考以往工程实践经验，最后综合决定矿料级配和最佳沥青用量。

第六节　热拌沥青混合料配合比设计实例

一、题目

试设计上海某高速公路沥青混凝土路面用沥青混合料的配合组成。

二、原始资料

1. 道路等级　高速公路。

2. 路面类型　沥青混凝土。

3. 结构层位　三层式沥青混凝土的上面层。

2. 气候条件　最低平均气温：-8℃。

5. 材料性能

（1）沥青材料：可供应重交通 AH-90。经检验技术性能均符合要求。

（2）矿质材料：碎石和石屑：石灰石轧制碎石，饱水抗压强度 120MPa 洛杉矶磨耗率 12%，粘附性（水煮法）：Ⅰ级，视密度 2.7t/m³。砂：洁净海砂，细度模量属中砂，含泥量及泥块量均＜ 1%，视密度 2.65t/m3。矿粉：石灰石模细石粉，粒度范围符合技术要求，无团粒结块，视密度 2.58t/m3。

三、设计要求

1. 根据道路等级、路面类型和结构层位确定沥青混凝土的矿质混合料的级配范围。根据现有各种矿质材料的筛析结果，用图解法确定各种矿质材料的配合比。

2. 根据选定的矿质混合料类型相应的沥青用量范围，通过马歇尔试验，确定最佳沥青用量。

3. 根据高速公路用沥青混合料要求，对矿质混合料的级配进行调整，沥青用量按水稳定性检验和抗车辙能力校核。

四、解

1. 矿质混合料配合组成设计

（1）确定沥青混合料类型：本题为高速公路，路面类型为沥青混凝土，路面结构为三层式混凝土上面层，为使上面层具有较好的抗滑性，按表 7-21 选用细粒式（AC-13I）沥青混凝土混合料。

（2）确定矿质混合料级配范围：按表 7-23，细粒式 I 型沥青混凝土的砂质混合料级配范围如表 7-24。

表 7-24　矿质混合料要求级配范围

级配类型	筛孔尺寸（方孔筛），（mm）									
	16.0	13.2	9.5	2.75	2.36	1.18	0.6	0.3	0.15	0.075
细粒式沥青混凝土（AC-13I）	100	95 ~ 100	70 ~ 88	48 ~ 68	36 ~ 53	24 ~ 41	18 ~ 30	12 ~ 22	8 ~ 16	4 ~ 8

（3）矿质混合料配合比计算

1）组成材料筛析试验：根据现场取样，碎石、石屑、砂和矿粉等原材料筛分结果列如表 7-25。

表 7-25　组成材料筛析试验结果

材料名称	筛孔尺寸（方筛孔）（mm）									
	16.0	13.2	9.5	2.75	2.36	1.18	0.6	0.3	0.15	0.075
	通过百分率（%）									
碎石	100	94	26	0	0	0	0	0	0	0
石屑	100	100	100	80	40	17	0	0	0	0
砂	100	100	100	100	94	90	76	38	17	0
矿粉	100	100	100	100	100	100	100	100	100	83

2）组成材料配合比计算：用图解法计算组成材料配合比，如图 7-5。由图解法确定各种材料用量为碎石：石屑：砂：矿粉 =36%：31%：25%：8%。各种材料组成配合比计算如表 7-26。将表 7-26 计算得合成级配绘于矿质混合料级配范围（图 7-6）中。

从图 7-6 可以看出，计算结果的合成级配曲线接近级配范围中值。

3）调整配合比：由于高速公路交通量大、轴载重，为使沥青混合料具有较高的高温稳定性、合成级配曲线应偏向级配取消范围的下限，为此应调整配合比。

经过组成配合比的调整，各种材料用量为碎石：石屑：砂：矿粉 =41%：36%：15%：8%。按此计算结果列如表 7-26 中括号内数字。并将合成级配绘于图 7-6 中，由图中可看出，调整后的合成级配曲线为一光滑平顺接近级配曲线下限曲线。确定矿质组成为：

碎石 41%；石屑 36%；砂 15%；矿粉 8%。

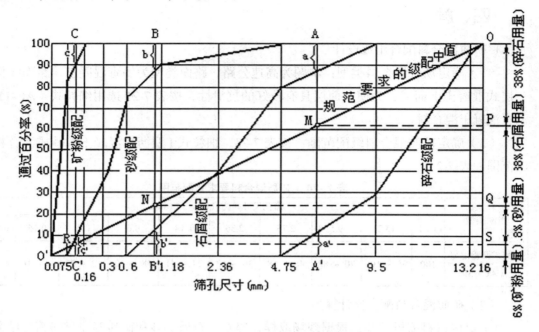

图 7-5　矿质混合料配合比计算图

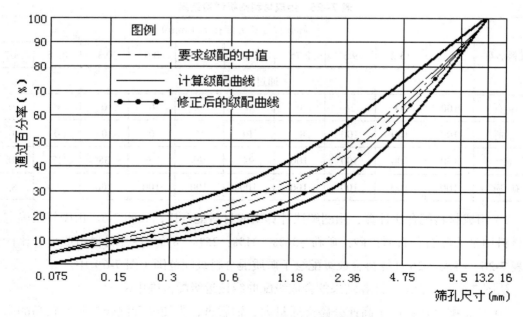

图 7-6　矿质混合料级配范围和合成级配图

表 7-26 矿质混合料组成配合计算表

材料组成		筛孔尺寸（方筛孔）（mm）									
		16.0	13.2	9.5	2.75	2.36	1.18	0.6	0.3	0.15	0.075
		通过百分率（%）									
原材料级配	碎石 100%	100	94	26	0	0	0	0	0	0	0
	石屑 100%	100	100	100	80	40	17	0	0	0	0
	砂 100%	100	100	100	100	94	90	76	38	17	0
	矿粉 100%	100	100	100	100	100	100	100	100	100	83
各矿质材料在混合料中的级配	碎石 36%（41%）	36（41）	33.8（38.5）	9.4（10.7）	0（0）	0（0）	0（0）	0（0）	0（0）	0（0）	0（0）
	石屑 31%（36%）	31（36）	31（36）	31（36）	22.8（28.8）	12.4（12.4）	2.3（6.1）	0（0）	0（0）	0（0）	0（0）
	砂 25%（15%）	25（15）	25（15）	25（15）	25（15）	23.5（12.1）	21（13.5）	19.0（11.4）	9.5（5.7）	2.3（2.6）	0（0）
	矿粉 8%（8%）	8（8）	8（8）	8（8）	8（8）	8（8）	8（8）	8（8）	8（8）	8（8）	6.6（6.6）
合成级配		100（100）	97.5（97.5）	71（69.7）	57.8（51.8）	43.9（36.5）	35.3（27.6）	27.0（19.4）	17.5（13.7）	12.3（10.6）	6.6（6.6）
级配范围（AC-13.I）		100	95-100	70-88	48-68	36-53	24-41	18-30	12-20	8-16	4-8
级配中值		100	98	79	58	45	33	24	17	12	6

注：括号内的数字为级配调整后的各项相应数值。

2. 沥青最佳用量确定

（1）试件成型：根据当地气候条件最低月平均温度 -8℃属于温区，采用 AH-70 沥青。按表 7-27 推荐的沥青用量范围，细粒式沥青混凝土（AC-13，I）的沥青用量为 5.0% ~ 7.0%。采用 0.5% 间隔变化，与前计算的矿质混合料配合比制备 5 组试件，按表 10.5 规定每面各击实 75 次的方法成型。

（2）马歇尔试验

1）物理指标测定：按上述方法成型的试件，经 24h 后测定其试密度、空隙率、矿料间隙率、沥青饱和度等物理指标。

2）力学指标测定：测定物理指标后试件，在 600 温度下测定其马歇尔稳定度和流值，并计算马歇尔模量。马歇尔试验结果列如表 7-27。并按表 7-11 规定，将规范要求的高速公路用细粒式I型沥青混凝土的各项指标技术标准列于表7-26供对照评定。

（3）马歇尔试验结果分析

1）绘制沥青用量与物理-力学指标关系图。根据表7-27马歇尔结果汇总表，绘制沥青用量与视密度，空隙率、饱和度、矿料填隙率、稳定性、流值的关系图7-7。

2）确定沥青用量初始值OAC1 从图7-7得，相应于稳定度最大值的沥青用量a1=6.20%，相应密度最大值的沥青用量 a2=6.20%，相应于规定空隙率范围的中值的沥青用量a3=5.60%，相应于规定空隙率范围的中值的沥青用量a4=6.20%。OAC1=（6.20%+6.20%+5.60%+6.20%）/4=6.1%

表7-26　马歇尔试验物理——力学指标测定结果汇总表

试件组号	沥青用量	技术性质						
		视密度 ρ_s （g/cm³）	空隙率 VV （%）	矿料间隙率 VMA （%）	沥青饱和度 VFA （%）	稳定度 MS （kN）	流值 FL （0.1mm）	马歇尔模数 T （KN/mm）
1501	5.0	2.328	5.8	17.9	62.5	6.7	21	31.9
1502	5.5	2.346	2.7	17.6	71.8	7.7	23	33.5
1503	6.0	2.354	3.6	17.4	79.5	8.3	25	33.2
1504	6.5	2.353	2.9	17.7	82.0	8.2	28	29.3
1505	7.0	2.348	2.5	18.4	85.5	7.8	37	21.1
技术标准 （GBJ92-93）	-		3～6	不少于15	70～85	7.5	20～40	-

3）确定沥青用量初始值OAC2 由图4-7得，各指标符合沥青混合料技术指标的沥青用量范围：OAC2=（OACmin+ OACmax）/2=（5.30%+6.45%）/2=5.9%。

4）综合确定最佳沥青用量（OAC） 按沥青最佳用量初始值OAC1=6.1%检查各项指标均能符合要求，由OAC1和OAC2综合确定沥青最佳用量取OAC=6.0%。

当地气候属于温区，并考虑高速公路渠化交通，预计有可能出现车辙，再选择载重限值OAC2与下限值OACmin之间选择取一个沥青最佳用量OAC/=5.6%。

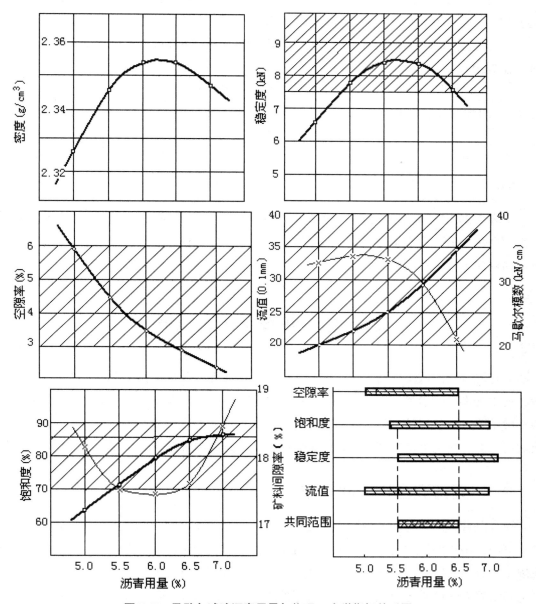

图 7-7　马歇尔试验沥青用量与物理 - 力学指标关系图

（4）水稳定性检验：采用沥青用量为 6.0% 和 5.6% 制备试件，在浸水 48h 后测定马歇尔稳定度，试验结果列如表 7-28。

表 7-28　沥青混合料水稳定性试验结果

沥青用量（%）	马歇尔稳定度 MS（Kn）	浸水马歇尔稳定度 MS1（Kn）	浸水残留稳定度 MS0（%）
OAC=6.0	8.3	7.6	92
OAC'=5.6	8.0	6.8	85

从表 7-28 试验结果可知，OAC=6.0% 和 OAC/=5.6% 两种沥青用量浸水残留稳定度均大于 75%，符合 I 型沥青混凝土水稳定性要求。

（5）抗车辙能力校核：同样，以沥青用量 6.0% 和 5.6% 进行抗车辙试验，试验结果列如表 7-29。

表 7-29　沥青混合料抗车辙试验

沥青用量（%）	试验温度 T（℃）	试验轮压 P（MP）	试验条件	动稳定度 DS（次 /mm）
OAC=6.0	60	0.7	不浸水	1 030
OAC ′ =5.6	60	0.7	不浸水	1 320

从表 7-29 中试验结果可知，OAC=6.0% 和 OAC ′ =5.6% 两种沥青用量的动稳定度均大于 800 次 /mm，符合高速公路抗车辙的要求，但沥青用量为 5.6% 时抗车辙能力较高。应根据以往工程实践经验综合决定。

第七节　沥青混合料试验

沥青混合料的试验项目很多，现行《公路工程沥青混合料试验规程》（JTJ052-2000）中，列出的沥青混合料试验有 38 项，但实际施工中，根据具体情况并不要求所有项目必须都做试验，项目试验室只需对少数几个满足路面质量要求的检测项目做试验。因此，下面对沥青混合料几个常规试验项目的试验要点及注意事项做简要的介绍。

一、沥青混合料试件制作

沥青混合料的制备和试件制作，是按照设计的配合比，应用现场实际施工用材料，在试验室内，用小型拌和机（或人工）按规定的拌制温度制备成沥青混合料，然后将混合料在规定的成型温度下制成圆柱体试件或直接从工地取回沥青混合料，在室内成型试件，供测定其物理力学性质之用。沥青混合料试件的制作，是沥青混合料诸多试验的基础试验。

1. 制作方法　沥青混合料试件的制作方法，在现行《公路工程沥青混合料试验规程》（JTJ052—2000）中列出了三种方法，即击实法、轮碾法和静压法。

（1）击实法是用标准击实仪直接制作型沥青混合料试件。其特点是仪器设备简单，操作方便。缺点是击实试件中集料容易破碎，人工击实成型的试件，因人为操作差异，试件所测各项指标均有差异。

（2）轮碾法是用轮碾制成板块状试件，再用切割机或芯样钻机钻取所需规格的试件。其优点是试件内部均匀，无集料破碎情况，集料嵌挤及排列状符合路面实际情况，没有边缘效应（即在静压时，靠试模的部分密实度差，且不光滑）；主要缺点是需轮碾成型机、切割机或钻机取芯机等专用设备，一般项目试验室不易配备齐全。

（3）静压法是用压力机或带压力表的千斤顶，将沥青混合料压入规定的模具中而成型试件。其优点是操作简便；缺点是制作方法不符合路面成型的实际条件，而且成型时粗集料压碎情况严重，极大地影响试验指标的测试结果，所以一般不宜采用静压的方法制作试件。

以上三种方法，各有其优缺点，从工程实践看，目前大部分项目试验室多采用击实法成型试件。下面介绍击实法成型试件的要点和注意事项。详细试验方法见《公路工程沥青及沥青混合料试验规程》（JTJ052-2000）。

2. 试验要点及注意事项

（1）首先要特别注意试件直径与集料最大粒径的匹配。在配合比设计中，人工配制的沥青混合料制作试件应采用替代法；施工现场采集的沥青混合料试样，应采用直接法。

（2）应注意试件的制作数量。原规程规定，每组试件 3-6 个，但大多数项目试验室通常只做 3 个。实践证明 3 个试件是不够的，如果有 1 个试件的测试数据特别大或特别小，按规定应予以舍弃后，只剩下 2 个试件，取其平均值就不合适了。因此每组试件不得少于4 个，集料较粗的应增加至 5-6 个。

（3）采用人工击实时，一定要注意手柄(击实锤)提起的高度要到顶，并使之自由下落，否则试件与试件之间因击实功的大小不均而造成测试数据离散太大。

（4）人工击实一定要在规定的标准击实台上进行，否则，由于地基不实，击实时造成试模反弹，使击实功不准确，试件密度达不到规定要求。

（5）沥青混合料的拌和，应采用小型沥青混合料拌和机。以前试验室拌混合料，大都采用人工炒拌，那只适应当时的施工生产条件。国内外实践均已证明，它不能代表现在广泛采用机械拌和生产的实际情况。在人工炒过程中，沥青有的局部过热老化，影响沥青混合料的性质，据此进行沥青混合料配合比设计的最佳沥青用量也与机械拌和时不一样。因此，对试验室试验研究，配合比设计及采用机械拌和施工的工程，严禁用人工炒拌制作试件。

（6）各种集料，一定要烘干后备用，配料前应按规定加温。

（7）应严格控制沥青的加热温度及拌和、压实温度，击实前应测量混合料的温度，只有混合料温度符合要求时才能进行击实操作。

（8）拌制沥青混合料时，一定要注意投料顺序，即先将粗、细集料倒入拌和机内，用小铲适当混合，再加入沥青，最后加入单独加热的矿粉。应控制好总拌和时间。

（9）从烘箱中取出预热的试模及套筒时，应用沾有少许黄油的棉纱擦拭，以便于脱模。

（10）试件成型后，应量测试件高度，如果不符合要求，试件应作废重做。

（11）计算沥青混合料试件理论密度时，粗集料的相对密度采用表观密度和毛体积密度的平均值。

二、压实沥青混合料密度试验

1. 试验目的　测定沥青混合料的密度，是为了计算沥青混合料试件的空隙率、矿料间隙率、沥青饱和度和度等各项技术指标。

2. 试验方法　密度是在一定条件下测量的单位体积的质量，单位为 t/m^3 或 g/m^3，通常以 ρ 表示。相对密度是所测定的各种密度与同温度下的密度的比值，也称比重，以 γ 表示。在现行《公路工程沥青及沥青混合料试验规程》（JTJ052—2000）中，规定了压实沥青混合料密度试验的四种方法，即表干法、水中重法、蜡封法和体积法。表干法测定的是沥青混合料试件的毛体积密度。所谓毛体积，是指试件饱和面干状态下表面轮廓水膜所包裹的全部体积、试件内与外界流通的所有开孔隙均已被水冲满。试件的体积包括矿质实体和沥青体积、集料内部的闭孔隙和集料之间已被沥青封闭的闭孔隙、与外流通的开孔隙。但是试件轮廓以外的试件表面的凹陷，是不包括在体积中的。蜡封法是用蜡把开口孔隙封闭起来，成为假象的饱和面干状态。所以它与表干法是一个意思，都是以包括开口孔隙及闭口孔隙在内的毛体积作为计算密度体积用的。蜡封法的缺点是，表面的蜡影响马歇尔试验，要把蜡刮掉。为了好刮，只能先涂一层滑石粉，由此使得试验复杂化。另外，如果封蜡时操作不当，还可能使蜡进入表面孔隙，致使密度测定不准确。对试件浸水时几乎不吸水，试件表面基本上没有流通外部的开孔隙，此时，试件的饱和面干质量与空中质量非常接近，也就没有必要再用表干法测定了，可简化成水中重法测定。水中重法实际上是表干法及蜡封法的一种简化。由于蜡封法与表干法也未必能测得很准确，为了使试验尽量简单化，在上述特殊情况下，可用表观密度（视密度）代替毛体积密度。总之，测定沥青混合料密度的基本方法是表干法；当空隙大到不适用于表干法测定时，应用蜡封法；如果空隙率较少几乎不吸水时，可简化为水中重法测定。不过，实际的试件情况，很难判断有无开孔隙，很难判断开口孔隙的大小及水会不会流出或吸入。因此，《公路沥青路面施工技术规范》（JTJ F40-2004）附录 B "热拌沥青混合料配合比设计方法"中，对不同的混合料品种和类型，明确规定了采用不同的方法测定其密度，各单位不宜随便改变。

（1）当试件浸入水中后，静水天平在几秒钟内即可稳定读数，可采用水中重法，如Ⅰ型沥青混合料试件，应采用水中重法。它仅适用于致密、表面无开口孔隙、几乎不吸水的非常密实的沥青混合料，但不适用于使用了吸水性的试件。

（2）当试件有一定的吸水性，但吸水率小于 2%，试件浸水后，静水天平读数能较快达到稳定时，可采用表干法。这是最常见的方法，它适用于表面较粗密实的Ⅰ型或Ⅱ型沥青混合料、使用吸水性集料的Ⅰ型沥青混合料及 SMA 混合料试件，但不适用于吸水率大于 2% 的沥青混合料。

（3）凡吸水率大于 2% 的各种沥青混合料试件，如Ⅰ型或Ⅱ型沥青混合料，抗滑表层混合料（尤其是粗立式沥青混合料）及沥青碎石混合料试件等，不能用水中重法或表干法测定密度时，应用蜡封法测定。对无法采用蜡封法、空隙率较大的沥青混合料，如沥青碎石混合料、开级配沥青混合料试件，只能用体积法测定。

详细实验方法见《公路沥青及沥青混合料试验规程》（JTJ052-2000）。

3.试验要点及注意事项

（1）应选择好适当称量的静水天平或电子秤，以保证试验的精度。

（2）试件入水时应轻放，注意不要使水晃动，保持静水高度一致的情况下称重。

（3）密切注意天平读数的变化，如不能很快稳定，说明试件吸水严重，应改用合适的测定方法。

（4）用表干法测定时，关键是在用拧干的湿毛巾擦拭试件表面时，要制造一种真正的饱和面干状态。表面既不能有多余的水膜，又不能把吸水孔隙中的水分擦走，得到真正的毛体积。在擦拭过程中，试件不准侧向滚动。

（5）蜡封法的关键在于封蜡时即要把孔隙封住，又不能让蜡吸入空隙中。因此，蜡封前，试件要在规定温度的冰箱中冷却，使试件一浸入蜡中马上凝固成一层薄蜡皮。

（6）体积法测定的关键是试件各种尺寸的测定。因此试件的计算体积全凭卡尺量测，如量测不准没，将极大地影响试验结果的准确性。试件直径以上、中、下三次平均，高度以对角线四次平均。

（7）对从路上钻取的非干燥试件，称取水中重后，一定要用电风扇将试件吹干至恒重后，再称取空中质量，否则将影响试验精度。

（8）各种密度试验记录中，应标明测定密度的方法。

三、沥青混合料马歇尔稳定度试验

马歇尔试验是目前沥青混合料中重要的一个试验。为区别试验时浸水条件的不同，将其分别称为标准马歇尔试验、浸水马歇尔试验及真空饱水马歇尔试验。使用大型试件时，称为大型马歇尔试验。

马歇尔试验是沥青混合料配合比设计及沥青路面施工质量控制的最重要的试验项目，数据的真实性十分重要。可是某些项目试验室，有时会出现一些虚假的试验结果，某些试验人员往往将符合要求的试验结果记录在案，而不符合要求的试验结果随意舍弃或修改成合格的数据。签于这种情况，现行规程明确规定：对于高速公路和一级公路的沥青混合料，宜采用计算机或 X-Y 记录仪自动测定的自动马歇尔试验仪进行试验，以力求得到真实的试验数据；也希望广大项目试验人员能遵守职业道德，实事求是地记录各项试验数据。由于全部采用自动马歇尔试验仪还需要一个过程，对二级及二级以下公路，目前仍然容许使用普通的马歇尔试验仪。

1.试验方法　进行沥青混合料配合比初步设计和沥青路面施工质量检验，测定沥青混合料的各项技术指标时，采用标准马歇尔试验法；检验沥青混合料受水损害、抵抗剥落能力时，应采用浸水马歇尔试验（根据需要，也可进行真空饱水马歇尔试验），通过测试其水稳定性，检验配合比设计的可行性；对从沥青路面钻取得芯样，应按"沥青路面芯样马歇尔试验"方法进行，用以评定沥青路面施工质量是否符合设计要求或进行路况调查。详细试验方法见《公路工程沥青及沥青混合料试验规程》（JTJ052-2000）。

2. 试验要点及注意事项

（1）量测得试件高度如不合格（即不在规定误差范围内），此试件应作废。因为马歇尔试验的变异性与试件的成型高度关系很大，尤其是空隙率可能相差很大。

（2）应严格控制恒温水槽的试验温度，温度的误差将极大地影响试验结果。

（3）试验加荷时，应随时注意试件的变形，当试验荷载达到最大值的瞬间，应及时读取测力环中百分表读数，否则指针立即回零，将无法取得试验结果。

（4）当采用自动马歇尔试验仪或由 X-Y 记录的荷载—变形曲线时，应注意原点修正。这是因为马歇尔试验仪的加工质量往往不很精确，在击实成型的试件和压头之间出现空隙，即试件与压头不密合的情况较多，从而使得开始试验时，荷载尚未增加，流值计已经出现较大的变形，这部分变形实际上是使试件与压头密合过程中的变形，是不应计算到流值之中的。因此，进行原点修正后，再计算流值，就比较准确了。

（5）用于施工质量检验的马歇尔试件，必须快速得知试验结果，或因试模不足，允许用电风扇吹冷，但做配合比设计的试件是不允许的。

（6）由已成型的沥青路面上钻取得芯样做马歇尔试验时，由于各种路面的设计厚度，不可能同标准马歇尔试件的高度相同。因此，试验时必须按规定，用试验实测稳定度乘以试件高度修正系数，才能得到真正的试件稳定度。

（7）1 组试件的测定值，应按规定舍弃后，取其平均值作为试验结果。

（8）采用自动马歇尔试验仪时，试验结果应附上荷载-变形曲线原件或自动打印结果。

四、沥青混合料中沥青含量试验

沥青混合料中沥青含量试验，是检测热拌热铺沥青混合料质量的一项重要试验。沥青含量的多少将直接影响到沥青路面的施工质量。快速检测其准确含量，便于拌和厂及时调整，最终确保工程质量。

1. 试验方法　在现行公路工程试验规程中，列出了四种试验方法，即射线法、离心分离法、回流式抽提仪法和脂肪抽提器法。

（1）射线法采用符合放射性安全规定的射线法沥青含量测定仪。其优点是检验测速度快，一般为 8min（急需时也可采用 4min）；缺点是使用前进行标定，受环境条件影响很大，仪器挪动地点，则应重新标定，比较麻烦，而且只适用于黏稠石油沥青拌制的混合料。

（2）离心分离法采用离心抽提仪，是现行规范规定的标准试验方法。

（3）回流式抽提仪，是前些年我国使用最为普通的沥青含量试验方法，但是由于其耗时较长（溶洗需 8 ~ 10h，烘干试样需 4h），溶剂耗量大，准确性也差，不能很好地指导生产，近年来已被许多新方法取代。

（4）脂肪抽取提仪法在国外使用非常普遍，但在我国一直未解决用于此法的滤纸筒，用滤纸卷成的筒做试验时，矿粉泄露也很严重，而且每次取样的混合料太少（200g 左右），往往缺乏代表性，故我国只有少数单位使用。

以上四种试验方法，各使用不同的仪器，各具特点。目前在二级以下公路的施工中，有的单位还采用柴油或汽油清洗法或直接燃烧法来测定沥青含量，当然不会很准确，因此也未正式订为标准试验方法。上述规定的四种方法中，离心分离法为规范推荐的标准试验方法，下面仅就其试验要点和注意事项作简单介绍。详细试验方法见《公路工程沥青及沥青混合料试验规程》（JTJ052-2000）。

2. 试验应按规定的取样方法，取代表性试样

（1）试样应按规定的取样方法，取代表性试样。

（2）试样数量应按规定，粗粒式 1500g 中粒式 1200-1300g 细粒式 1000g。

（3）试样在烧杯中应充分搅动，使沥青充分溶解。

（4）应特别注意，烧杯及玻璃棒上的黏附物，应用溶液全部洗入分离容器中。

（5）反复洗试样，一定要彻底，直至流出的抽提液呈清澈的淡黄色为止。

（6）抽提液中的矿粉，应按规定准确测定。在实际试验中，同一种混合料，用同一台仪器测定的矿粉泄露情况大体上变化不大时，也可不必每次都进行此项测定，可参考已有数据作少量修正。如果某台抽提仪试验时，沥青混合料总量 1kg 时，泄漏的矿粉约为 1g 左右，以后可每次从测定结果上减去 0.1% 即可。

（7）试验结果应按规定进行评定。

五、沥青混合料的矿料级配检验

沥青混合料中的矿料组成试验，是沥青路面施工时重要的质量检查项目。沥青混合料配合比设计时，对矿料级配要求很严格，是经过反复调试后才确定的。如果施工中矿料级配与配合比设计时的级配差别很大，将直接影响到沥青混凝土的各项技术指标，因而直接影响到沥青路面的施工质量。因此，沥青路面施工技术规范要求，施工过程中每天至少要进行一次矿料级配的检验，以检验其与设计配合比矿料级配的差别，并应及时对上料速度进行调整，以达到设计要求，确定沥青混合料的质量。

沥青混合料的矿料级配检验，是用沥青混合料经抽提完沥青含量后的矿料进行筛分试验。

1. 试验方法　一般情况下采用干筛，如果需要，对 0.075mm 筛可采用水筛法。详细试验方法见《公路工程沥青及沥青混合料试验规程》（JTJ052-2000）。

2. 试验要点及注意事项

（1）应用经沥青含量抽提后的全部矿料进行筛分。

（2）筛分时的标准筛筛孔选择。作为施工质量检验，一般应包括下列 5 个筛孔。10.075mm，以控制混合料中的矿粉含量。22.36mm，以控制混合料中的细集料含量。32.75mm，以控制混合料中的粗集料含量。4 最大粒径，以检验超粒径含量。5 根据混合料类型，再选择一个适应的筛孔。只要这些筛孔的通过量控制合格，则沥青混合料的矿料级配，各个筛孔就不会有大的出入，其余筛孔也可以再筛分。当然，如果时间、人力允许最好用全筛进行筛分。

（3）各筛上和底盘中试样质量总和与筛前试样总质量相比，如相差超过 1%，试验应作废。

（4）同一混合料应以两次试验平均值计算筛余量，并应绘制矿料组成级配曲线图。

六、热拌沥青混合料施工温度检测

热拌沥青混合料的施工温度，直接影响到沥青路面的施工质量，所以是施工质量管理的重点项目之一。因此，施工过程中应及时检测，以保证沥青混合料的施工温度，满足有关标准和规范的要求。

热拌沥青混合料的施工控制检测温度包括沥青加热温度、矿料加热温度、混合料出厂温度、混合料储存温度、运到现场温度、摊铺温度、碾压温度、碾压终了温度和开放交通的温度。作为沥青路面施工现场，重点要控制混合料拌合出厂温度、运到现场的温度、摊铺温度和开始压实的温度。

1. 试验方法　一般采用温度计直接量测。宜采用有数字显示或度盘指针显示的金属杆插入式热电偶温度计，并有读数留置功能。各种温度计在使用前必须进行标定。详细试验方法见《公路路基路面现场测试规程》（JTJ059-95）。

2. 试验要点及注意事项

（1）混合料运到现场温度，应在运料车上混合料堆侧面检测。温度计插入深度不小于 150mm，注视温度变化，直至温度不再继续上升为止读数，应每车测一次。

（2）混合料摊铺温度，宜在摊铺机一侧拔料器的前方混合料料堆上测试，温度计插入料堆 150mm 以上后，测试者应跟着摊铺机向前走，并注视温度变化，至温度不再上升时读数，每车测一次。

（3）压实温度检测。因压实层较薄，温度计不宜直插，应斜插，可增加其在混合料中的埋置深度，测值相对较难。如温度计直接插入路面有困难，可用改锥插入一孔后再插入温度计。压实温度应每压实段检测一次，并以 3 个测点的平均值作为测试温度。

（4）每次测温后应用棉丝或软布将温度计测头擦拭干净，以免影响测温准确性。

（5)测温记录应将当日的气候状况、测定时间、混合料施工层次、测点位置等记录清楚。

沥青混合料的常规试验项目，一般包括上述 6 项。对高速公路和一级公路，需进行沥青混合料的车辙试验。这项试验，大部分项目试验室不具有相应的设备，故如需做此项试验，应及时送样到当地具备相应资质的试验室进行检测，并征得监理认可。

七、沥青混合料的非常规试验

沥青混合料的配合比设计分三阶段进行，即目标配合比设计阶段、生产配合比设计阶段和生产配合比验证阶段。前一阶段由试验室内进行，后两个阶段因必须借助拌和楼、摊铺机等设备，故应在拌和站进行。为了完成两个阶段的设计任务，施工单位除要做大量的常规试验外，还须做不少非常规试验。这些非常规试验，目前还没有规程可供遵循。下面结合以往实践，就这些非常规试验的目的、意义、方法、步骤作一些简单介绍，供参考。

1.冷料仓的流量试验　沥青混合料拌和设备，通常设备有 4 个冷料仓，最靠近烘干筒的 1 号仓装最细集料，依集料粒径从小到大编号，4 号仓装最粗集料。4 个冷料仓中 4 种规格集料的用量比例，在目标配合比设计中确定。生产时，4 个冷料仓应按设计比例和一定速度向拌和机供料，即每个冷料仓必须分别保持各自的稳定流量，这样才能满足矿料级配和拌和机生产能力的要求。

各冷料仓的固定流量，可根据拌和机的生产能力（t/h）和目标配合比计算得到。如某拌和机的生产能力为 100t/h，1 号仓装有天然砂，在目标配合比中天然砂的用量比例为 20%，所拌沥青混合料的沥青含量为 5%，则 1 号仓的固定流量应为 $100 \times 0.95 \times 0.2 = 19$（t/h）。即 1 号仓必须均匀地每小时流出 19t 砂。

冷料仓出料控制，一般有振动式和输送式两种。振动源来自安装在冷料仓出料口附近的振动马达或电磁线包。通过改变振动马达的转速或电磁线包的振荡频率改变冷料仓的流量。输送式是在料口下缘安装一个小型皮带运输机或往复式送料滑板。改变小皮带转速或改变滑板的往复频率，就能改变冷料仓的流量。

冷料仓的流量试验，就是要找到流量与集料规格（品种）、出料口开启程度、小皮带转速（振动马达转速或电磁线包振荡频率）等之间的关系，并用流量关系曲线表示。根据计算的流量，在曲线上查得装有某种规格集料的冷料的冷料仓出料口应张开的大小以及小皮带应具备的转速（振动马达转速或电磁线包振荡频率）。

为了减少试验工作量，冷料仓出料口的张开程度可根据集料的粗细凭经验确定。因此，只需分别测定 4 个冷料仓的流量与小皮带转速（振动马达转速或电磁线包振荡频率）的关系。

现以皮带式为例，详述试验步骤如下。

（1）各冷料仓分别装满不同规格集料。

（2）移走与水平皮带运输机接头的提升运输机，将装载机置于该处，准备接料。

（3）启动大型水平皮带运输机。

（4）选择某一低速，启动 1 号仓的小皮带，并开始计时。装载机料斗内落满料后，开走装载机称料重，直至接料总重超过 10t 为止，并记录时间（h）。

（5）根据称料总重及延续时间，计算 1 号仓在该小皮带转速下的流量（t/h）。

（6）改变（提高）小皮带 4-5 种转速，分别测定 1 号仓相应小皮带转速下的流量。

（7）同法分别测定其他各冷料仓不同小皮带转速下的流量。

（8）绘制各冷制各冷料仓小皮带转速与流量关系曲线见图 7-8）。

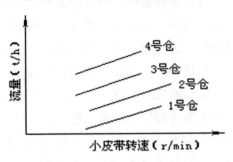

图 7-8　转速与流量关系曲线

当冷料仓出料由振动马达或电磁线包或往复式送料滑板控制时，亦按类似方法测定并绘制振动马达转速或电磁线包振荡频率或滑板往复频率与流量关系曲线。

在实际生产中，料场进料规格会有变动，含水量也不断变化。这时尚须根据实际情况对冷料仓流量作适当调整，以达到与热料仓供料比相匹配，满足标准级配的要求。

细集料含水量变化较大，为保持其相对稳定，宜采取防雨措施。

必要时亦应将出料口开启程度作为一个变量进行试验。

2. 各热料仓供料比测定试验　当使用连续式拌和机时，经冷料仓流量试验后便可按固定流量直接供料加热拌和；但高速公路和一级公路对混合料的质量要求高，规范规定用间歇式拌和机拌和。这就带来了一个所谓二次筛分的问题。

使用间歇式拌和机，冷料经烘干筒加热后，提供到拌和楼和楼内进行筛分分档分别进入各自的热料仓。但由于拌和楼内的筛子长度有限，便兼有倾角影响，集料不能充分筛分，流进各热料仓的集料不是按机内各筛号准确分级。因此还必须从各热料仓中取样进行筛分试验（即二次筛分），根据筛分结构再进行矿料配比计算，决定各热料仓的供料比例。测试步骤如下。

（1）按各冷料仓确定的小皮带转速（振动马达转速或电磁线包振荡频率）启动冷料仓卸料。

（2）启动大型水平皮带运输机运料。

（3）启动烘干筒工作。

（4）启动拌和楼内各筛工作，至各热料仓内有足够料为止。

（5）逐次打开各热料仓，冷却后分别进行筛分试验。

（6）根据各热料仓中集料及矿粉的筛分结果，对照标准级配，用图解法或其他方法计算各热料仓的供料比例，进而计算矿料的合成级配，并与标准级配对比。合成级配曲线应与标准级配中值曲线相吻合，如出入较大，则须调整各热料仓供料比，重新计算合成级配，直至两曲线吻合为止。

（7）按调整好的热料仓供料比及矿粉所占比例进行干拌（不加沥青），在拌和机出料口取样进行筛分试验，计算通过率，并与标准级配范围中值比较，如出入较大，还须适当调理热料仓供料比，直至关键筛孔的通过率与标准级配相应筛孔通过率中值的误差不超过规定值（0.075mm 筛孔为 ±1%，其余筛孔为 ±2%）为止，这时各热料比，即为正式生产时的供料比。

关键筛孔指 0.075mm、2.36mm、2.75mm、最大公称粒径对应的筛孔以及最大公称粒径与 2.75mm 中间的筛孔。

在拌和过程中如发现某热料仓溢料或待料，说明冷、热仓的供料比不相匹配，此时要根据溢料或待料的集料粒径调整相应冷料仓的流量。

3. 加热温度及拌和时间试验　经反复调整冷料仓供料比，达到供料平衡后，即可加沥青进行拌和。根据拌和后混合料的温度及其外观，决定集料和沥青的加热温度以及混合料的拌和时间。

（1）初步拟定加热温度。根据沥青品种与标号，取规范中规定加热范围的中值，暂定为沥青加热温度。集料加热温度应比沥青加热温度高 10 ~ 20℃

（2）初步拟定拌和时间。根据以往经验初步拟定拌和时间，一般每拌一锅均需 30-50s，试拌时先选 50s 为宜。

（3）拌制沥青混合料。按初步拟定的加热温度及拌和时间，按目标配合比的油石比控制沥青进量，拌制沥青混合料。

（4）确定集料及沥青的加热温度。在拌和机的出料口接料测温，该温度如在规范规定的出厂温度范围内，且混合料色泽均一、流而不散，则认为原拟定的加热温度可行。如温度超出规定范围，或目测不合格，则须适当调整原材料的加热温度，直至满足要求为止。此时集料沥青的加热温度，即可定为正式生产的加热温度。

（5）确定拌和时间。最佳拌和时间是使拌出的混合料色泽均一，每一个集料颗粒都被沥青膜均匀裹覆、大小颗粒分布均匀所需的最短时间（s）。

当每一锅出料后，目测认为不合适（有花料、离析等），则需重新进料，适当延长拌和时间。反复几次，直至合格为止。此时的拌和时间再加 3 ~ 5s 即位正式生产时的拌和时间。

第一锅出料后，虽目测合格，须适当缩短拌和时间重新试拌。反复几次，直至不合格料出现为止。取不合格料出现前一次合格料的拌和时间再加 3 ~ 5s，即为正式生产时的拌和时间。增加 3 ~ 5s，是考虑设备误差而增加的额外时间。

2. 透层试验　规范规定："在无机结合料稳定土或粒料的半刚性基层上必须浇洒透层沥青。"基于阻水的目的，最好透层与下封层合二为一，一次做成。这样就要求透层沥青既要渗入基层，又要在基层表面保持一层沥青薄膜。

透层沥青宜选用慢裂洒布型乳化沥青，亦可采用慢凝液体石油沥青或煤沥青。从经济、安全、易渗角度考虑，选用沥青含量 40% ~ 50% 的慢裂石油沥青较为适宜。

乳化沥青的稠度及单位面积洒布量应通过试洒确定。可在试铺段基层上选择具有代表性的 1m2 面积，清扫并洒水润滑，表面略干后，用喷壶将沥青含量为 1kg 的乳化沥青均匀洒布于该表面积内，24h 后观察表面情况。若表面色泽均一，被一层厚约 0.3mm 沥青薄膜均匀覆盖，用小刀不能将薄膜揭起，这说明乳液与用量适当；若表面色泽均一，已形成均匀薄膜，用小刀亦不能揭起，但膜层较厚（> 0.5mm），说明乳液稠度适中，但用量过多；若表面色泽均一，已形成均匀薄膜，但用小刀能将薄膜成片揭起，说明乳液稠度太大或破乳速度太快，未渗入基层内部；若表面色泽不一，局部显干涩状，沥青未形成均匀薄膜，说明乳液稠度虽适中，但用量不足。针对上述各种不合格情况，需采取相应处理措施，再次试洒，直至满意为止。

沥青混合料的非常规试验，还包括松铺系数试验、摊铺速度试验、摊铺温度试验、初压温度、速度试验及压实遍数试验等，在此不一一叙述。

八、沥青路面施工质量检验

沥青路面施工质量检验的试验项目包括沥青和合料的马歇尔各项技术指标试验、沥青含量试验、矿料级配检验、施工温度检测（这几项试验，前面已作介绍）、路面弯沉检测、沥青面层压实度检验、平整度检验。本节将对后 3 项检验的试验方法、试验要点及注意事项作简要介绍。

（一）沥青路面压实度检验

沥青路面的压实度是施工质量管理的最重要的指标之一，它对沥青路面的使用寿命至关重要，面层压实致密，可防止水分渗入沥青层和基层，保证路面正常使用。如压实不密，造成面层水进入沥青层甚至基层，将造成面层过早破坏，影响车辆正常行驶，将大大减少路面的使用寿命。因此沥青路面的使用寿命。因此沥青路面的压实度，一定要达到规范的要求。

1. 试验方法　根据《公路沥青路面施工技术规范》（JTJ032-94）的要求。沥青路面的压实度检验作为施工过程中工程质量控制，可采用现场钻孔或挖坑试验；作为交工检查与质量验收，必须采用钻孔法，这也是近年来广泛采用的标准试验方法。从目前国内沥青路面施工的情况看，高速公路和一级公路的压实度检查大都采用钻孔法；而二级以下公路，采用挖坑法（即罐沙法）检查压实度的较多。本节只对钻孔法检查压实度作简要介绍。详细试验方法见《公路路面现场测试规程》（JTJ059-95）。

2. 试验要点及注意事项

（1）钻孔完成后，应轻敲钻杆，使试样自由落下，不得猛敲，以保护芯样的完整性。

（2）芯样应在现场贴上标签，或用塑料袋装上，在袋内放入标签。标签上应标明试样编号或取样桩号及位置、施工及取样日期、路面层次等。

（3）钻孔完后，应用同样材料将钻孔孔洞填满并击实。如孔洞中有水，应用棉纱吸干后再填料。

（4）芯样底部如有非本次检测层的试样，应用切割机切去。

（5）因钻孔时要淋水冷却，以保护钻头，因此所取芯样大都含有水分。故芯样试验前应晾干或用电风扇吹干至恒重。

（6）芯样的密度试验，应按规定的相应方法测试。

（7）计算压实度的标准密度，一般应用检测段摊铺混合料实测马歇尔击实试件的成型密度。

（8）压实度试验报告，应记载压实度检查用标准密度及依据，并列表显示各测点的试验结果和压实度平均值、标准差、变异系数以及计算压实度代表值。

3.沥青层压实度评定方法　《公路沥青路面施工技术规范》（JTG F40-2004），对沥青路面的压实度评定进行了修订，一定要按下列方法，对沥青路面的压实度评定。沥青层压实度评定方法如下。

（1）沥青路面的压实度采取重点进行碾压工艺的过程控制，适度钻孔抽检压实度校核的方法。钻孔取样应在路面完全冷却后进行，对普通沥青路面通常在第二天取样，对改性沥青及 SMA 路面宜在第三天以后取样。沥青面层的压实度按下式计算：

$$K = \frac{D}{D_0} \times 100 \qquad (7\text{-}1)$$

式中：K——沥青层某一测定部位的压实度，%；

D——由试验测定的压实度沥青混合料试件实际密度，g/cm³；

D_0——沥青混合料的标准密度，g/cm³；

（2）施工及验收过程中的压实度检验不得采用配合比设计时的标准密度，应按如下方法逐日检测确定：①以实验室密度作为标准密度，即沥青拌合厂每天取样 1～2 次实测的马歇尔试件密度，取平均值作为该批混合料铺筑路段压实度的标准密度。其试件成型温度与路面复压温度一致。当采用配合比设计时，也可采用其他相同的成型方法的试验室密度作为标准密度。②以每天实测的最大理论密度作为标准密度。对普通沥青混合料，沥青拌和厂在取样进行马歇尔试验的同时以真空法实测最大理论密度，平均试验的试样数不少于 2 个，以平均值作为该批混合料铺筑路段压实度的标准密度；但对改性沥青混合料、SMA 混合料以每天总量检验的平均筛分结果及油石比平均值计算的最大理论密度为准，也可采用抽提筛分的配合比及油石比计算最大理论密度。③以试验路密度作为标准密度。用核子密度仪定点检查密度不再变化为止。然后取不少 15 个的钻孔试件的平均密度作为计算压实度的标准密度。④可根据需要选用实验室标准密度、最大理论密度、试验路密度中的 1-2 种作为钻孔法检验评定的标准密度。⑤施工中采用核子密度仪等无破损检测设备进行压实度控制时，宜以试验路密度作为标准密度，核子密度仪的测点数不宜少于 39 个，取平均值，但核子密度仪需经标定认可。

（3）压实度钻孔频率、合格率评定方法等按要求执行。

（4）在交工验收阶段，一个评定路段的压实度以代表值评定压实度是否合格。

1）一个评定路段的平均压实度、标准差、变异系数按式（7-2）、（7-3）、（7-4）、（7-5）计算：

$$K_0 = \frac{K_1 + K_2 + \cdots + K_n}{N} \tag{7-2}$$

$$S = \sqrt{\frac{(K_1 + K_0)^2 + (K_2 - K_0)^2 + \ldots + (K_n + K_0)^2}{N-1}} \tag{7-3}$$

$$C_V = \frac{S}{K_0} \tag{7-4}$$

式中：K_0—该评定路段的平均压实度，%；

S—一个评定路段的压实度测定值的标准差，%；

C_V—一个评定路段的压实度测定值的变异系数，%；

$K_1, K_2, \cdots K_n$—该评定路段内各测定点的压实度，%；

n—该评定路段内各测定点的总数，其自由度为 N-1。

2）一个评定路段的压实度代表值按下式计算：

$$K^{/} = K_0 - \frac{t_a S}{\sqrt{N}} \tag{7-5}$$

式中：$K^{/}$—一个评定路段的压实度代表值，%；

t_a—t 分布表中随自由度和保证率而变化的系数，见表 7-30 当测点数大于 100 时，高速公路的 t_a 可取 1.6449，对其他等级公路 t_a 可取 1.281-5。

表 7-30 $t_a\sqrt{N}$ 的值

测点 N	高速公路 一级公路	其他等级公路	测点数 N	高速公路 一级公路	其他等级公路
2	2.465	2.176	20	0.387	0.297
3	1.686	1.089	21	0.376	0.289
4	1.177	0.819	22	0.367	0.282
5	0.953	0.686	23	0.358	0.275
6	1.823	0.603	24	0.350	0.269
7	0.734	0.544	25	0.342	0.264
8	0.670	0.500	26	0.335	0.258
9	0.620	0.466	27	0.328	0.253
10	0.580	0.437	28	0.322	0.248
11	0.546	0.414	29	0.316	0.244
12	0.518	0.393	30	0.310	0.239
13	0.494	0.376	40	0.266	0.206
14	0.473	0.361	50	0.237	0.184
15	0.455	0.347	60	0.216	0.167
16	0.438	0.335	70	0.199	0.155
17	0.423	0.324	80	0.186	0.145
18	0.410	0.314	90	0.175	0.136
19	0.398	0.305	100	0.166	0.129

注：本表适用于压实度、厚度等单边检验要求的情况，对高速公路、一级路，保证率为 95%；对其他公路，保证率为 90%。

以上评定方法摘自《公路沥青路面施工技术规范》（JTG F40-2004）。

（二）路面平整度检测

平整度是路面使用性能的最重要指标之一，是司机和乘客都能直接感受到的一种舒适性能指示。它必须通过路基、基层，尤其是面层的精确施工方能得以保证。路面平整度好，行车平稳顺畅，车速也快，对人、对车都有好处。因此，测定路面平整度，用以评定路面的使用性能就相当重要。

1. 试验方法　根据《公路沥青路面施工技术规范》（JTJ032-94）的规定，施工过程质量控制，采用 3m 直尺检测路面平整度，这也是目前大部分项目试验室经常采用的方法。3m 直尺设备简单，操作方便，可在路面的纵向和横向检测，但精度不高，受人为读数准确因素影响较大。交工检查和质量验收，要求采用平整度仪，全线连续检测。现在国产平整度仪大都有自动计算功能，可自动打印输出测定路段的标准差及振幅大于规定值的超差次数。平整度仪检测速度快而且准确，便于全线连续检测，但大部分施工单位不具备这种设备。还有用车载式颠簸累计测平整度的，也属自动检测，但拥有这种设备的单位更少。

鉴于上述情况，项目经理部施工过程质量控制大都采用 3m 直尺检测平整度，故下面仅对其试验要点及注意事项作简要介绍。详细试验方法见《公路路基路面现场测试规程》

（JTJ059-95）。

2. 试验要点及注意事项

（1）每次测试前，应检查 3m 直尺的顺直度。一般的 3m 直尺均为 1.5m 对折，中间用螺丝连接，安有活页，不用时折叠成 1.5m 长，便于携带；使用时打开。用前应检查螺丝是否有松动，直尺底部是否顺直，否则将影响测试结果。

（2）一般采用连续测量 10 尺，量测最大间隙。

（3）纵向检测时，应以行车道一侧车轮迹处作为连续测定的标准位置。

（4）塞进塞尺后读数，最好蹲下，便于准确读数。

（5）路面横向检测平整度时，往往测值偏大，很可能是由于路拱所造成的。检测时应予以注意，检测值仅供参考。尤其是当直尺横向放在路中心线上时，直尺两端的塞尺读数会更大，因此，这时的测值不能作为平整度检测值。

（6）平整度检测记录，应包括检测日期、测试桩号及位置、单点测值、平均值、不合格尺数及检测合格率。

（三）路面厚度检测

路面结构层各层的厚度，尤其是沥青面层的厚度，是施工质量管理过程和工程验收必须检测的项目，它对工程质量及路面使用寿命有着重要意义，因此应严格控制。

路面厚度的多种检测方法都属破坏性检验，因此测点数量应尽量减少，最好在施工过程中采用非破损方法进行检验，以减少对路面造成损坏或留下后患。例如，在路面摊铺过程中，设专人用插签随时检查摊铺厚度，根据压实成型厚度，及时调整摊铺厚度，或每日用沥青混合料数量与实铺面积进行校核调整。

1. 检测方法　根据现行《公路沥青路面施工技术规范》（JTJ032-94）和《公路工程质量检验评定标准》（JTJ071-98）的规定，沥青路面厚度检测可采用挖验或钻芯法。《公路路基路面现场测试规程》（JTJ059-95）规定，基层或砂石路面的厚度，可用挖坑法测定；沥青面层及水泥混凝土路面板的厚度，应用钻孔法测定。据了解，目前沥青路面施工，高速公路和一级公路采用钻芯法检测路面厚度的较多；二级及二级以下公路施工采用挖坑法检测路面厚度的较多。具体工程采用哪种方法检测路面厚度，可根据设备条件及业主、监理的要求而定。详细实验方法见《公路路基路面现场测试规程》（JTJ059-95）。

2. 试验要点及注意事项

（1）挖坑时注意开挖面积应尽量缩小，并注意不要损坏周边的压实面层。

（2）挖坑过程中，应随时注意压实层次，认真确认是否已挖至下一层的顶面。

（3）挖坑完毕后，应用毛刷清扫坑底后再量高度。测高时，应在坑中部位置垂直测量。

（4）钻取芯样如仅供测量厚度，应用小钻头（φ5mm），以减少对路面的破坏。

（5）钻芯试样对非本次检测层，应切割后再量测高度，测高时应沿周边对称的十字方向四处量测，取其平均值为层厚度。

（6）挖坑或钻孔后的孔洞应及时用相同材料填补并夯实，勉留后患。

（7）厚度检测记录应包括检测日期、路段桩号及位置、各检测点单点值、平均值、标准差、变异系数，并计算代表厚度值。

3. 路面结构层度评定

（1）评定路段内路面结构层厚度，按代表值和单个合格值得允许偏差进行评定。

（2）按规定频率，采用挖验或钻芯样的方法测定厚度。

（3）厚度代表值为厚度的算术平均值的下置信界限值，即：

$$X_L = \overline{X} - t_a \frac{S}{\sqrt{n}} \qquad （4\text{-}6）$$

式中：X_L—厚度代表值（算术平均值的下置信界限）；

$\overline{X}$—厚度平均值；

S—标准差；

n—检查数量；

t_a—t 分布表中随测点数和保证率而变的系数，可查表 7-31。采用的保证率：高速路、一级路的基层、低基层为 99%，面层为 95%；其他公路的基层、底基层为 95%，面层为 90%。

（4）当厚度代表值大于等于设计厚度减去代表值允许偏差时，则按单个检查值的偏差不超过单点合格值来计算合格率；当厚度代表值小于设计厚度减去代表值允许偏差时，相应分项工程评为不合格。

代表值和单点合格值的允许偏差见《公路工程质量检验评定标准》（JTG F80-2004）第七章各节实测项目表。

（5）沥青面层一般按沥青铺筑层总厚度进行评定，高速公路和一级公路分 2-3 层铺筑时，还应进行上面层厚度的检查和评定。

以上摘自《公路工程质量检验评定标准》（JTG F80-2004）。

表 7-31　$t_a\sqrt{N}$ 的值

保证率 n	99%	95%	90%	保证率 n	99%	95%	90
2	22.501	2.465	2.176	21	0.552	0.376	0.289
3	2.021	1.686	1.089	22	0.537	0.367	0.282
4	2.270	1.177	0.819	23	0.523	0.358	0.275
5	1.676	0.953	0.686	24	0.510	0.350	0.269
6	1.374	0.823	0.603	25	0.498	0.342	0.262
7	1.188	0.734	0.544	26	0.487	0.335	0.258

保证率 n	99%	95%	90%	保证率 n	99%	95%	90
8	1.060	0.670	0.500	27	0.477	0.328	0.253
9	0.966	0.620	0.466	28	0.467	0.322	0.248
10	0.892	0.580	0.437	29	0.458	0.316	0.244
11	0.833	0.546	0.414	30	0.449	0.310	0.239
12	0.785	0.518	0.393	40	0.383	0.266	0.206
13	0.744	0.494	0.376	50	0.340	0.237	0.184
14	0.708	0.473	0.361	60	0.308	0.216	0.167
15	0.678	0.455	0.347	70	0.285	0.199	0.155
16	0.651	0.438	0.335	80	0.266	0.186	0.145
17	0.626	0.423	0.324	90	0.249	0.175	0.136
18	0.605	0.410	0.314	100	0.236	0.166	0.129
19	0.586	0.398	0.305	> 100	$2.3265/\sqrt{n}$	$1.6449/\sqrt{n}$	$1.2815/\sqrt{n}$
20	0.568	0.387	0.297				

第八章 公路施工总规划

第一节 工程简况

一、工程综合说明

项目名称：xxxxxx 高速公路养护工程

业主名称：xxxxxx 高速公路有限责任公司

工程地点：

合同工期：自 xxx 年 x 月 x 日至 xxx 年 x 月 x 日共计 x 个月

工程内容：xxxxxx 高速公路日常巡视、检查和维修保养、交通事故发生的安全设施路产损失的更换和修复、以及非交通事故造成的安全设施的更换与修复。

二、养护具体内容

1.日常保洁、小修保养工程

表 8-1 日常保洁、小修保养

项目		具体工作内容与要求	基本要求
路基	路肩边坡	1. 整理路肩； 2. 修补边坡； 3. 路肩、边坡日常保洁； 4. 路肩培土； 5. 消除零星塌方、填补路基缺口及处理轻微沉陷。	1. 水系清理彻底，做到无淤塞、无高草； 2. 路肩坚实、表面平整、清洁、边缘顺直； 3. 整修边坡要符合设计要求，小型冲沟填补、培土、坍塌应随时处理； 4. 护坡、挡土墙等防护砌体完整无损、泄水孔无堵塞。
	挡土墙护坡	.1 缝修理，浆砌块石勾缝，砌体松动、损坏修补； 2. 混凝土压顶修理； 3. 挡土墙、护坡面清除杂草、杂物，泄水孔疏通；	
	急流槽、边沟、排水沟、集水井、涵管、截水沟	1. 疏通和日常保洁； 2. 砌体松动、损坏修补； 3. 修理圬工接缝； 4. 小段开挖修复。	
		日常巡视、定期调查	
路面	水泥砼路面	1. 板块裂缝灌浆； 2. 板块局部损坏临时性维修，采用沥青混合料修补； 3. 接缝的正常养护和修补； 4. 坑洞的修补； 5. 桥头、涵顶跳车的处理； 6. 其他病害的修补。	1. 清除路面泥土、杂物、污渍，保持路面整洁、干净； 2. 裂缝填灌，保持路面平整度； 3. 切（凿）除破损部分，保持路面平整、无损坏。
	沥青砼路面	1. 泛油、拥包、裂缝、松散修补； 2. 坑槽凿补； 3. 裂缝灌缝； 4 其他病害的修补。	
	人工清扫、清理路面	1. 清理路面砂、石、杂物； 2. 清除路面污渍； 3. 排除路面积水； 4. 清洗收费广场、收费车道。	
		日常巡视、定期调查	

桥涵	涵洞	1.清淤泥、清除杂物； 2 砌体松动、损坏修补；	1.保持桥面干净、平整、无损坏、无裂缝、无坑槽； 2.清理伸缩缝内的砂石杂物，保持缝内整洁，伸缩自由； 3.保持支座各部分的完、整洁、位置准确，梁体能自由伸缩； 4.涵洞清淤在任何情况，水流都能畅顺通过；
	桥梁	1.清除桥上桥下污泥、杂物，保持结构物的整洁； 2.伸缩缝的维护、清理； 3.浆砌块石锥坡修理； 4.浆砌块石锥坡勾缝； 5.疏通泄水孔； 6.防撞栏、桥名牌等修补、保洁和粉刷； 7.桥面坑洞修补； 8.局部更换栏杆、扶手等小构件； 9.沉降观测 1～2次/年。	
		日常巡视、定期调查	
沿线设施		1.护栏板、立柱、隔离栅、中央分隔带护栏、标志牌、防眩板、百米桩、公里碑、轮廓标志线、通讯井等设施的日常保洁和定期检查； 2.路缘石、拦水缘石松动、损坏修补及路面标线的局部补划； 3.中央分隔带混凝土预制块维修； 4.修复、更换波形护栏、刺铁丝网、隔离栅、中央分隔带活动护栏、里程牌、防眩板、百米桩、轮廓标志线、反光道钉、通讯井盖、雨水井盖等（材料由业主提供）； 5.眩板、活动护栏每年油刷1次，里程碑、百米桩年油刷2次。 6.安全护墩巡视、扶正、油漆；	1.清洁干净，修复及时； 2.防眩板保持整齐，无破损，金属构件油漆，每年一次； 3.标志牌保证准确、醒目、清晰、完美； 4.线保持完整、清晰、图案清楚无污染、无脱落；
其它		1.交通事故、突发事故清障工作； 2.配合、协调防灾与应急工作。	

2.局部路段修复更新工程

表 8-2 局部路段修复更新工程具体工作内容与要求

项目	具体工作内容与要求
路基	1.砌筑边沟（新增设部分）； 2.砌筑排水沟（新增设部分）； 3.砌筑护坡； 4.砌筑挡土墙。
路面	1.水泥混凝土路面板更换（C35 砼，25cm 厚； 2.沥青混凝土路面摊铺； 3.水泥混凝土硬路肩（C35 砼，18cm 厚）及排水盲沟。
桥涵	1 浇筑混凝土垫层 C15； 2.桥头搭板更换； 3.桥面铺装。
沿经设施	1.安装波形护栏（材料由业主提供）； 2.防眩板更换（材料业主提供）。

三、工程技术规范、技术标准

1.《公路工程技术标准》（JTGB01-2003）。

2.《公路技术状况评定标准》（JTGH20-2007）。

3.《公路工程质量检验评定标准》（土建工程）（JTGF80/1-2004）、《公路工程质量检验评定标准》（机电工程）（JTGF80/2-2004）。

4.《公路养护技术规范》（JTJ073-96），《公路水泥混凝土路面养护技术规范》（JTJ073.1-2001），《公路沥青路面养护技术规范》（JTJ073.2-2001）。

5.《公路桥梁养护规范》（JTGH11-204），《公路隧道养护技术规范》（JTGH12-2003）。

6.《公路交通安全设施设计技术规范》（JTGD81-2006）和《公路交通安全设施施工技术规范》（JTGF71-2006），《高速公路交通工程及沿线设施设计通用规范》（JTGD80-2006），《公路交通安全设施设计细则》（JTG/TD81-2006）。

7.《公路沥青路面施工技术规范》（JTGF40-2004）；《公路路基施工技术规范》（JTGF10-2006）。

8.《工程建设标准强制性条文》（公路工程部分）。

9.《公路波形梁钢护栏》（JT/T281-2007）。

第二节　施工组织机构

一、施工组织机构

本工程将实行项目法管理，计划设一项目经理部，实行项目经理负责制。项目经理部将在公司经理的领导下，严格按ISO9001：2000质量体系要求运作。项目经理部下设工程管理部、工地实验室、综合办公室等部门，具体构架如下。

本工程我部保证以足够的技术力量和施工力量投入，确保工程按业主标准和要求完成。

二、主要部门职责

1.项目部工程管理部

（1）负责项目部工程技术管理，制定技术管理制度。

（2）组织编制工程项目的质量计划，施工组织设计，检验试验计划，施工技术措施和物资需用量计划，并向上级相关部门报送。

（3）负责现场施工人力、材料和设备的调度管理。

（4）负责技术方案的技术交底和工程文件、资料控制。

（5）积极推广使用经业主批准的新技术、新工艺、新材料、新方法。

（6）负责组织不合格品控制，制订纠正和预防措施，参加验证。

（7）负责组织编制竣工资料，负责工程变更事项。

（8）负责项目部设备及物资的计划、采购及管理。

（9）负责物资和机电设备统计报表，并向上级对口部门报送。

（10）负责测量资料的收集、签证和归档，为工程计量提供原始资料。

（11）参加工程质量检查、验收、进行质量评价，参加工程质量事故的调查和处理。

2. 商务部

（1）负责项目部生产经营管理。

（2）负责制定项目部生产经营管理、工程分包的规章制度。

（3）责组织项目部项目履约期合同评审。

（4）负责按规定进行工程分包，并向公司报送工程分包实施情况报告。

（5）参加项目部组织的劳务组织评价。

（6）参加经济活动分析，加强财务、经营管理工作。

（7）开展质量成本管理和工程目标成本管理。

3. 工地实验室

（1）执行国家的有关标准，技术规程、规范、质量标准，标书文件有关规定。

（2）负责各项材质试验，现场工程检测和质量控制工作，提供试验、检测数据。

（3）负责试验资料的收集、签证和归档，为工程计量提供原始资料。

（4）负责编制试验检测报告送业主报批，确保试验数据，结果的准确和可靠性。

（5）收集质量信息，掌握工程质量动态，参加编制竣工资料。

（6）参加工程质量检查、验收、进行质量评价，参加工程质量事故的调查和处理。

（7）负责检验、试验设备的维护保养和校验工作，制定检验试验仪器（设备）的管理制度。

（8）负责项目部质量安全及体系运行管理。

（9）贯彻执行公司有关质量、安全管理规定；制定并督促落实项目部有关质量、安全规章制度。

（10）负责项目部质量、安全专业人员和部分特殊工种作业人员的培训、取证的组织管理。

（11）负责拟定项目部质量、安全奖惩方案。

（12）负责落实工程项目的环境保护工作。

4. 综合办公室

（1）贯彻执行法律法规和公司有关规定，建立健全项目文件控制、档案管理和法律事务的规章制度，并督促执行。

（2）负责人力资源计划的编制、劳务采购、劳务组织评价、员工职业技能培训、职业技能鉴定等人力资源管理。

（3）负责项目部生产经营管理，制定项目部生产经营管理制度，编制经营计划及计划完成情况的统计报表，并向上级部门报送。

（4）负责项目部文件、合同、资料的管理、工程索赔及法律事务。

（5）负责工程项目的计量支付，编制及上报计量月报。

（6）参加竣工资料编制。

三、项目管理层职责

1. 项目经理

（1）贯彻质量方针和质量目标，领导本工程项目进行策划，制定项目质量目标和项目经理部管理。

（2）负责组织各种资源完成本次项目施工合同，对工程质量、施工进度、安全文明施工状况予以控制。

（3）负责对一般质量事故的调查、评审和处置。

（4）领导技术人员完成质量记录和竣工文件的编制和移交，参加工程竣工验收交付工作，并对存在问题予以整修。

（5）以企业法人委托人身份处理与工程项目有关的外部关系及签署有关合同等其他管理职权，对公司负责。

2. 项目副经理职责

（1）确保施工过程按照质量体系文件要求进行。

（2）负责工程施工与调度、协调各工种之间的关系，统一调配，负责整个工程的文明施工和安全施工。

（3）负责对不合格品的纠正措施的实施。

（4）负责对工人进行技能教育和培训。

（5）负责对被列为特殊过程和关键工序的过程实施施工全过程的监控。

（6）贯彻执行质量方针和质量目标，负责施工记录的收集、整理、标识、归档、保管和移交工作。

（7）负责项目经理部文件和资料控制工作。

（8）参加质量事故调查和分析，制定有关纠正和预防措施并跟踪实施验证。

（9）参加图纸会审工作，及时将设计变更内容标识在图纸上。

（10）负责编制施工技术方案和作业指导书，并向操作人员交底。

3. 项目总工

（1）负责本项目质量策划，组织编制质量计划并按规定报批，主持建立项目质量保证体系，将项目质量管理目标分解到各部门、班组和岗位，并对情况进行检查实施监督。

（2）负责组织图纸会审、技术交底和质量计划的交底工作。

（3）负责组织贯彻技术规程、规范和质量标准，认真贯彻实施各项管理制度和相关程序，对本项目人员违反操作规程和程序造成的质量问题负有领导责任。

（4）负责文件和资料的管理工作，确保现场使用的文件均为有效版本，指导和检查生产过程的各种质量记录和统计技术应用工作，确保质量记录的完整性、准确性和可追溯性。

（5）定期召开质量例会，并及时向处主管部门反馈质量信息。

（6）负责审批本工程项目的"紧急放行"和"例外放行"报告。

（7）负责组织动员本项目全体员工积极配合质量体系审核，认真制定纠正和预防措施。

（8）负责检验和试验人员、仪器设备的配备和管理工作。

（9）领导新技术、新材料、新工艺的开发应用和本项目的培训工作，指导项目，开展 QC）小组活动。

（10）领导本项目质量评定和竣工交验工作。

5. 安全施工负责人职责

（1）贯彻执行安全方针和安全目标。

（2）负责现场施工安全教育、安全检查并做好记录。

（3）参加一般安全事故的调查评审，并负责上报有关材料。

（4）负责质量记录的收集、整理、移交工作。

（5）负责现场坐标点及高程点的测设工作，并做好测量成果记录。

（6）按照业主提供的坐标点及高程点，引测施工测量控制点并进行细部施工测量。

（7）负责测量资料的收集、整理、保存和移交工作。

6. 财务负责人职责

（1）严格财务有关规定，编制财务核算和财务报表。

（2）配合施工技术部门做好工程成本的控制和成本核算工作。

（3）负责工程款的结算和支付工作。

第三节 现场交通组织措施方案

交通管理措施如下。

（1）配合交通安全宣传，派出纠察协助维持交通秩序。施工期间，在保证交通正常通行的前提下，按照有关规定进行围蔽施工。

（2）现场临时设施应设在围蔽之内，围蔽附近应设置防撞标志，并设有警示灯、夜间主动发出警示标志。在保证道路畅通的前提下，对养护路段进行施工围蔽，施工围蔽上应设有警示灯及其他警示标志。

（3）交通疏导工作，是本工程施工管理过程中必须高度重视和落实解决的一个方面，高速公路设施保养施工期间，须制订科学合理的交通疏解方案和应急措施，建立交通疏解管理制度，实行专人负责制和奖罚制度，明确工作重点和每日的工作要点，并派管理成员到交警队进行交通规则和疏导技巧培训，协助交警进行交通疏解工作。

路口设置明显的交通标志，指导车辆渠化分流。交通疏解员分班全天候指挥交通。疏解员上班时按要求穿反光马甲，佩带袖章，装备指挥旗和对讲机，按交通批示牌和交警部门批准的疏解方案指挥车辆行驶。建立与交警部门联系的直通道，及时反馈现场交通状况，在工作日上下班高峰期请交警到现场帮助指挥，当严重塞车或突发事件塞车时，及时请交警到现场指挥并按应急方案进行分流。

交通疏解小组每天由组长根据项目总工程师的进度安排布置交通组织方案，副组长负责各自管理范围内交通组织落实、管理、巡查。发现有阻碍交通的障碍物或道路损坏时，及时进行清理，维修。处理不了的问题，及时反馈到项目经理部，并与交警部门沟通。

散体物料运输严格按市政府相关文件规定对物料进行覆盖，严禁物料散落污染路面，影响交通。

若材料吊装时，机械需占用道路，则在夜间才进材料；所有材料不得占用道路堆放。材料供应在保证质量的前提下按"就近、就便"的原则采购。

加强与当地居委、沿线单位的沟通、联系，听取他们的意见，取得他们的支持。

第四节　施工准备

一、沿线巡视

组织人员对所属路段进行一次全面巡视工作，初步确定养护工程，为下一步的养护工作安排做好前期准备工作。

二、施工测量

工程开工前首先组织测量队对合同段内的控制点进行交接及熟悉，为下一步养护过程的施工测量做好准备工作，开始测量之前进行仪器灵敏度和精确度的校核，符合规范规定的要求后方可进行工作。

三、营地建设

进行业主提供场地的清理及营地建设，同时进行营地内附属设施施工。

四、设备维护与保养

对已经进场的设备进行维护与保养，检查设备的所有性能，保证开工之前所有设备的完好性。

五、配合比设计

1. 沥青砼配合比设计

（1）原材料要求

1）沥青：根据招标文件要求，选用重交通道路石油沥青 AH－70，在施工前 28 天将拟用的沥青样品、出厂证明书、试验报告等提交监理工程师审批。

2）矿料：选择符合要求的石料厂作为本标段石料料源。根据要求对石料进行破碎和筛分，检验其物理化学性质和规范要求的各项技术指标。

3）矿粉：对用于本工程的矿粉，根据规范规定检测其视密度、粒度范围、含水量、亲水系数、外观和化学成分等物理化学技术指标。

（2）配合比设计

1）沥青砼目标配合比设计：根据矿料的筛分结果，通过对比优化，选择各项指标都符合规范要求的、经济适用的混合料配合比。将工程使用的混合料配合比通过计算得出各粒级矿料的用量，按规范规定的范围内选择油石比，进行马歇尔试验，确定最佳油石比，得出沥青用量。以此混合料级配和沥青用量作为目标配合比，供拌和机确定各冷料仓的供料比例、进料速度以及试拌使用。

2）生产配合比设计：从二次筛分后进入各料仓的材料取样进行筛分，确定各热料仓的材料比例，供拌和机控制室使用。同时反复调整冷料仓进料比例以达到进料平衡，并取目标配合比设计的最佳沥青用量、最佳沥青用量 ±0.3% 等三个沥青用量进行马歇尔试验，确定生产配合比的最佳沥青用量。

3）生产配合比的验证：拌和机采用生产配合比进行试拌、铺筑试验段，并用拌和的沥青混合料及路上钻芯取的芯样进行马歇尔试验检验，确定生产用的沥青砼标准配合比。沥青砼标准配合比作为生产上控制的依据和质量检验的标准。

4）将沥青砼标准配合比上报监理工程师审批并按批准的配合比方案用于指导施工生产。

2. 水泥稳定级配碎石（沙砾）基层、底基层配合比设计

（1）材料要求

1）水泥：根据规范规定，水泥稳定级配碎石基层和底基层不得使用早强水泥和受潮变质的水泥。用于水泥稳定级配碎石基层的水泥，初凝时间大于 3 小时，终凝时间大于 6 小时。选用中标厂家 xxxxxxx 荆门水泥厂生产的普通硅酸盐 32.5 级水泥，其各项物理力学

性能和化学性质均满足规范要求。

2）碎石（沙砾）：①根据要求对石料进行破碎和筛分，将集料筛分成 3 ~ 4 个合适粒级，检验其物理化学性质和规范要求的各项技术指标。其压碎值不大于 30%，针片状颗粒含量不超过 15%，有机质含量不超过 2%，硫酸盐含量不超过 0.25%。②上基层采用级配碎石，下基层、底基层采用级配破碎砂卵石或碎石。采用砂卵石时，粒径大于 20mm 以上的砂卵石破碎分级后再使用。

3）水：施工时使用洁净、无污染、不含有害物质的水。

（2）配合比设计

1）根据原材料的筛分结果，确定混合料配合比。

2）将烘干分级的粗细集料，按选定的合成级配混合料配合比要求称量，在一金属盘中混合均匀。

3）根据规范和招标文件要求的水泥剂量方案，按照《公路工程无机结合料稳定材料试验规程》（JTJ057-94）的规定，进行击实试验，得出最大干密度和最佳含水量。

4）按规范和设计要求，选择合适的水泥剂量。

5）将配合比报监理工程师审批，以监理工程师批准的配合比方案为施工配合比。

3. 水泥砼配合比设计

（1）材料要求：各种材料在使用前按规定对其进行物理力学和化学性质检验，合格后方可使用。

（2）配合比设计

1）根据招标文件和设计图纸规定的砼设计强度，通过计算确定砼理论配合比。

2）根据计算得出的理论配合比进行试配，并根据实测的坍落度、棍度、和易性、黏稠度、泌水情况，适当调整各项材料用量并再次试配，直到满足要求为止。

3）对试拌的砼样品按规定制取试件，采用标准方法养护。测定试配砼试件的 7 天和 28 天抗压和抗折强度，（必要时也可以测定其 3 天或 90 天强度）。

4）设计 3 个以上配合比报监理工程师审批，以监理工程师批准的配合比为施工配合比。

第五节　人员机械实验设备

人员进场计划按照工程养护进度所需按时、按批进入，人员退场亦根据工程养护进展情况做到及时。本工程所需人员除杂工向社会招用外，其他所有人员均使用我公司人员。劳动计划如下图。

进场人员计划由工程技术部做出计划，总工程师、项目副经理、项目经理逐级审核批准后，由综合办实施。人员由总公司排出。

各施工队的主要管理人员、技术人员、技术工人人员应本着相对固定的原则在本施工队内部使用。对于要求不太高的工作则进行部分人员由各施工队借、调使用。

一、劳动力需用量计划表

本工程具体养护施工时，由于养护路程较长，为便于施工组织与管理，拟分为二个养护工区，并根据养护工作量大小，各自安排施工力量进行日常养护作业及局部路段的修复更新工程的施工。

本工程劳动力需用量计划，按照同一时段多个路段需要进行抢修或养护施工时的最不利情况考虑，为高峰时段计划量。

表 8-3　劳动力需用量计划（按二个养护工区同时进行养护施工计算劳动力投入量）

工种	高峰使用人数	担负的主要工作内容	备注
砼工	10	负责钢筋砼道路混凝土的灌筑与振捣	
钢筋工	6	负责道路钢筋施工	
模板工	6	负责水泥混凝土道路模板安装施工	
土方工	10	道路路基填挖及现场清淤施工等	
瓦工	6	浆砌片石等砌筑施工	
油漆工	4	负责栏杆等油漆施工	
机修工	2	负责施工机械的维修及保养等	
测量工	2	施工放线	
疏通、清理工	15	负责涵管疏通、清淤及路面清理工作	
沥青摊铺工	6	沥青路面保养及更新修复施工	
抹灰工	4	路面面层等抹灰施工	
电工	1	负责道路照明设施维修及临时用电施工等	
交通疏解员	2	负责养护施工期间的交通疏导工作	
小计	74		

第六节　施工主要机具及检测设备计划

为确保"高质、高效、圆满"地完成各项高速公路设施管养生产任务，根据高速公路设施管养施工特点，结合施工组织设计要求和公司现有施工机械设备条件，拟投入如下主要施工机械设备（有关技术参数详投标文件资料表）。

表 8-4 道路养护施工机械设备

序号	设备名称	规格、功率及容量	单位	数量	备注
1	发电机	中国	3	3	
2	清、灌缝机	麦格玛 110 LD-T100A	1	1	
3	多功能铣刨机	Wirtgen-W2000 德国	1	1	
4	沥青路面综合养护车	EQ1108G 中国	1	1	
5	路面清扫车	荷兰拉沃 RAVO	1	1	
6	洒水车	东风中国	2	2	
7	滚筒式砼搅拌机	WDB-500 中国	2	2	
8	双钢轮震动压路机	BW151AD 德国	2	2	
9	轮胎式压路机	BOMAG 德国	2	2	
10	液压打、拔桩机	DZ350 中国	1	1	
11	升降车	中国	1	1	
12	热熔画线车	NECP-150-200	1	1	
13	沥青混凝土摊铺机	TITAN-423 中国	1	1	
14	振动压路机 DD-110	CC-50 瑞典	2	2	
15	装载机	中国	2	2	
16	沥青洒布车	GZL5210GLQ	1	1	
17	冲击夯	中国	1	1	
18	开槽机	美国科来福	1	1	
19	平板振动器	中国	1	1	

表 8-5 测量仪器

序号	设备名称	规格、功率及容量	单位	数量	备注
1	水准仪	NS3-1	台	2	
2	全站仪	SET2C	台	1	

表 8-6 试验设备仪器

序号	设备名称	规格、功率及容量	单位	数量	备注
1	沥青含量测定仪	HKC — 30	台	1	
2	马氏指标测定仪	中国	台	1	
3	沥青检测设备	中国	台	1	
4	现场检测设备	中国	台	1	
5	车辙试验设备	中国	台	1	
6	亚甲蓝值、砂当量实验仪	中国	套	1	
7	马歇尔成型仪	SMZN-1	台	1	
8	沥青蜡含量测定仪	WSY-010 中国	台	1	
9	马歇尔试验仪	中国	台	1	
10	路面材料强度试验仪	LD127-Ⅱ中国	台	1	
11	自动连续式平整度仪	中国	台	1	
12	水泥恒温标准养护箱	中国	台	1	
13	沥青全自动软化沥青仪	中国	台	1	
14	土壤液塑限定仪	中国	台	1	
15	针入度仪	DF-4 中国	台	1	
16	真空干燥箱	中国	台	1	
17	路面钻芯取样机	中国	台	1	
18	数显沥青混合料搅拌机	中国	台	1	
19	沥青旋转薄膜烘箱	中国	台	1	
20	电热恒温水槽箱	中国	台	1	
21	燃烧炉	中国	台	1	
22	路面钻芯取样机	HZQ-150 中国	台	2	

第九章　主要养护作业方法

第一节　路基养护工程

路基各部分的日常巡视、定期检查和保养整修；路基排水设施、涵洞、通道以及中央分隔带、超高路段、路肩排水设施等排水系统的季节性疏通和修复工作。

（1）路基各部分经常保持完整，各部分尺寸保持规定的标准要求，不损坏变形，经常处于完好状态。

（2）路肩无车辙、坑洼、隆起、沉陷、缺口，横坡适度，路肩石及缘石边缘顺适，表面平整坚实、整洁，与路面接茬平顺，排水顺畅。

（3）边坡稳定、坚固，平顺无冲沟、松散，坡度符合规定。

（4）边沟、排水沟、截水沟、跌水沟、泄水槽、集水井、清淤井等排水设施无损坏、无淤塞、无蒿草，纵坡符合要求，排水畅通，进出口维护完好，保证路基、路面不积水和边沟内不长期积水。

（5）挡土墙、护坡等设施保持完好无损坏，泄水孔无堵塞。

（6）做好翻浆、塌方等病害的预防、治理和抢修，防止阻车的情况发生。

（7）对于涵洞及通道排水系统，水流在任何情况下都能顺畅地通过涵孔排到适当地点，保证洞身、涵底、进出水口、护坡和填土的完好、清洁不漏水。

（8）及时清理路基红线范围内的杂物，保持路容的整洁性。

第二节　土石方工程

一、路基清理回填

（1）应根据监理工程师的指令要求对坍塌的路基土石方进行彻底清理，清除下来的材料应自行妥善处理，在路基完善施工前，应清除施工范围内的拆迁残留物和表土。清除下来的垃圾、废料及不适用材料和树木等，应自行妥善处理。应将树根全部挖除并妥善处理。对清除下来的材料应优先予以利用回填或修复坍塌的路基。

（2）路基回填施工：路堤填筑施工工艺，是关系到整个路基质量的关键。

土方填筑路基作业分层平行摊铺，采用推土机粗平，再用平地机刮平（小面积用人工刮平），压路机碾压。施工时要严格控制填料质量和含水量，填筑时要从低处开始，由下向上分层平行摊铺，每层厚度控制在 10～30cm 范围内，每层填筑宽度，应超出路堤设计宽度 50cm，以保证修整路基边坡后的路堤边缘有足够的压实度。不同的填料要分层填筑碾压，并尽量减少层数。进行每层的压实时，要不断地进行整平，保证均匀一致和平整。

碾压时，控制压路机行驶速度，先慢后快、先静压后强振，前后两次轮迹重叠 10～20cm。结构物附近或无法采用压路机压实的地方，使用机夯加以夯实，使这些地方的压实度达到规范要求。

填方分几个作业段施工，两段交接处不在同一时间填筑则先填地段按 1:1 坡度分层留台阶。两个地段同时填筑时，则分层相互交叠衔接，搭接长度不小于 2m。

二、砌筑工程

1. 片石砌体　片石应分层砌筑，一般 2～3 层组成一个工作层，每一工作层应大致找平。应选用具有比较整齐表面的大尺寸石块作为角隅石及镶面石。相对长和短的石块应交错铺在同一层并和帮衬石或腹石交错锁结。竖缝应与邻层的竖缝错开。一般平缝与竖缝宽度，当用水泥砂浆砌筑时不大于 40mm，当用小石子混凝土砌筑时为 30～70mm。可以用石片填塞宽的竖缝，但不允许用缝宽度大的石片。

2. 块石砌体

（1）块石砌体应成行铺砌，并砌成大致水平层次。镶面石应按一丁一顺或一丁二顺砌筑，任何层次石块应与邻层石块搭接至少 80mm。砂浆砌筑缝宽应不大于 30mm。

（2）帮衬石及腹石的竖缝应相互错开，砂浆砌筑平缝宽度不应大于 30mm，竖缝宽度不应大于 40mm；当用小石子混凝土砌筑时，砌缝不大于 50mm。

三、防护工程

1. 浆砌石护坡工程　自下而上在相应边坡上进行浆砌片石护坡。对于水库水塘及内涝水田潮湿地段，先完成排水设施的施工，再进行护坡施工。采用反铲配合人工对路基进行修坡，施工先用石灰标出骨架的位置和形状，分段做出样板，按样板进行砌筑。然后挖槽，使基础嵌入槽内，自下而上完成沙砾垫层、泄水孔和浆砌石砌体。砌筑砌体时，分层灌浆砌筑，砌体咬口紧密，嵌缝饱满，保证质量。

2. 预制砼块六角空心块护坡、拱形骨架护坡　在图纸规定的高回填边坡的区域内，按图纸将回填边坡修整成坡度整齐的新鲜坡面，在砌筑施工前先用打夯机将坡面夯实平整，使坡面的标高与图纸要求一致。按图纸要求，根据回填边坡的实际高度，对坡面定点放线，人工开挖骨架基槽，在人工开挖的骨架基础槽内铺设石屑垫层，人工夯实后码砌砼块，并按图纸要求设置 2cm 宽的伸缩缝，用沥青麻筋填塞。护坡码砌完毕后，在拱形骨架内回填土并人工整平，铺植草皮。

3. 锚杆喷射混凝土工程

（1）锚杆施工：①锚杆孔在混凝土喷射第一层后才进行施工放线，定出各锚杆孔的孔位，在孔口前用定位器定出钻具的斜度，并应与设计值一致；②可采用气腿式凿岩机钻孔，钻孔直径应满足要求，锚杆钻孔一般水平下倾 15° 锚杆开孔孔位偏差一般不得大于 5 cm，钻孔的孔斜偏差不得超过长度的 3%，孔深偏差不大于 10 cm，孔壁顺直，如遇岩石过于坚硬须采取加水的方式钻孔，钻孔时必须随机钻速度钻进，不能强加压力冲钻，以免影响边坡岩石的稳定。③锚杆采 HRB335 级钢筋，间距按图纸要求，矩形型布置，锚杆在放入钻孔之前，应平直、除锈，长度误差小于 3cm。清孔完毕后，采用"先注浆再插筋"的施工方式。每隔两米设置一个支架，然后用压力泵将 1：1 的水泥砂浆注入锚孔进行低压灌浆，水泥浆砂浆应拌和均匀、随拌随用，如遇空洞不能加压太大，要保持 0.1MPa 的工作压力，注浆时注浆管应插至孔底 5～10cm 处，随砂浆的注入缓慢匀速拔出；注浆要保证砂浆饱满，不得有里空外满的现象。逐步将灌浆管向外拔出直至孔口，拔管过程中应使管口始终埋在孔内浆液面以下 1m 左右；注完浆后，若孔口无砂浆溢出，应及时补注砂浆。锚杆安装后孔内须填满砂浆，不得随意敲击和负重；浆液强度达到设计强度的 70% 后方可进行附近的钻孔及开挖施工。

（2）挂网喷混凝土：在喷射护坡混凝土前，排水管均应采用棉纱堵孔，以防被混凝土阻塞。喷射作业前必须对机械设备、风、水管路和电线等进行全面检查及试运转；喷射砼之前，用清水将坡面冲刷干净，湿润岩层表面，以确保喷射砼与岩层之间的良好黏结；埋设控制喷射混凝土厚度的标志，以确保混凝土喷射的厚度；喷射作业应分段分片依次进行。喷射顺序自上而下；按地形条件和风向从左至右，或从右至左依次进行，射距在 0.8～1.5m 范围内，射流方向垂直于坡面。喷射混凝土时逐层逐块进行，先喷凹处及裂隙处再喷其他，喷枪缓缓移动，小圈转动使喷层均匀；为了保证施工时的喷射混凝土厚度达到规定的设计值，在边壁面上垂直打入 20 cm 长的短钢筋作为标志，10 cm 厚混凝土分两次喷射而成，第一次喷射厚度为 5cm，第二次喷射厚度为 5 cm。第二层喷射混凝土应在第一层混凝土终凝后进行。若终凝 1 小时后再进行喷时，应先清除残留在施工缝接合面上的浮浆层和松散碎屑，并用水清洗喷湿润，第二次喷射时必须保证进度和表面的光感；喷射混凝土终凝两小时后，应喷水养护；养护时间，一般工程不得少于 7 昼夜，重要工程不得少于 14 昼夜；气温低于 +5℃时，不得喷水养护，以保证混凝土质量。喷射时，应控制好水灰比，保持混凝土表面平整，呈湿润光泽，无干斑或滑移流淌现象。

伸缩缝每 15～20m 设一道，从顶到底贯通，缝宽为 3cm，（大面积喷浆、应沿路线方向每隔 20～25m 设置一道伸缩缝，缝宽 2mm），填缝料为沥青麻絮；坡顶超防护宽度为 0.5m；喷射机设置在地面平整的地方。

喷射混凝土强度应做边长 10 cm 立方块进行测定，试块制作时试模底面紧贴边坡面，从侧向喷入混凝土，每批取 3 组试件。现场质量检测项目有：

强度检测：喷射混凝土必须做抗压强度试验，试块在工程施工中抽样制取，在喷射作业面附近，将模具敞开一侧朝下，以 80（与水平面的夹角）左右置于墙脚；先在模具外的边墙上喷射，待操作正常后，将喷头移至模具位置，由下而上，逐层向模具内喷满混凝土。将喷满混凝土的模具移至安全地方，用三角抹刀刮平混凝土表面。在标准养护条件下养护 7 天后，将混凝土加工成边长为 100 的立方体试块。继续在标准条件下养护至 28 天龄期后，进行抗压强度试验。

厚度检测：用凿孔法检测。根据《锚杆喷射混凝土支护技术规范》，"每个断面上，全部检查孔处的喷层厚度，60% 以上不应小于设计厚度；最小值不应小于设计厚度的一半；同时，检查孔处的喷层厚度的平均值，不应小于设计厚度值。

外观感检测：观感检测采用人工观测的方法，包括目测法和实测法两种。工程完工后，该工程坡面平顺、线型流畅、无漏喷、离鼓、理解缝、钢筋网外露现象，地表及坡面排水处理得当，无漏水现象，符合规范要求。

喷锚网混凝土施工，必须先喷射第一层混凝土后才施工锚杆及挂设钢筋网；坡面挂网为 φ6mm 钢筋网，间距为 0.2×0.2m，锚喷区横向和竖向按照锚杆间距的两倍设置 φ12mm 架立筋，第一层喷射混凝土的厚度为 5cm，第二层喷射混凝土厚度为 5 cm 应在第一层混凝土终凝后进行，若在第一次喷射混凝土终凝 1 小时后进行第二次喷射混凝土作业，先用水清洗喷层表面；然后再进行喷射工作。

第三节　路面养护工程

一、路面保洁

（1）每天清扫路面、清除边坡泥土、杂物，保持路面排水畅通。

（2）冬季应及时铲除全线（包括桥涵路面）路面积雪、积冰，并排出路肩以外；雨天应及时清扫路面积水，防止积水渗入基层。

（3）清理路面污染和桥梁伸缩缝、泄水沟管杂物，保证桥梁伸缩装置正常工作和桥梁排水沟管的排泄畅通。

（4）积极做好管辖路段的保洁工作的检查和监督，并及时向公司路政及相关管理部门汇报。

1）路损设施。

2）盗窃、破坏路产路权行为。

3）制止肇事车辆的逃逸行为、并积极协助清理维护现场和救助伤员等。

（5）积极配合完成业主布置的春运、防汛等重大活动的突击性任务。

二、路面维修养护

（1）及时、经常地对路面进行保养和修理，防止路面松散、裂缝和拥包等各种病害的产生和发展。

（2）通过对路面的保养和修理，保持和提高路面的平整度和抗滑能力，确保路面安全、舒适的行驶性能。

（3）通过对路面的修理和改善，保持和提高路面的强度，确保路面的耐久性。

（4）防止因路面损坏和养护操作污染沿线环境。

（5）及时清扫路面杂物和冬季积雪，保持高速公路安全畅通与路面和环境的清洁。

（6）路面养护应重视路面排水，及时修补沥青路面的坑槽和裂缝，防止地表水渗入基层；并应保养路面排水设施和保证路面横坡，利于排水。

（7）路面病害修复和处理方案，应经工程师审批后实施。

三、路面常见破损修复

1. 一般要求　根据不同病害的特征及产生原因制定行之有效的处理措施，消除质量隐患和防止病害的扩大，保证路面的使用质量和期限。

2. 路面裂缝的修理　必须首先分析裂缝产生的原因，对因路基或路面基层强度不足而产生的结构性裂缝，应先采用适宜的方法进行结构补强处理，待满足要求后再处理路面。裂缝的处理必须采用专用的开槽、灌缝一体化的设备，应根据裂缝发展的宽度，具备开槽5cm以上，热吹风清缝能力的灌缝设备。开槽后应采用空压机或森林灭火器高压清缝，当缝内有水时，宜采用热喷枪清缝后再用灌缝机灌缝。

宜优先采用专用灌缝胶并按以下要求施工如下。

（1）路面裂缝灌缝材料宜采用进口灌缝材料，并按其技术要求施工。

（2）路面裂缝的修理方法

1）由于路面基层温缩、干缩引起的纵、横向裂缝，缝宽在5mm以内的，宜将缝隙刷扫干净，并用压缩空气吹去尘土后，采用灌缝专用的热改性沥青或乳化沥青灌缝撒料法封堵；缝宽在5mm以上的，应剔除缝内杂物和松动缝隙边缘，或沿裂缝开槽后用压缩空气吹净，采用砂粒式或细粒式热拌沥青混合料填充、捣实，并用烙铁封口，随即撒砂、扫匀；也可采用乳化沥青混合料填充。

2）对轻微的裂缝，在高温季节采用喷洒沥青撒料压入法修理，或进行小面积封层；在低温、潮湿季节宜采用阳离子乳化沥青封层或采用相应级配的乳化沥青稀浆封层；

3）因路面用沥青性能不良或路龄较长，产生较大面积的裂缝，但强度尚好时。通过技术经济比较。可选用下列修理方法：①乳化沥青稀浆封层。②加铺沥青混合料上封层、或先铺设土工布后，再在其上加铺沥青混合料上封层。③橡胶沥青薄层罩面。

3. 路面麻面、松散的修理方法

（1）小面积麻面可用乳化沥青封层修理。

（2）由于油温过高，黏结料老化而造成松散者，应挖除重铺。

（3）由于基层或土基松软变形而引起的松散，应先处理基层或土基的病害，而后重做路面。

（4）如因采用酸性石料与沥青粘附性差造成松散，则应在沥青中掺加抗剥离剂、增粘剂或用干燥的生石灰、消石灰、水泥作为填料的一部分，或用石灰浆处理粗集料等抗剥离措施，改善沥青与石料的黏附力，提高沥青混合料的水稳性；

4. 路面油包的修理方法

在气温较高时（或用加热器烘烤发软后），将油包铲除。属于油钉或撒漏形成的油包，在气温高时铲去。如路表不够平整，应予以处治。

5. 路面拥包的修理方法

（1）属于基层原因引起较严重的拥包，用挖补方法先处理基层，然后再重做面层。

（2）由于面层原因引起较严重的拥包，应铲除，而后找补平顺或重做面层；面层较厚、拥包范围较大、气温较低时，可采用路面铣刨机铣平。

（3）已趋稳定的轻微拥包，应将拥包刨削或人工挖出。如路表不够平整，应予以处治。

（4）路面泛油的修理方法：①对于泛油路段，应先取样作抽提试验，求算出油石比，然后确定不同的处治措施。②含油量高的严重泛油路段，一般在高温季节撒料强压处理，先撒一层 S10（10～15mm）或更粗些碎石，用重型压路机强压入，达到基本稳定后，再分次撒 S12（5～10mm）的碎石，碾压成型。③泛油较重路段，根据情况可先撒 S12（5～10mm）的碎石，待稳定后，再撒 S14（3～5mm）石屑或粗砂，碾压成型。③轻度泛油，可撒 S14（3～5mm）的石屑或粗砂，通过碾压至不粘轮为止。④撒料必须先撒粗料后撒细料，撒布要均匀，无堆积、无空白；均匀压入。

6. 路面坑槽的修理方法

坑槽的挖出和修补，除非工程师另有指令外，必须采用现场微波加热处理技术。路面的基层完好，仅面层有坑槽时，应按下列方法修理。

（1）测定破坏部分的范围和深度，按"圆洞方补"原则，划出大致与路中心线平行或垂直的挖槽修补轮廓线（正方形或长方形）。

（2）开槽应开凿到稳定部分，槽壁要垂直，并将槽底、槽壁消除干净。

（3）在干净的槽底、槽壁薄刷一层黏结沥青，随即铺筑与原沥青面层相同的备好的沥青混合料；新填铺部分应略高于原路面（高出量应根据坑槽深浅、用料粗细及压实程度而定），压实稳定后保持与原路面相平。

（4）填补用混合料级配类型，宜与原路面结构、层次相一致。制备工艺可根据实际条件采用热拌法，视坑槽深度采用单层或双层填补。如路面基层损坏，应针对损坏原因，先处理基层病害，再修复面层在雨雪连绵的寒冷时节，为控制坑槽扩展，可采用现有路面材料临时填补坑槽，待天气好转后再按规范要求修复。

（5）热补法修补：采用热修补养护车，将加热板加热坑槽处路面，翻松被加热软化铺装层，喷洒乳化沥青，加入新的沥青混合料，然后搅拌摊铺，压路机压实成型。

（6）路面啃边的修理、防治方法：①挖除破损边缘，切成纵向侧断面，并适当挖深，采用局部加厚面层边部的办法修复。②改善加固路肩或设硬路肩，使路肩平整坚实，与路面边缘衔接平顺，并保持路肩所有的横坡，以利排水。）

7. 路面脱皮的修理方法

（1）属于面层与基层之间黏结不良而脱皮者，应先清除脱落和已松动部分，清扫干净，喷洒透层沥青后，重新铺面层。

（2）属于面层本身颗粒重叠、油料分布不均匀脱皮的，应将面层修复。

（3）由于面层与封层没有黏结好，初期养护不良而引起脱皮，应先清除脱皮和松动部分，清扫干净后，洒上粘层沥青，重新封层。

8. 路面沉陷的修理方法

（1）仅由于面层不均匀沉陷引起的裂缝和轻微下沉，如土基和基层都已密实稳定，可拉毛、扫净、洒粘层沥青后把沉陷部分填补到与原路面平齐。

（2）如因路基或基层结构遭破坏而引起的沉陷，应先将路基和基层修理好后，再修复面层。

（3）桥头路面沉陷，应及时专项处治。

9. 路面车辙的修理方法

属于表面性磨损过度出现的车辙，应按下列方法修理。

（1）采用路面铣刨机或风镐翻松车辙表面一定深度，并清除干净。

（2）铺筑前先喷洒 0.3 ~ 0.5kg/m² 粘层沥青。

（3）采用与原路面结构相同的沥青混合料铺筑，恢复路面横坡。

（4）周围接茬处要烙平密合、碾压密实。

属于横向推挤形成横向波形车辙，且已稳定的，宜接上款步骤铣高补低恢复路面横坡；如因不稳定夹层引起，则应清除不稳定层，重铺面层。

属于局部下沉而造成的车辙，可按处理路面沉陷的方法进行修理。

10. 路面波浪、搓板的修理方法

（1）如基层强度不足或稳定性差，应先处理基层，再铺面层。

（2）如面层和基层间有夹层，应挖除面层、清除不稳定夹层后，喷洒透层沥青，重铺面层。

（3）小面积面层搓板（波浪），也可在波谷内填补沥青混合料找平，起伏较大者，则铲除波峰部分进行重铺；大面积波浪（搓板），采用路面铣刨机铣削波峰后重新罩面。

11. 路面翻浆的修理方法

（1）由于面层成型不好，雨、雪水下渗引起基层表面轻度发软或冻胀而形成轻微翻浆，可于春融季节及水分蒸发后，修理平整，促使成型。

（2）由于排水不良造成的翻浆，应采取加深边沟、设置盲沟等排水措施，或采用水稳性好的垫层、基层重新修复路面。

（3）桥面沥青铺装的养护与维修按《公路沥青路面养护技术规范》JTJ073.2—2001的相关规定和要求。

四、沥青路面面层铣刨

对除病害范围内的沥青路面结构层先用切割机切出其四个边，使其成为长（正）方形，然后使用铣刨机进行铣刨。在作业过程中，派专人在现场检查控制其挖除深度，要保证清除至基层碎石或混凝土顶面.经技术人员会同监理工程师检查判断基层情况后，确认此部位破坏属性而决定是否向下挖除基层。若不需要挖除基层，则应将基层顶面清扫干净，并用空压机吹净，在基层表面撒布沥青粘层油，其四个周边与原路面沥青面层接触部位喷涂 3 ~ 5mm 厚改性沥青聚合物密封材料，然后分别铺筑沥青面层。在沥青砼与原路面沥青砼的接缝处上表面贴缝不小于15cm宽的"抗裂贴膜"，以起到防水和防止裂缝向罩面层反射。新旧沥青砼在接缝处各占"抗裂贴膜"宽度的一半。抗裂贴膜施工前，应先把接缝处表面清理干净，再涂专用胶，然后再沿裂缝方向水平粘贴厚度为 2mm 的高分子抗裂贴膜。

五、路面沥青混合料施工

根据设计要求，沥青面层之间设置粘层，下面层和基层之间设置下封层和透层。各连接层根据实际情况，采用不同类型的乳化沥青。

（一）透层

透层沥青采用慢裂的洒布型乳化沥青。透层沥青的黏度通过试洒确定。因为基层为水泥稳定碎石，透层沥青的沥青含量宜为 50% 左右，沥青用量在 0.4-0.6Kg/ m² 范围之内。透层施工紧接在基层施工结束后表面稍干浇洒，要求有一定的湿度。透层沥青采用沥青洒布车喷洒，并定期检查、更换喷嘴，确保喷洒的均匀性。喷洒后立即撒布石屑或粗砂，用量为 2 m³-3m³/1000m²。

（二）下封层

采用乳化沥青稀浆封层作为下封层，厚度为 5mm。乳化沥青用量通过试验确定，同时稀浆封层混合料稠度控制在 2-3cm，施工气温不能低于 10℃，风速适度。若遇浓雾或下雨则停止施工。喷洒工作提前 3 天报监理工程师，批准开工。施工前基层表面应保持干燥，采用具有储料、送料、拌和、铺筑和计量功能的稀浆封层铺筑机铺筑。铺筑时严格控制集料、填料、水、乳液的配合比例。当铺筑过程中发现有一种材料用完时，立即停止铺筑，重新装料后方可继续铺筑。铺筑机工作时匀速前进，确保厚度均匀，表面平整。

稀浆封层铺筑后，应待乳液破乳、水分蒸发、干燥成型后可开放交通。此期间严格控制交通。

（三）粘层

粘层沥青采用快裂型乳化沥青。石油沥青乳化后，应对其进行过筛、破乳速度、蒸发残留物含量、贮存稳定性等试验，以检验乳化沥青的质量。质量合格后，进行试洒，以确定单位面积乳化沥青的用量。一般用量为 0.3 Kg /m²。

粘层沥青宜用沥青洒布车喷洒，经常检查喷嘴，以保证喷洒均匀。待乳化沥青破乳及水分蒸发后即可铺筑沥青中面层或上面层。当气温低于 10℃ 或路面潮湿时，不得浇洒粘层沥青。

（四）沥青混凝土面层施工

1. 组成设计

（1）配合比设计阶段：首先计算出各种矿料的用量比例，掺配后混合料符合规范要求的矿料级配范围，然后按照试验规程 JTJ052-2000 以 6 个不同沥青用量（间隔 0.5%），采用试验室小型沥青混合料拌和机与矿料进行拌和。热拌沥青混合料成型马歇尔试件（每个油石比不少于 6 个试件）进行密度和马歇尔试验。通过密度、稳定度、流值、空隙率、饱和度等指标，确定最佳沥青用量。为保证准确性，可作平行试验。此过程要求监理工程师现场监督，以确定试验真实性。根据目标配合比设计，可确定各冷料仓向拌和机供料比例及进料速率。并以此为基础进行试拌。

（2）生产配合比设计阶段：按照目标配合比进行试拌，并从进入拌和机内冷料仓、热料仓的各种矿料进行取样筛分试验，并做出相应调整，使生产时材料级配满足目标配合比的要求，以确定各热料仓的材料比例，供拌和机控制室使用。同时反复调整冷料仓进料比例，以达到供料平衡。并取目标配合比设计的最佳沥青用量及最佳沥青用量 ±0.3%，三个沥青用量进行马歇尔试验，确定生产配合比的最佳沥青用量。

（3）生产配合比验证阶段：拌和机采用生产配合比进行试拌并铺筑试验段。分别从拌和现场及摊铺现场取样，成型马歇尔试件，结合试验路钻芯试样，进行马歇尔试验和沥青用量（抽提试验）、筛分试验，以检验生产产品的质量合格程度，由此确定生产用的标准配合比，作为生产控制的依据和质量检验标准。标准配合比的矿料级配至少应包括0.074mm、2.36mm、2.75mm 三档筛的筛孔通过率接近中值。满足要求后，即可作为生产配合比。施工过程中，不得随意更改，保证各项指标符合要求并相对稳定。

2. 准备下承层

（1）沥青面层施工前要对基层进行一次认真的检验，检查要点：标高是否符合要求（高出部分必须用洗刨机刨除）；表面有无松散（局部小面积松散要彻底挖除，用沥青混凝土补充夯实，大面积松散要彻底返工处理）；平整度是否满足要求。以上检验要有检验报告单及处理措施和最终质量报告单。

（2）透层施工（详见透层施工方法）

3.施工方法

（1）试验路段，试验路的长度宜为100M，试验路应选择在直线段。不同面层的试验路可安排在不同路段。

1）试验路施工应确定以下内容：①根据具体沥青混凝土类型，施工机械相匹配原则，确定合理的机械、机械数量及组合方式。②确定拌和机的上料速度、拌和数量、拌和温度、机械组成方式、生产能力。③确定摊铺的操作方式、摊铺温度、摊铺速度、自动找平方式等。④确定沥青混凝土松铺系数、接缝方法等。⑤验证沥青混合料配合比设计结果，提出实际生产用的矿料配比和沥青用量。⑥全面检查原材料及施工质量是否符合各项要求。⑦确定施工组织及管理体系。

2）试验路的具体要求如下：①在铺筑试验路28天前，安装好有关的全部实验仪器和设备（包括沥青、沥青混合料等室内室外实验配套仪器和设备及取芯机等），配备足够的试验技术人员，报请监理工程师审查批准。②在路面开工前14天，承包人应在监理工程师批准的现场，备齐并投入该项工程所需的工程机械，调试拌和机，以符合规范规定的方法铺筑一条200M（单幅）长的试验路。试验路的施工全过程及各项自检工作应在监理工程师的严格监督下进行。③在拌和厂按照JTJ052-2000标准方法随机取样，进行马歇尔、沥青含量、集料筛分等试验，并在沥青混合料摊铺后24小时，按JTJ052-2000标准方法钻芯取样进行压实度、厚度、现场空隙率的检验。④试验路的目的是用以证实混合料生产的稳定性以及拌和、摊铺、压实设备的效率，施工方法和施工组织的适应性。确定沥青混凝土的压实标准密度。对沥青混合料的松铺厚度、压路机碾压顺序、碾压速度和遍数设专岗检查，总结经验。⑤试验路完成后，写出书面报告，报请监理工程师审查批准。⑥批准的试验路应同完成后的工程一起支付，如未能取得监理工程师的批准，该试验路破碎清除及重新铺筑，其费用由承包人负担。

（2）施工设备

1）拌和设备：拌和楼在其设计、协调配合和操作方面，都能使生产的混合料符合生产配合比设计的要求，由于业主已建有一座拌和设备可提供给施工单位使用，本标段不在设拌和设备。拌和楼配备一定的试验设备，能及时为监理工程师提供拌和楼施工参数及试验数据。

2）运输设备：①采用干净的、有金属底板的载重大于15T的自卸汽车运送沥青混合料。为防止尘埃污染和热量散失，运输车量应具备覆盖设备。②沥青混合料运输车的运力应较拌和能力或摊铺能力有所富余，施工过程中摊铺机前方应有料车处于等待卸料状态，拌和楼处也应有等待装料车量，以保证连续摊铺和拌和楼连续生产。

3）摊铺设备及压实设备：①用一台摊铺机摊铺。摊铺机具有自动找平和自动夯实功能，且精度较高，能够铺出高质量的沥青面层。熨平板有自动加热功能，能按照规定的典型横断面和图纸所示的厚度在车道宽度内摊铺。②摊铺混合料时，摊铺机前进速度应与供料速度协调，面层摊铺速度按 2m/min 控制。③摊铺机应配备整平板自控装置，其两侧装有传感器，可通过基准线和基准点控制标高和平整度，使摊铺机能铺筑出理想的纵坡度。传感器应按滑撬式基准板操作。④横坡控制器应能让整平板保持理想的坡度，精度控制在 0.1% 范围内。⑤压实设备配有双钢轮振动压路机 4 台，振动压路机 4 台，胶轮压路机 2 台，能按合理的压实工艺进行组合压实。⑥中面层、上面层摊铺机用浮动基准梁（滑撬）的方式控制面层厚度。

（3）测量放样：用全站仪每 10 米准确放出路线中桩及边桩，并做好标志、加以保护。在摊铺宽度两侧各 30cm 设置导线桩，敷设导线；导线桩应稳固，钢丝导线应张紧，不得松弛；对敷设的导线每 5 米进行水平测量，测量误差控制在 ±2mm 以内。

（4）混合料的拌和：①粗、细集料应分类堆放和供料，对于从碎石生产线生产出的集料，应按照规范规定的原材料检测频率进行抽样检验，以保证集料级配的一致性。集料的使用应获得监理工程师的批准。②每种规格的集料、矿粉和沥青都必须分别按要求的比例进行配料。③沥青采用导热油加热，加热温度应在 160 ~ 165℃ 范围内，矿料加热温度为 180 ~ 190℃，沥青与矿料的加热温度应调节到能使拌和出的沥青混凝土的出厂温度在 175 ~ 185℃ 之间，不准有花白料、超温料。混合料超过 195℃ 者应废弃，并保证混合料运送到施工现场的温度不低于 165℃。D. 拌和楼内振动筛的最大孔径应选定合适，避免产生超粒径颗粒。④沥青混合料的拌和时间应以混合料拌和均匀，所有矿料颗粒全部包裹沥青为度，经试拌及矿料干湿程度而定。间歇试拌和机每锅拌和时间宜为 30-50s（其中干拌时间不少于 5s）。⑤拌好的沥青混合料应均匀一致，无花白料，无结团成块或严重粗细集料离析现象。当沥青混合料不符合要求时，不得使用，并及时找出原因，作相应的调整。⑥严格控制沥青混合料的出厂温度。当拌好的沥青混合料不立即摊铺时，可在成品仓中贮存一段时间，但不能超过 6 小时。

（5）沥青混合料的运输：A. 从拌和楼成品仓向运料车上放料时，应每卸一斗混合料挪动一下汽车位置，以减少粗细集料的离析现象。尽量减小混合料下落距离。B. 当运输时间在半小时以上或气温低于 10℃ 时，运料车应用篷布覆盖。C. 连续摊铺过程中，运料车应在摊铺机前 10 ~ 30cm 处停住，不得撞击摊铺机。卸料过程中运料车应挂空挡，靠摊铺机推动前进。D. 已经离析或结团不能碾压的；黏结在运料车上的；低于摊铺温度的以及被雨淋湿的沥青混合料都应予以废弃，不得用于本工程。

（6）沥青混合料的摊铺：①在摊铺混合料之前，必须对下承层进行检查。特别是下层的污染情况，不符合要求的要按规范规定进行处理，否则不允许摊铺沥青混凝土。②用一台摊铺机分幅摊铺，以避免纵缝。③摊铺现场有专人对沥青混合料进行温度及目测检验。发现超温料、花白料及不合格材料要拒绝摊铺，退回废弃。④摊铺机一定要保持摊铺的连续性，有专人指挥，一车卸完下一车立即跟上，汽车行驶速度稳定，以保证混合料均匀不间断供料，摊铺机前要保证有 3 辆车以上。摊铺过程摊铺机的速度不得随意更改，避免中途停顿，影响工程质量。⑤对于外观不规则路面或受空间限制等摊铺机无法工作的地方，经监理工程师批准，可采用人工铺筑。⑥在雨天或路表有积水；气温低于 10℃ 时，都不得摊铺。沥青混合料遇到水，一定不能使用，必须报废。因此在雨季施工千万要注意。

（7）沥青混合料的碾压：①在沥青混合料完成摊铺和熨平后，应立即进行检查，对不规则之处用人工进行调整，然后进行充分均匀的压实。②压实工作应按照试验路确定的压实设备组合及程序进行，并应备有监理工程师认可的小型振动压路机或手扶振动设备，以用于狭窄地点及停机造成的接缝进行压实或修补工程。③压实分为初压复压终压三个阶段。压路机应以匀速行驶，速度应符合表 9-1 规定。A. 初压：摊铺之后立即进行（高温碾压），用静态二轮压路机完成（2 遍）。初压温度控制在 130 ～ 140℃ 之间。初压应采用轻型钢筒式压路机或关闭振动的振动压路机碾压，碾压时应将驱动轮在前面向摊铺机。碾压路线及方向不应突然改变而导致混合料产生推移。初压后检查平整度和路拱，必要时应予以修整。B. 复压：复压紧接在初压之后进行，复压用振动压路机和轮胎压路机完成。一般是先用振动压路机碾压 3 ～ 4 遍，再用轮胎压路机碾压 4 ～ 6 遍，使其达到压实度。C. 终压：终压紧接在复压之后进行，终压应采用双轮刚筒式压路机或关闭振动的振动压路机完成，以消除轮迹（终了温度大于 70℃）。④初压和振动碾压要低速进行，且振幅不能太大，以免发生混合料推移、面层开裂及碎石破裂。碾压尽量在摊铺后较高温度下进行，初压不得低于 130℃，温度越高越容易成型，保证路面平整度和压实度的要求。要改变以往等待沥青混合料温度降低至 110℃ 才开始碾压的习惯。⑤碾压的具体情况依据试验路确定的结果进行。⑥碾压过程中，压路机不得中途停留、转向及紧急制动。⑦压路机不得停留在温度高于 70℃ 已经压过的混合料上。同时，应该采取有效措施，防止柴油、汽油、润滑油或其他有机杂质，在压路机停放或操作期间洒落在路面上。⑧在压实过程中，如果接缝处的沥青混合料温度已经不能满足压实温度要求，应采用加热器提高混合料的温度，使之达到碾压温度，然后压实到无接缝为止。否则，必须垂直切割混合料并从新铺筑、碾压，到无缝为止。

表 9-1　压路机碾压速度（km/h）

压路机类型	初压		复压		终压	
	适宜	最大	适宜	最大	适宜	最大
双钢轮压路机	1.5 ～ 2	3	2.5 ～ 3.5	5	2.5 ～ 3.5	5
轮胎压路机			3.5 ～ 2.5	8	4-6	8
振动压路机	1.5 ～ 2（静压）	5（静压）	4 ～ 5（振动）	4 ～ 5（振动）	2 ～ 3（静压）	5（静压）

（8）接缝的处理：①铺筑工作的安排应使横向接缝保持在最小数量。接缝的方法及

设备，应取得监理工程师批准，使接缝处的密度和表面与其他部分相同。②由于工作中断、摊铺材料末端冷却，或在第二天恢复工作时，应做一道横缝。横缝与铺筑方向大致垂直，严禁使用斜接缝。在下一次摊铺前，应在上次行程末端涂刷适量的粘层沥青，并注意设置整平板的高度，为碾压留出适当的预留量。

六、水泥混凝土路面施工

xxxxxx 高速公路的水泥砼路面，主要用于收费广场、服务区广场、分离式立交的被交义道路，以及设计图纸或工程师指定的其他路段。

路面水泥混凝土采用拌和站集中拌制、三辊轴机组摊铺、左右分幅、配备辅助小型机具（如排式振捣机、切缝机等）进行路面施工。混凝土面板施工工艺流程图见图 9-1

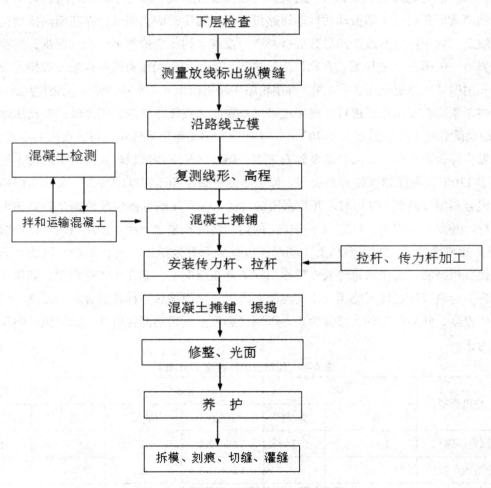

图 9-1 水泥混凝土面板施工工艺流程图

（一）施工准备

施工前先检查下层合格后，测量放线标出纵横缝、胀缝线、边线、高程。

（二）模板及钢筋设置

路面混凝土浇筑侧 模采用10mm厚钢板加工成槽形模板，对于弯曲段加工异形钢模，畸形边则采用木模板，接头处有牢固拼装配件。

模板支撑采用每0.8m间隔处用L50×5角钢加工的三角架支撑，支架用Φ20插筋作为地桩顶紧。立模时有关控制点、线，根据测放高程、位置，并用木楔将模板调整后，用铁钉、铁丝将木楔与三角架支撑捆牢。立模完成后对基底高程和平面位置进行复核测量，验收合格后，模板上涂刷隔离剂。

混凝土铺筑振捣时，对模板进行跟班检测，对走样变形的模板及时地校正处理。模板预留穿筋孔，纵缝拉杆等安装在钢模预留孔内，用支架固定法安装。浇筑混凝土前，用测量仪器复核校正模板高程，浇筑过程中及时调整。钢模板底部外侧，用水泥袋纸和其他软物塞实，防止漏浆。

横缝传力杆及路面钢筋网为了便于混凝土的入仓，可在混凝土浇筑过程中跟班铺设并跟踪观测，如有移位及时处理。

安放角隅筋时，应先在安放处摊铺一层砼拌和物，摊铺高度应比设计位置预加一定的沉落度，就位后用砼压住。

安放边缘钢筋时，先沿边缘铺筑一条砼拌和物，拍实至钢筋设计高度，然后，安放边缘钢筋，在两端弯起处用砼拌和物压住。

（三）混凝土的拌和与运输

本标段混凝土由拌和站集中拌制，混凝土搅拌车运至施工现场。拌和时，准确设定配合比，特别要严格控制用水量，每天根据天气变化和测得的砂、石的含水量，及时调整拌制时的实际用水量。

（四）混凝土的摊铺

摊铺混凝土前，应对模板的尺寸、润滑、支撑稳定情况、基层的平整度及润滑情况，以及钢筋的位置和传力杆装置等进行全面检查。

砼运至摊铺地点后，一般直接从路槽内倒入安装好侧模，并用人工找补均匀，如发现有离析现象，应用铁锹翻拌。用铁锹摊铺时，应用"扣锹"的方法，严禁抛掷和搂耙，以防止离析。在模板附近摊铺时用铁锹插捣几下，使灰浆捣出，以免发生蜂窝。

混凝土摊铺采用三辊轴机组进行摊铺，采取左右分幅分段施工。混凝土的卸料由专人指挥车辆均匀卸料，布料速度与摊铺速度相适应。当混凝土拌和物铺料长度大于10m时，开始振捣作业，作业速度控制在4m/min以内。

面板振实后，即开始在侧模预留孔中按设计要求插入拉杆。

在浇筑前的混凝土温度不应超过32℃。在施工中应采取降温措施以保持混凝土温度不超过32℃。如在低温施工时气温低于5℃，需采取保温措施。

（五）表面修整

混凝土表面必须进行整平，使混凝土表面达到要求的横坡度和平整度。

三辊轴整平机分段整平，每段 20 ～ 30m，振实料位应高于模板顶面 5 ～ 20mm，振捣密实与三辊轴振平之间的时间间隔不超过 15min。在一个分段内，采用前进振动、后退静滚的方式作业，最佳滚压遍数经试验试铺确定。滚压完成后，将振动辊轴抬离模板，用整平轴前后静滚整平直至平整度符合要求。

施工过程中，设专人处理轴前料位的高低情况，过高则人工铲除，过低则用混凝土找补。

采用真空吸水机及其配套的真空吸盘提前将混凝土中游离的水分抽吸出来，以便在混凝土初凝前，降低其中的含水量，即降低其水灰比值，相应地提高其表面强度。

整平后用机械磨光机抹光，在边角处同时辅以人工抹平，在抹平收光过程中用 3m 直尺检查平整度，表面收光必须采用原浆收面。

混凝土的纹理制作及混凝土道面切缝采用手推式刻纹机按设计施工完成。

（六）接缝施工

1. 纵向施工缝

（1）平行于路中心线。

（2）采用平缝，对已浇筑的面板的缝壁涂刷沥青，并避免涂在拉杆上。浇筑邻板时，缝的上部应切割或压成规定深度的缝槽。

（3）拉杆设置与缩缝相同。

2. 横向缩缝

（1）与路面中心线垂直，并符合图纸要求。

（2）采用切割法施工，当砼达到设计强度的 25% ～ 30% 时，采用切割机进行切割。

（3）在邻近胀缝或路面自由端的三条缩缝内，加设传力杆，施工方法同胀缝。

3. 胀缝

（1）按图纸设计要求设置胀缝，浇筑胀缝段混凝土时，需安放双层钢筋网片，上下两层钢筋网片分两次安装。

（2）胀缝与路面中心线垂直，缝壁垂直，并符合图纸要求。胀缝的宽度必须一致，缝中不得连浆，缝隙上部应浇筑填缝料，下部应设置胀缝板。

（3）胀缝传力杆的活动端，可设在缝的一边或交错布置，固定后的传力杆必须平行于板面及路面中心线，其误差不得大于 5mm。

（4）多车道胀缝应做成一条连续缝。

4. 横向施工缝

施工缝设于胀缝或缩缝处，多车道施工缝应避免设在同一横断面上。施工缝如设于缩缝处，板中应增设传力杆，若一半锚固于砼中，另一半应先涂沥青，允许滑动。传力杆必须与缝壁垂直。

5. 填缝

（1）砼面板所有接缝凹槽都应按图纸规定，所用填缝材料及方法报监理工程师批准。

（2）缝槽应在砼养生期满后及时填缝，填缝前保持缝内干燥清洁，并报监理工程师批准。

（3）填缝料应与缝壁黏附紧密，灌注深度为缝宽的 2 倍，当深度大于 30mm ～ 40mm 时可填入多孔柔性衬底材料，在夏季填缝材料应灌至与板面齐平，在冬季则应稍低于板面。

（4）填缝料在开放交通前有充分的硬结时间。

（七）养生

混凝土浇筑作业完成后，即开始养生。采用湿治养护，用草袋、草帘在混凝土终凝后覆盖与表面，每天均匀洒水，保持潮湿状态。

养护期间禁止车辆通行，达到设计强度的 40% 后，方可允许行人通行。养护时间根据混凝土强度增长情况而定，一般为 14 ～ 21d，养护期满方可清除覆盖物。

七、压浆

当路面发生脱空断裂、断角等损坏，影响行车安全时，应当凿除损坏部分，处理好基层后，用水泥压浆修补。施工方法如下：

灌浆分序按逐步加密的原则进行，采用单孔灌浆。即从最低处的孔开始，然后交替对称的进行，最后灌注最高处。在施工过程中，严格控制灌浆压力，以防止混凝土衬砌产生变形。

第四节　桥涵养护工程

一、日常检查

（1）日常检查每 1 ～ 6 个月进行一次。汛期及其他灾害性气候季节应加强不定期检查。日常检查主要是对桥面设施和桥台附属构造物等的技术状况进行日常巡视检查，及时发现缺损进行维修保养。其主要项目有：桥面铺装、桥头跳车、伸缩缝、泄水孔（槽）、桥面清洁、护栏、防落网、翼耳墙及锥护坡等。

（2）日常检查时应按《公路桥涵养护规范》（JTG H11-2004）附录 B，当场填写"桥梁经常检查记录表"。登记所检查项目的缺损类型、估计缺损范围及养护工作量，提出相应的维修保养措施，并编制有关计划，报批后实施。

（3）日常检查中发现桥梁重要部（构）件存在明显缺陷，达到三、四类技术状况时，应向业主报告。

二、定期检查

定期检查时，必须接近或进入各部件仔细检查其功能及材料的缺损情况，并在现场完成下列工作。

（1）现场校核桥梁基本数据。桥梁的基本数据按《公路桥涵养护规范》（JTG）H11-2004）附录 A 所示的"桥梁基本状况卡片"，将有关信息输入数据库，建立永久性档案。

（2）按《公路桥涵养护规范》（JTG）H11-2004）附录 C，现场填"桥梁定期检查数据"表。记录各部件损坏状况并做出技术状况评分。

（3）实地判断缺损原因，估定维修范围及方式。

（4）对难以判断损坏原因和程度的部件，提出特殊检查（专门检查）的要求。

（5）对损坏严重、危及安全运行的危险桥梁，提出暂限制交通的建议。

（6）根据桥梁的技术状况，应对受检部位、关键数据乃至全桥要进行鉴定和做出评价。

（7）定期检查的周期根据技术状况确定，新建桥梁交付使用后一年后，进行一次全面检查。不同类型桥梁视其技术状况，定期检查的周期可有所不同。通常情况下，预应力混凝土梁式桥（包括连续刚构）可每 3 ~ 5 年检查一次，钢筋混凝土拱桥可每 3 年检查一次；钢桥可每 2 ~ 3 年检查一次。在日常检查中发现的重要部（构）件病害为三、四类的桥梁，应立即安排一次定期检查。

定期检查要求有实践经验丰富的桥梁养护工程师参加，应由有资格的桥梁检测单位共同进行。

三、桥梁伸缩缝养护

（1）为使桥面保持平整，对伸缩缝应注意加强养护，如清除碎石、泥土杂物，拧紧螺栓，并加油保持；修理个别损坏部分等，使其发挥正常作用。如有损坏或功能失效，要及时修理或更换。

（2）修理或更换施工时，采取相应的交通安全措施。

（3）单缘型钢式组合型钢伸缩缝更换施工应注意事项：①先拆除原有伸缩缝，并吹扫干净，然后按照设计核对溜槽尺寸，预埋锚固钢筋，若不符合设计要求的，还必须进行处理，满足设计要求后方可安装伸缩装置。②伸缩装置安装前，应按照安装时的气温调整安装时的定位值，用专用卡具将其固定。③安装时，伸缩装置的中心线与桥梁中心线重合，并使其顶面标高与设计标高相吻合，按桥面横坡定位、焊接。④浇注混凝土前将间隙填塞，防止浇注混凝土把间隙堵死，影响伸缩，并防止混凝土渗入伸缩装置位移控制箱内，也不允许将混凝土飞溅在密封橡胶带中及表面上，如发生上述现象，应立即清除，然后进行正常养护。⑤待伸缩装置两侧混凝土强度达到设计要求后，方可开放交通。

（4）更换弹塑体填充式伸缩缝施工的注意事项及施工步骤

1）施工时应注意事项：①清除旧缝，并按设计要求开凿出预留槽。②采用的弹塑体材料复合改性沥青应符合产品有关规定，其加热溶化温度要控制在170℃以内。粗石料（14～19mm）和细石料（6～10mm）应满足下列要求：强度＞100MPa；相对密度2.6～3.2；磨耗值＜30；磨光值＞42；压碎值＜20；扁平细长颗粒含量＜15%。③嵌入桥梁伸缩缝空隙中的T形钢板厚度3～5mm，长度约为1m左右。

2）安装施工的操作步骤如下：①开槽：A.标出要开挖沟槽的边线，应根据伸缩缝损坏情况决定开挖沟槽的宽度，沟槽的宽度一般为50cm。B.锯开面开挖至规定的深度，一般不小于5cm。②清理及修整沟槽：A.清除沟槽四周及接缝处的砂石、淤泥等杂物；B.用水冲洗掉工槽里的泥沙和浮土；C.用压缩空气喷吹，吹净清除接缝内的砂石与杂物，并清除松动的部分；D.用喷火器烘干沟槽，使之充分干燥；E.若伸缩缝的基础表面已严重破坏，应加铺混凝土垫层。③安装T形搭接钢板并涂黏结材料：A.用泡沫海绵塞住接缝；B.将T形搭接钢板平稳置于接缝当中；C.在沟槽表面均匀充分地涂一层复合改性沥青或乳化沥青等黏结材料。④安装：A.将粗石料烘干至180℃～200℃；B.以2：1的比例，将热的粗石料与复合改性沥青黏结料拌合在一起；C.用拌和好的粗混合料摊铺底层，底层的表面应距沟槽顶1cm左右；D.将细石料烘干至180℃～200℃；E.以4：1的比例，将热的细石料与复合改性沥青黏结料拌合在一起；F.用拌和好的混合料摊铺上层，上层的表面应与原桥面（路面）略高一点（0.1～0.3cm）；G.用平板夯进行压实，并使伸缩缝表面与两边桥面（路面）平齐；H.再涂一层复合改性沥青材料。⑤开放交通：安装完成大约两个小时后，即可开放交通。

四、涵洞的日常养护

经常检查每年不低于两次，在洪水、冰雪前后及行洪期间应加强检查。定期检查每2年至少进行一次，在接到较大损坏情况的报告后应增加检查。

（1）涵洞的洞口应保持清洁，发现杂物堆积应及时清除。涵洞内应保持排水畅通，发现淤塞应及时疏通。

（2）洞口和涵洞内如有积雪应尽快清除，被清除的积雪应堆放在路基边沟以外。经常积雪或积雪较深的涵洞，入冬前可在洞口外加设栅栏，或用柴草捆封洞口，融雪时及时拆除。

（3）涵底铺砌、洞口上下游路基护坡、引水沟、汇水槽、沉砂井发生变形时，均应及时修理。

（4）涵底铺砌出现冲刷损坏、下沉、缺口应及时修复。路基填土出现渗水、缺口应及时封塞填平。

（5）涵底和涵墙出现渗漏水，应查明原因，分别采取下列方法处治：①疏通水道，使洞口铺砌与上下游水槽坡道平齐顺适。②保持洞内底面平顺，并有适当纵坡。③用水泥砂浆对涵底和涵墙重新勾缝。

（6）涵洞出水口的跌水构造应与洞口结合成整体，若有裂缝应及时填塞。

（7）浆砌石拱涵的砌体表面风化、开裂、灰缝剥落，局部石块松动、脱落，或砌体渗漏水，可分别按下列方法处理：①用水泥砂浆重新勾缝，或局部拆除后重砌。②表面抹浆或喷浆。③在砌体背后压注水泥砂浆或化学浆液。④加设涵内衬砌。⑤挖开填土，对砌体进行维修处治，并加设防水层。

（8）混凝土管涵的接头处和有铰接缝处发生填缝料脱落，引起路基渗水时，应及时封堵处理。可用干燥麻絮浸透沥青后填实，或用其他黏弹性材料封堵，不宜用灰浆抹缝，以免再次脱落。

（9）压力式涵洞进水口周围路堤发现渗流、空洞、缺口或冲刷现象时，应及时进行修补处理。洞口周围路基可用不透水黏性土封堵，洞前做铺砌或修挡水墙。

（10）压力式涵洞或倒虹吸管的涵顶路面出现浸渍，应及时处理。可采用对涵内顶部表面抹浆、喷浆或衬砌的方法处理。

第五节　交通安全设施工程养护

一、交通安全设施养护

1. 防撞护栏的养护

（1）经常清除护栏周围的杂草、杂物等，墙式混凝土护栏应保证其伸缩自由。

（2）由于交通事故或自然灾害造成护栏变形，应及时校正和调顺。

（3）定期（每年一次，特殊除外）进行护栏的清洗，保证表面光洁，无污染。

2. 隔离设施的保养

（1）污染严重的，要定期清洗。

（2）变形部分要及时校正和调整顺适。

3. 反光设施的保养

（1）反光设施设置牢固可靠。

（2）反光面光洁清晰、满足反射能力要求。

（3）及时清除反光周围树枝、杂草等遮蔽物。

（4）及时调整反光设置的位置、角度，保证反光效果。

4. 防眩设施的保养

（1）定期清洗，除去污迹。

（2）及时调整和扶正变形设置。

5. 震颤设施的保养

（1）经常清扫震颤设施上的杂物。

（2）及时紧固松动的设置。

6. 交通标志的保养

（1）交通标志定期（要求每年一次，特殊情况除外）进行清洗，保证标识清晰醒目。

（2）及时清除标志周围的杂草和树枝。

（3）及时校正标志立柱。

7. 可变信息牌的保养

应根据系统的形态和显示器的种类，按照各种机器的说明书所规定的保养要点进行保养。

8. 标线的保养

路面标线的污秽影响其辨认性能时，应及时清扫和冲洗。

9. 突起路标的保养

（1）经常清扫凸起部位周围的杂物，清除反光玻璃球表面污秽。

（2）及时固定已松动的突起路标。

10. 轮廓标的保养

（1）反光矩形色块剥落，应及时补贴。

（2）清除表面污秽和遮蔽的杂草及树木。

（3）轮廓标标注倾斜或松动的，应予扶正固定。

二、交通安全设施修复

（一）单面波形梁钢护栏施工

波形钢护栏基础支撑采用钢管立柱，按照设计要求，埋深为600mm，地面出露650mm，拟在路肩施工时预留200×220×600mm方坑，间距按设计尺寸分别为：普通路段4m，加强路段2m。波形护栏板及紧固材料全部整套从专业厂家定购，施工主要工序见图9-2。

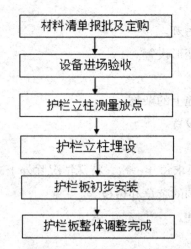

图 9-2 波形梁钢护栏安装施工工艺流程图

说明：护栏板整体调整完成：指由于设备在运输及安装过程中，有少量材料表面防锈层磨损；护栏在安装时部分地段起伏较大，可能影响护栏板安装，所以在护栏安装时，在一段范围内立柱与护栏板的连接螺栓不能装上就紧固，必须整段护栏全部安装好，通过整体检查、调试好以后才能紧固各部位的螺栓。

（二）隔离栅施工

施工前先检查钢丝网的质量，所有立柱按要求的坡度和线形垂直埋设，安装好的立柱允许垂直度偏差为 ±5mm。

隔离栅安装时，将附近地面适当整平，将杂物、杂草清理干净，整平夯实，使地面土壤密实度达到 85% 以上。整平后的场地比周围地面高 20cm。

隔离栅顺地形起伏设置。在低洼地区，地面纵剖面发生变化，有水渠、水沟时，可用较长的立柱，使底部垂直净空小于 15cm。在有输电线跨越隔离栅时，隔离栅应接装地线，在输电线穿越位置正下方埋设一个 2.5m 长、最小直径 12mm 的镀锌铁棒，棒顶埋入地面深度不小于 30cm，用 6 号实心铜线将隔离栅与接地棒相连。当接地棒不能达到垂直埋设的要求时，可采用同等级的水平接地系统。

施工中注意的问题如下。

（1）隔离栅在施工时，要注意成品的保护，运输各种构件要认真装卸、贮存，避免运输工程中对半成品的损害。

（2）隔离栅安装连续进行，基础埋置、立柱安装、挂网一次性连续进行，以保证隔离栅的安装质量。

（3）在沟渠两侧应加大立柱基础尺寸，防止基础收到水流冲刷而倾覆，甚至可根据现场实际情况现浇一部分立柱基础，以确保立柱稳定。

（三）道路交通标志施工

道路交通标志在路基完成后，即可进行施工，交通标志分两种施工方法，对于公路里程碑、百米桩可以预制路碑，施工时按照设计部位、间距挖坑埋设，工序比较简单；对于设置钢立柱的标志，其基础为钢筋砼，尺寸约 $1.4 \times 1.4 \times 1.6m$，体积较大，适合现浇砼施工。其施工工艺见图 9-3。

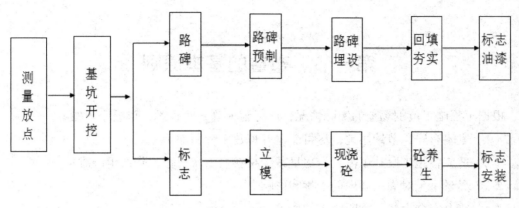

图 9-3　标志和路碑安装施工工艺流程图

施工要求如下。

（1）立杆标志施工前，测量人员按图纸所示放出标志桩中心样，人工挖基坑到设计高程，先铺碎石垫层后，现浇 C25 砼基础，并预埋标志立杆地脚螺栓，待砼养生强度达 70% 以上，安装立杆及标志牌。

（2）道路交通标线在路面浇筑完成达到设计强度后，进行施工，首先进行施工放样、清洁标线着色面，然后用标线机标线。标线材料按照设计要求采用热容塑胶涂料，施工操作应符合《路面标线涂料》，《道路交通标志和标线》和招标文件的有关要求。

（3）在桥梁、隧道及其引道段设置反光突起路标，间距 10m，施工在此段路面施工时同时进行。

（4）由于本工程交通标志采用高速公路标准，建议全部设备材料采购专业厂家生产的配套设备。

第十章　施工总平面布置

第一节　布置的基本原则

根据工程施工范围场地的实际情况，进行施工总平面布置，布置原则如下。

（1）紧凑有序，节约用地，尽可能避开拟建工程用地。

（2）适应各施工段施工需要，尽量减少材料的二次运输，降低生产成本。

（3）尽量避免对周围环境的干扰和影响。

（4）符合安全生产、文明施工的要求。

第二节　施工平面布置一般要求

（1）建立施工与管理所需的办公室、住房、医疗卫生、工作场地、仓库、贮料场及消防设施。

（2）由我司自行选址，并自行解决因选址可能造成的纠纷。施工临时设施场地距本合同承包路段范围内，并且应服从合同条款的有关规定。

（3）驻地建设总平面布置包括防护、围墙、临时便道和安全、防火安排，并应得到监理工程师事先批准。

（4）驻地建设的管理与维护，应满足科学管理、文明施工要求。工程交工之后，应自费将驻地恢复原貌，并经监理工程师验收合格。

第三节　临时设施的布置

根据招标文件可知，业主提供宜城南收费站附近约6000平米场地，可作为临时用地及搅拌场。为满足施工需要，本工程临时设施主要包括办公用房（包括工地试验室）、生活用房、各种材料堆场、材料加工场、机械设备停放场、机修场地、砼现场搅拌站、配电房（发电机房）、门卫室、工具房、材料库房等。

1. 办公室、住房及生活区

（1）应按施工组织设计合理布置生产、生活设施。

（2）应在中心驻地区域内，建造现场办公室和供所有人员的住房和生活区。

（3）应配置与工程规模相适应的现场办公设备（包括微机联网所需的机型及软件）、测量仪器、试验仪器设备、交通工具及通信设备（包括至少四台对讲机）。

（4）绿化、美化生产、生活营地，消防、安全设施齐全到位，并处理好临时污水排放，以防止污染环境。

2. 工地试验室

（1）在合同实施期间，应在驻地建立试验室，负责材料检验与工程质量的控制试验。试验设备应定期送计量部门标定并通过有关质量监督站的资质认证。试验室的用房和试验仪器、设备及一切供应等均由我方自费提供。

（2）工地试验室应能承担各项与工程质量控制有关的检测、试验、还能承担对拟采用的材料进行标准试验及混合料配合比试验等有关的试验。

（3）委派有实践经验的技术人员承担试验工作，并负责设备的维护、检修等工作。

（4）工地试验结果应按有关规定及时送交监理工程师批准。

（5）我方按照有关规定在签订合同14天内向监理工程师提交工地试验室必须配备的设备、仪器、物品清单及试验室平面布置图，并报监理工程师批准。

（6）养护期满后，我司及时将工地试验室的所有设施、设备、器材及其他物资等拆除。

3. 医疗卫生

（1）工程实施期间，我司负责为工地人员（包括监理人员）提供必要的医疗和急救服务。

（2）工地聘请有行医资格的、在卫生保健与急救方向具有丰富经验的医务人员。

（3）工地配备的医疗设施（包括房间、器械、药品、急救车辆等）应取得当地医疗卫生管理部门的批准。

（4）应就有关供水、环境卫生、垃圾及污水处理以及工人的健康等方面的有关问题，征求并遵从医疗卫生管理部门的意见；

4. 工地消防设施

本工程施工期间，应按当地消防管理部门的有关规定，配备专人负责消防器材和对工地人员进行防火知识教育。

5. 车间与工作场地的建设

（1）为了对本工程使用的所有施工机械进行大修、检修或改进以及工程材料的再加工，车产必须有相适应的加工设备；

（2）施工机械停放场，应保持清洁和便于工人操作，并保证出入通道畅通。

6. 仓库、贮料场及拌和场的建设

仓库区的规模和组成应能为贮存材料、燃料、备件和其他物伯提供足够的面积，所贮存的材料及备件数量能保证本工程的需求。仓库、贮料场及拌和场应保持整洁、场地应硬地化，不同材料应设标志分另堆放，灰粉状材料应遮盖、并应防止有害物质污染和混杂于其他物质中。

第四节　供水、供电方案

（1）本工程由业主提供施工水电接驳点，工程开工前，我公司将按照业主指定位置接入或由我公司联系当地有关供水、供电部门，按照就近原则接入。

（2）供电支线用电杆架空敷设，并用绝缘子固定。过道电线可采用硬质护套管埋地并作标记。线路原则上全线架空贯通。

（3）临时主要供水管道采用 ϕ100 镀锌钢管，引水线路全线贯通。为保证施工期间供水正常，不因停水而延误工期，现场可搭建蓄水池进行蓄水以备急用。

（4）现场用水的保证措施。

1）为了确保现场的施工用水，使施工生产顺利进行，项目机械队伍应组织专门的管理机构，加强管理。

2）对进入施工现场的施工人员进行开源节流教育，阐述节约用水的重要性，使员工对节约能源创造效益有正确的理解和认识。

3）现场供水管的安装维修由专业水工进行，加强巡回检查监护，出现故障及时处理，确保生产用水畅通。